法治中国建设的
理论与实践

——中国法理学研究会贯彻和落实十八届四中全会精神论文集

徐显明 李 林 主编

中国社会科学出版社

图书在版编目（CIP）数据

法治中国建设的理论与实践:中国法理学研究会贯彻和落实十八届四中全会精神论文集/徐显明，李林主编. —北京：中国社会科学出版社，2015.8
ISBN 978 - 7 - 5161 - 6107 - 4

Ⅰ.①法… Ⅱ.①徐… ②李… Ⅲ.①社会主义法制—建设—中国—文集 Ⅳ.①D920.0 - 53

中国版本图书馆 CIP 数据核字（2015）第 099787 号

出 版 人	赵剑英
责任编辑	王 茵
特约编辑	马 明
责任校对	王 斐
责任印制	王 超

出 版	中国社会科学出版社
社 址	北京鼓楼西大街甲 158 号
邮 编	100720
网 址	http://www.csspw.cn
发 行 部	010 - 84083685
门 市 部	010 - 84029450
经 销	新华书店及其他书店

印刷装订	三河市君旺印务有限公司
版 次	2015 年 8 月第 1 版
印 次	2015 年 8 月第 1 次印刷

开 本	710 × 1000 1/16
印 张	17.75
插 页	2
字 数	248 千字
定 价	65.00 元

凡购买中国社会科学出版社图书，如有质量问题请与本社联系调换
电话：010 - 84083683

前　　言

　　全面推进依法治国的法治建设系统工程，是习近平总书记关于中国特色社会主义现代化建设和法治建设的一个核心思想和重要理论。党的十八大以来，习总书记从多个方面、多个角度和多个层次，系统阐述了我们党更加重视、依靠和运用法治基本方式治国理政的重要思想，深刻指明了在历史新起点上，我国从以立法为中心向法治全面协调发展转变、从法律体系向法治体系转变、从法律大国向法治强国转变的大方向大趋势，全面描绘了推进依法治国、努力建设法治中国的宏伟蓝图。党的十八届四中全会更是对依法治国问题作出专门决议，通过全面推进依法治国，运用法治思维和法治方式推进国家治理现代化，在法治轨道上积极稳妥地深化各项体制改革，为全面建成小康社会，顺利实现中华民族伟大复兴中国梦提供制度化、法治化的引领、促进和保障。从这种意义上讲，我们或许已经踏上法治中国建设的又一个新起点。

　　在此背景下，中国法理学研究会积极组织法理学研究的同仁就法治中国建设的理论与实践展开深入的学术研究，并对"法治中国建设"这一命题从理论上进行积极破题。在我们看来，积极探索法治中国建设的理论与实践这一问题，主要包括"中国特色社会主义法治理论"、"中国特色社会主义法治体系"和"中国特色社会主义法治道路"三个方面的内容。这三个方面的内容又涉及"中国特色社会主义法治道路的主要特征"、"中国特色社会主义法治理论的意涵"、"全面推进依法治国所展现的战略定力"、"法治中国的发展阶段和模式特征"、"法治中国建设的驱动力"、"党的领导与依法治国"等问题。基于此,中国法理学研究会于 2014 年 11 月 22 日在北京主办了"中国特色社会主义法治理论、法治体系与法治道路"学术研讨会,并以这种方式来深入学习、贯彻和落实十八届四中全会决议的精神。

与会学者认为十八届四中全会《决定》强调中国道路有以下三个最根本的核心内容:第一,坚持党的领导。这是我们这条道路的方向、灵魂以及这条道路能不能走得通的关键。第二,坚持社会主义制度。社会主义制度是我们法治道路的路基。第三,贯彻中国特色社会主义法治理论。中国特色社会主义法治第一次在党的文献中出现,它是中国特色社会主义理论体系的组成部分,并为中国特色社会主义法治发展道路提供了指引、灵魂、方向以及学理支撑。在此基础上,十八届四中全会《决定》提出中国特色社会主义法治道路必须坚持以下五大原则:第一,坚持党的领导;第二,坚持人民的主体地位;第三,坚持在法律面前人人平等;第四,坚持依法治国与以德治国相结合;第五,坚持从中国实际出发。这五大原则实际上是中国特色社会主义法治道路的核心。

法治体系的形成是一个国家法治现代化和国家治理现代化的重要标志,建设中国特色社会主义法治体系,就是要大力推进中国法治现代化和国家治理现代化。十八届四中全会《决定》提出建设中国特色社会主义法治体系,具有以下几个方面的重大而深远的意义:一是明确了我国法治的社会主义性质和方向;二是明确了全面推进依法治国的总抓手、总纲领;三是推动了中国法治建设的战略升级;四是为推进国家治理体系和治理能力现代化拓展了实践路径;五是推进法治理论创新和中国特色社会主义法治理论体系的完善和发展。建设中国特色社会主义法治体系,就是要形成完备的法律规范体系、高效的法治实施体系、严密的法治监督体系、有力的法治保障体系、完善的党内法规体系这"五个体系"和促成科学立法、严格执法、公正司法、全民守法、人才强法,依法治国、依法执政、依法行政共同推进，法治国家、法治政府、法治社会一体建设，国家法治主导下的政府法制体系、地方法制体系、社会软法体系协调发展，党的领导、人民当家做主、依法治国有机统一这"五种局面"。

其实，在十八届四中全会《决定》中，中国特色社会主义法治理论、中国特色社会主义法治道路、中国特色社会主义法治体系"三位一体"，它们共同构成了全面推进依法治国、加快建设社会主义法治国家的理论支撑、道路指引和制度保障。这充分体现了中国特色社会主义法治的理论自信、道路自信和制度自信。中国特色社会主义法治的价值理论思想体系、中国特色社会主义法治的制度规范理论体系、中国特色社会主义法治的实践运行操作理论和中国特色社会主义法治的相关关系理论是中国特色社会主义法治理论的主要构成部分。而坚持和发展中国特色社会主义法治理论，有利于深刻回答我国法治建设和全面推进依法治国的性质和方向的重大问题；有利于深刻回答我国法治建设和全面推进依法治国走什么道路的重大问题；有利于深刻回答和解释我国法治建设和全面推进依法治国的总目标、指导思想、基本原则、主要任务等重大理论和实践问题。

为了较为系统地将这次会议的主要成果和中国法理学研究会近期的相关研究展现出来，我们决定编辑《法治中国建设的理论与实践》一书。本书所选的文章大部分观点鲜明、言简意赅，反映了作者对法治中国建设的理论与实践的最新思考。但由于成稿、编辑时间仓促，疏漏之处在所难免，欢迎读者批评指正。

徐显明　李　林

目　　录

中国特色社会主义法治道路

徐显明[*]

　　十八届四中全会结束了，这次大会的一个亮点就是中国特色社会主义法治道路。习近平总书记在大会讲话中指出"道路决定命运，道路决定前途"，这就强调了法治道路问题的重要性。我们的道路叫中国特色社会主义法治道路，该命题本身就回答了我们的法治和西方法治的不同，所以我们的道路是中国道路，具有中国特色，是中国特色社会主义发展道路，因而"道路"前面已经包含三层含义了。四中全会作出的《中共中央关于全面推进依法治国若干重大问题的决定》（以下简称《决定》）指出全面推进依法治国要坚持五项原则，即坚持中国共产党的领导、坚持人民主体地位、坚持法律面前人人平等、坚持依法治国与以德治国相结合、坚持从中国实际出发，这五个原则实际上就内在构成了这条道路。习总书记在大会讲话中重点强调这条道路有三个最根本的核心内容：第一，是坚持党的领导，这是中国特色社会主义法治道路的方向、灵魂以及这条道路能不能走得通的关键。第二，要坚持社会主义制度，这条道路是有一个制度框架的，是在中国社会主义制度之上的道路，故而社会主义制度是我们的法治道路的路基。既要坚持人民代表大

　　* 徐显明，中央社会管理综合治理委员会办公室专职副主任、中国法理学研究会会长。

会这一根本政治制度和政治协商、民族区域自治以及基层群众自治这些基本政治制度，也要坚持其他诸如经济的、社会的、文化的、党建的以及生态文明建设的制度。要在这一系列的体系之上发展和开拓我们的道路。第三，贯彻中国特色社会主义法治理论。这是中国特色社会主义法治理论第一次在党的文献中出现，因而它是中国特色社会主义理论体系的重要组成部分，是我们这条道路的指引、灵魂、方向以及学理支撑。把以上三点融入四中全会《决定》强调的五项原则当中，可以发现这五项原则就是这条道路的最实质内容。习近平总书记指出，这条道路的发展与开拓是长期的，这条道路中有许多新的内容值得发掘，但是无论怎么开拓与发展有些东西必须长期坚持，即这五个原则，也就是我们这条道路的核心。彭真同志在分析我国立法问题时曾经说过："我们国家的立法就像是打草鞋，而不是做皮鞋。做皮鞋的话需要先有一个模板然后才能做出来，打草鞋与做皮鞋不同的地方在于草鞋是边打边想，一开始的时候可能没有模样。"这个比方是说我们的政权在初创的时候没有前人的模式可以借鉴，没有一个模子等待我们去建成，我们必须自己来做，所以我们的立法是在打草鞋，边打边想。这是对中国立法最符合中国国情的一种说明，我们开拓中国特色社会主义发展道路可能也是这个原因。经过中国共产党65年的执政的探索，这条道路我们已经走出来了，并且已经证明我们走的这条道路是对的。

总书记在大会最后发言中对为什么作出《中共中央关于全面推进依法治国若干重大问题的决定》的原因作了阐释。其中的思想是高度浓缩的，主要包括以下三个要点。首先，作出这个决定是基于对历史的考量。实际上就是总结了新中国成立65年来我们党执政在法治问题上的得与失。既有成功的经验特别是改革开放30多年以来经济的腾飞，没有法治上的发展也无法说明中国经济为什么会创造世界上的奇迹，只有在法治的引领推动和保障之下中国经济的奇迹才能获得说明；也有十年"文化大革命"的惨痛教训，我们吃过法治被破坏的苦头，也尝到过法治建设健康发展的甜头。所以基于历史考虑我们要选择法治。其次，习总书记在对大会《决定》的说明里一口气提到了 20 多个问题，例如政治建设当中的问题、经济建设当中的问题、社会建设当中的问题、文化建设当中的问题，也包括生态文明建设当中的问题，还包括党建中的问题，要解决这么多的问题必须选择法治，因此法治实际上是一个当下的选择。再次，国际共产主义运动史中的一些共产主义国家的历史兴衰给我国的启示要求我们还是要选择法治。习近平总书记引用了邓小平同志的一句话："毛主席讲斯大林严重践踏法治，这样的错误在英国、法国和美国是不可能发生的。"苏联为什么垮台，如果找祸根的话就要找到斯大林破坏法治。总书记还引用了一个例子，就是社会主义阵营中的另一个大国南斯拉夫。改革开放之初留学有三个方向：欧美算一个，日本算一个，社会主义阵营中学生们的首选不是苏联而是南斯拉夫。在四中全会上总书记讲到南斯拉夫的最高领导人铁托时说："铁托不仅是一个民族英雄，也是一个改革开放的先行者。铁托没了，南斯拉夫也没了。"为什么讲"铁托没了，南斯拉夫也没了"，因为铁托犯了一个历史性的错误，他没有处理好人治与法治的关系，与斯大林一样走上了人治的道路。因此，只要选择人治之路必然导致党和国家的垮台。所以放在国际共产主义运动史上来看中共自身，我们这个党要想长期执政，要避免自己犯错误，特别要避免犯像"文革"那样的错误，正如习总书记告诫大家的要避免犯颠覆性错误。要避免自己犯错误就要找到一个机制，这个机制就是法治。正如习总书记所言，"为子孙万代谋、为长远发展计"，我们只能选择法治。所以这既是一个战略思考，也是一个历史思考。共和国 65 年的历史告诉我们要选择法治，解决中国当下的历史问题要求我们选择法治，面向未来中国全面建成小康社会是指日可待的事情，再有 6—7 年全面建成小康社会一定能实现，全面建成小康社会以后我们怎么走，保证我们的事业始终是稳定的需要一个保证型的机制，这个机制也只能是法治。所以历史的选择、当下的选择以及未来的选择都要求我们走中国特色社会主义法治道路。

这条道路中有一些东西是必须长期坚持的，其内容就是《决定》中所讲的"五大原则"。这五大原则实际上就是中国特色社会主义法治道路的核心。

第一个原则是"坚持党的领导"。四中全会《决定》在思想层面上很重要的特色，就是它旗帜鲜明地回答了法学理论中长期以来一些有争议的问题，例如"党与法的关系"，即改革开放以来一直被提及的"党大还是法大"的问题。现在看来"党大还是法大"具有伪命题的性质，这就好比问"火车头大还是铁轨大"，这是没法回答的问题。四中全会《决定》中有两句话十分关键，一句是"社会主义法治必须坚持党的领导"，另一句为"党的领导必须依靠社会主义法治"，这两句话已经将党与法的关系厘清了。在铁轨上必须有火车头，没有火车头的话铁轨是没有意义的，但是火车头要前行必须在铁轨上。因此必须坚持党的领导，而党的领导必须依靠社会主义法治。四中全会《决定》对党和法治的关系作了新的概括，其中有两大要点。第一个要点是"三统一与四善于"。这个思想实际上在 2012 年 12 月 4 日习近平总书记纪念现行宪法颁布 30 周年的讲话中已经有了雏形，这次是将其进一步提炼。"三统一"首先是指"把依法治国基本方略同依法执政基本执政方式统一起来"，对我们党来讲依法治国这个基本方略是我们党的基本方略，而依法执政这个基本执政方式是我们党的基本执政方式。二者不仅不能分开而且还要有机地统一在一起，它们不仅不是两个内容而且它们的核心是一致的，二者都是加强和改进党对全面推进依法治国的领导这方面的具体要求。第二个"统一"是关于怎样落实和实现党的领导方面的，就是要把党总揽全局协调各方与政府、人大、政协、法院（审判机关）、检察院（检察机关）依法依章程履行职责开展工作统一起来。所以党总揽全局协调各方不是空洞的，一定要和各个国家机关以及政协依法依章程开展它们的工作统一起来。第三个"统一"是在回答党和法之间的关系，把党要领导立法、党要领导法律的实施与党要在宪法和法律范围内活动也就是党要守法统一起来。党既领导立法和法律的实施，也要在宪法和法律范围内活动，即要守法。以上三者统一起来就回答了党和法之间的基本关系。后面讲到的"四个善于"是我们党在解决法治问题方面已经成熟的一些艺术。第一个"善于"是"善于使党的主张通过法定程序成为国家意志"。中国法律的实质就是法理学上一直讲的，从共产党宣言到今天一直颠扑不破的，"法始终是统治阶级意志的集中体现"。在中国法律始终是人民意志的集中体现。具体来说，党总结人民的意志形成自己的政策、主张，再把党的成熟的、行之有效的和稳定的政策上升为法律，这既是一种艺术也是我们现在总结出的一种经验。第二个"善于"是怎样实现党管干部，就是"善于使党组织推荐的人选通过法定程序成为国家政权机关的领导人员"，这样就落实了党管干部的原则。第三个"善于"实际上回答了理论界特别是政治学界一直关注的一个问题，"我们党到底是在政权之内还是在政权之外"？答案是党要"善于通过国家政权机关实施党对国家和社会的领导"。党要通过国家政权实现其执政地位，实现其对国家和社会的领导。最后一个"善于"是"要善于运用民主集中制原则维护中央权威、维护全党全国团结统一"。"民主集中制"是我们的宪法原则，也是我们党内的组织原则，利用民主集中制，来维护中央的权威、维护国家和全党的团结和统一，必须要把民主集中制当作一个宪法原则，利用民主集中制我们才解决了中央与地方的关系，利用民主集中制"一切权力属于人民"，我们才产生了国家机构，才产生了一府两院。这就是"三统一与四善于"，这次大会把它提出来解决了党和法治之间的关系问题。《决定》接下来还有一个要点是"党要领导立法、保证执法、支持司法、带头守法"，回答了法治这四大环节的关系。这两个概括体现了我们长期坚持党的领导。党的领导既有原则也有方法艺术，这就是我们这条道路的根本。在这一点上牵扯学理方面需要作一个比较。有的人认为法治是排斥党的领导的，全会《决定》给予了正面回答：两者之间并不是排斥关系而是一体关系。另外这一点上还涉及理论上的另一个问题，即西方的法治是不是也有一个要解决好和党的相互关系的问题。在世界范围内观察各个国家的法治，特别是相对稳定的这几个国家的法治，研究一下它们的法治奠基发展的过程，可以得出一个结论：实际上西方的法治也是在它的党的领导下实现的。以美国为例，在美国早期为了联邦还是自治争论不休的时候，此时起决定作用的是联邦党人，所以联邦党人就奠定了美国的基本宪制。和联邦党人意见不一致的在当时有民主共和党人，当时民主和共和是一个党。当联邦党人的历史任务完成以后，就失去了执政地位，后来出现的民主、共和这两党并成为美国如今常态的政治。奥巴马上台为什么要推动医改法案呢？因为这是符合其民主党的基本价值的。邻国日本的安倍晋三为什么一定要推进日本宪法修改？因为这是自民党整个右倾化的表现。以上原理都是相通的，都是利用执政党这个地位来推动法治、来领导法治。在英国就更直接了，英国的议会政治哪个党首先控制议会，同时就可以组建自己的政府，所以党、立法、政府是三位一体。从世界各个国家的经验来看，每个国家法治的发展都是在它的执政党领导之下实现的。所以中国特色社会主义法治在这一点上也是符合法治发展一般原理的，通过党的领导来实现法治发展走出我们的道路。

第二个原则是"坚持人民的主体地位"，这一点可以分为几个层次：①人民性是我国法治的基本属性。我们这个国家的主体是人民，我们这个政权的主体是人民，我们依法治国的主体当然也是人民，因此我们法治就有了人民性这样一个基本属性。关于这一点还要进一步认识党的领导、人民当家做主和依法治国这三者有机统一的关系。这三者统一是中国法治最大特色，是我们基本政治制度的最大特色，实际上也是我们法治的最大特色。这三者之间党的领导是根本前提，人民当家做主是根本目的，依法治国是根本途径。人民当家做主是社会主义的核心和本质要求，体现在人民的主体地位上。我们的法治来自人民、要依靠人民，最终还应为了人民。这三者之间关系就把我们的法治的属性讲清楚了。②把人民的利益放在至高无上的地位上。这解决了我们的法治到底是为了什么的问题。人民的利益不是空洞的，在我们的法治上的表现就是应把人民的利益概括成人民权利。把人民的利益放在至高无上的地位上，人民利益至上实际上就是人民权利至上，这样的话权利本位就获得了牢固基础。我们的法治是为了维护和保障人民的权利的，包括人民的政治权利以及政治权利以外的其他所有权利。所以法理学讲的要坚持权利本位和我们坚持人民的主体地位应该是一致的。③人民是法律实施的主体。人民运用法律来捍卫自己的权利，人民也应该遵守自己的法律。每个人都应该把守法变成自己的义务。只有人民真诚接受和拥护法律，法律才有力量，法治才能实施下去。所以人民的主体地位里还包括了守法的主体。④对领导干部来说一定要抛弃那些反人民反法治的陈旧观念，包括为民做主、替民做主，还包括"法是治民的，是统治老百姓的"，例如韩非子的"夫生（立法）法者君也，守（执行）法者臣也，法于法（被法所治）者民也"。现在不能再有这样的思想了，因为法治的功能是先要解决公权力的问题。仔细研读这份《决定》，会发现《决定》中充满了这个观点。实现人民的主体地位就是要解决领导干部怎样尊重人民的权利问题，同时重点在制约公共权力，通过制约公共权力来尊重人民的主体地位。

第三个原则是坚持在法律面前人人平等，这条原则是古今中外的法治都奉行的原则。这里的平等要求规则平等、保护平等、守法平等，但是所有的平等最后是表现在权利义务平等上面。平等的核心是权利平等，权利平等预示着义务一定平等。只有用平等才可以克服特权，只有用平等才可以根除腐败。所以用法治反腐败实际上是用平等的原则来反腐败。为体现这条原则，《决定》中提出了若干要求，特别是向领导干部提出来的，《决定》的第七部分中对依法执政也提出了要求。依法执政中也包含平等的内容，也就是对领导干部提出了更高的要求。平等必须没有例外，人人平等是指任何人。中国古代的法家也讲究平等，但是研究中国古代的法家可以得出一个相反的结论。中国古代的法家所主张的法治不是真正意义上的法治，因为它所主张的平等不是真正意义上的平等。例如"王子犯法与庶民同罪"，给一个人留了天窗，他只敢讲王子不敢讲皇帝。一个社会只要还有一个人享有法律以外的特权，可以不受法律的惩罚，这个社会就永远建不成法治社会。所以中国古代法家的思想实际上也是人治思想，它是另一种形态的人治。因而用中国古代的平等观替代不了"法律面前人人平等"的思想，必须用现代的"法律面前人人平等"，这个"人人"就是一切人，所有的人。1979 年64 号文件以难能可贵的勇气表述平等："上到党中央、下到基层党支部都要在宪法和法律的范围内活动，任何组织都没有超越宪法和法律的特权；上到党的中央主席下到普通党员都要在宪法和法律的范围内活动，任何人都没有超越宪法和法律的特权。"1979 年我们党还是施行主席制，那时就单独把党中央和党的主席点出来，所以从 1979 年到十八届四中全会的《决定》，可以看出我们党坚持法律面前人人平等这个原则前后是一贯的。这就体现我们这条道路具有现代性。

第四个原则是"依法治国和以德治国相结合"。我们法学界应当重新认识依法治国与以德治国的关系，过去我们法学界研究两者怎么结合时曾思考是不是有两个基本治国方略，其实是没有的。《决定》用了很大的篇幅来阐发两者间的关系以及法律是什么、道德是什么。法理学上讲"法律是成文的道德，道德是每个人内心的法律。法律调整人的行为，道德调整人的内心"。二者结合在国际上是通例，西方主要通过宗教来调整人的内心，其模式是"法治加宗教"，更强调宗教的基础性作用；而在中国我们没有严格意义上的宗教，但我们的道德资源是世界上最丰富的，例如仁义礼智信这五常、孝悌忠信礼义廉耻这八德，以及管子讲的国之四维。孙中山是把中国古代的政治、法治思想与西方的观念结合得比较完美的一个人，他设计的中山装，四个口袋代表礼义廉耻，前面的五个扣子代表西方的三权加上中国历史上的考试权、监察权组成的五权宪法，袖子上的三个扣子代表三民主义，中山装的笔架式扣带代表士农工商中的士，中山装后背是一块布代表中国历史的大一统、求统一，体现出了中国传统元素与政治的结合。法律史上的研究表明依法治国与以德治国相结合实质上是中国治国理政的密码，是中国政治哲学的基因。近代梁启超在划分人治和法治时，把人治称为"圣人之治出于己"，把法治称为"圣法之治出于理"，第一次把人治和法治区分开来，但是梁启超主张："中国古代实际上是人治与法治相结合。"他认为中国两千年之学不是孔学而是荀学。是荀子的思想统治了中国两千多年。他的结论来自荀子的"隆礼重法"，把法和礼看得同等重要。正如贾谊《过秦论》所述单纯靠法来治国"秦二世而亡"；汉代董仲舒找回"德治"思想提出"德主刑辅"。把法和德的关系解决得最完美的是《唐律》，"出礼入刑，礼之所去刑之所收"，由此形成了中华法系。所以说把法和德相结合是中国治国理政的一个基因密码。我们要从中国传统文化中借鉴和汲取营养的话这些是最可借鉴的宝贵财富。这二者相结合还应当发挥二者不同的作用。在一些问题上靠道德是不行的，有"四个统一"必须靠法治来保障即国家的统一、政令的统一、全党的统一、市场的统一。"道德和法治相结合"这方面法学界特别是法理学界可以做出大的文章。把道德的因素引入法治当中来，要用真善美的标准、用价值观来评价我们的法律，评价立法和法律实施，同时通过借助道德的资源来营造人文环境以使法治得到实施。

第五个原则是"从中国的实际内容出发"，我们走的是中国道路，中国法制要解决中国的问题。每个国家都有自己独特的历史禀赋、自然地理、人文环境、历史经历，特别是每个国家独特的思维方式，我们的法治要和这些要素结合起来。马克思主义和中国的实际情况相结合这个基本判断，它不是和中国的名山大川相结合，而是要和中国的文化相结合，马克思主义只有和中国的文化相结合，才能在中国扎下根。举个例子，毛泽东和谢觉哉讨论边区立法时，边区要不要立法是有争论的，但是毛泽东主张边区要有自己的立法。虽然外面来了很多帮助立法的人，但是毛泽东对谢觉哉说："边区的立法还要靠边区的人民，外来的人是来尽一个泼水之力，泼下来的水要么蒸发掉要么渗入地下是留不住的。边区的法律要像自己冒出来的水，只有自己冒出来的水才会源源不断。""冒出来的水"就是从中国的实际情况出发。为了坚持这个原则，有两个倾向需要正确认识。一方面不能为了强调中国特色而陷入一种思维陷阱。这个思维陷阱就是只关注自己而不顾其他。习总书记在《决定》的说明中强调"人类法治的许多精髓和要旨具有普遍性"，这些有普遍性的精髓和要旨我们要拿来所用。另一方面是把人类文明的成果为我所借鉴。在毛泽东发表讲话的莫斯科大学讲台边有两句话，一句是马克思的"在科学的道路上没有平坦的大路可走，只有在崎岖小路的攀登上不畏劳苦的人，才有希望到达光辉的顶点"，这句话更多地指向了对自然科学的艰难探索；另一句是列宁的"只有把人类文明的一切成果拿来为我所用的人才是真正的共产党员"，所以我们坚持从中国的实际情况出发也要借鉴人类各种制度的文明成果，但是借鉴不是照搬，不是全盘西化，最后还是要走自己的路。

以上五个原则是中国特色社会主义法治道路的核心，是必须长期坚持的。其他方面都可以开拓，都可以创新，但这五项是要长期坚持的。这五个原则是这条道路的核心和根本。

建设中国特色社会主义法治体系

张文显[*]

　　党的十八届四中全会提出：全面推进依法治国的总目标是建设中国特色社会主义法治体系，建设社会主义法治国家。社会主义法治体系是法学理论的新概念，建设中国特色社会主义法治体系是法治建设的新思维、新纲领。法治体系的形成是一个国家法治现代化和国家治理现代化的重要标志，建设中国特色社会主义法治体系，就是要大力推进中国法治现代化和国家治理现代化。

一　提出建设中国特色社会主义 法治体系的重大意义

　　全面推进依法治国，涉及立法、执法、司法、守法、法治监督、法治保障、法学教育，涉及依法治国、依法执政、依法行政共同推进，涉及法治国家、法治政府、法治社会一体建设，涉及国家法治、政府法制、地方法制、社会法治（社会软法体系）统筹互动、协调发展，因而需要一个思想含量和学术信息量极高的统领性概念，"中国特色社会主义法治体系"就是这样一个最好的统领性

* 张文显，中国法学会副会长、学术委员会主任、吉林大学资深教授。

概念。

　　法治体系是一个描述一国法治运行与操作规范化有序化程度、表征法治运行与操作各个环节彼此衔接，结构严整、运转协调状态的概念，也是一个规范法治运行与操作，使之充分体现和有效实现法治核心价值的概念。

　　法治体系是与法律体系、法制体系不同的法学理论概念。法律体系，是指由一国现行的全部法律规范按照不同的法律部门分类组合而形成的一个体系化的有机联系的统一整体。法律体系是法治体系的组成部分，又是法治体系存在和运行的基础和前提。但是，法治体系不同于法律体系，法律体系是法律的规范体系，法治体系则是法律的运行体系，一个是静态，一个是动态。法治体系不仅包括立法、执法、司法、守法等法律实施环节，而且包括保证法律体系运行的保障机制和监督机制，体现了全面推进依法治国的整体要求。

　　法制体系，亦即法律制度体系，是指由法律法规构建起来的制度体系。我国现行法律制度体系包括规范和保障社会主义民主政治的法律制度、尊重和保障人权的法律制度、规范和保障市场经济秩序的法律制度、保护环境资源和生态文明的法律制度、行政管理法律制度、司法与诉讼法律制度、涉外法律制度，等等。在这些制度之下，又有许多更为具体的法律制度。由于每一个具体的法律制度分别是由一组或多或少的法律规范构成的，所以，法制体系实质上也就是法律规范体系。

　　与法治体系相邻的概念还有"法治系统"。1979 年 10 月，著名科学家钱学森在一次规模空前的系统工程学术盛会上发表重要演讲。在演讲中，他提出："在现代这样一个高度组织起来的社会里，复杂的系统几乎是无所不在的，任何一种社会活动都会形成一个系统，这个系统的组织建立、有效运转就成为一项系统工程。""社会主义法治要一系列法律、法规、条例，从国家宪法直到部门的规定，集总成为一个法治的体系、严密的科学体系，这也是系统工程，法治系统工程。"之后，1985 年 4 月，钱学森出席了在北京召开的"全国首届法制系统科学讨论会"，并发表了题为《现代科学技术与法学研究和法制建设》的重要讲话。此后，"法治（法制）系统"、"法治系统工程"的概念进入法学概念体系，并成为一个时期法学研究的热点之一。法治系统、法治系统工程概念中的某些认知与法治体系的认知比较接近，但其核心理念差距较大，法治体系着眼于全面推进依法治国，而法治系统（法制系统）则着眼于用系统工程的科学技术方法对法律的制定和实施进行系统构建和工程化探索。

中国特色社会主义法治体系不同于一般意义的法治体系。它是在中国共产党的领导下，坚持中国特色社会主义制度，以中国特色社会主义法治理论为指导建构起来的。其核心价值是法治为了人民、依靠人民、造福人民、保护人民的人民主体性原则，以及由此延伸出来的尊重和保障人权、促进社会公平正义、维护社会和谐稳定、保证国家长治久安、保障经济持续发展、增进人的全面自由与福祉；其基石是《中华人民共和国宪法》，支柱是依宪执政和依宪治国。

四中全会提出建设中国特色社会主义法治体系，具有重大而深远的意义。

（一）明确了我国法治的社会主义性质和方向

四中全会向国内外释放出正确而明确的信号：我们要建设的是中国特色社会主义法治体系和社会主义法治国家，姓"社"不姓"资"，并且要具有中国特色，因此必须坚持中国特色社会主义法治道路，坚持中国共产党的领导，坚持中国特色社会主义制度，坚持中国特色社会主义法治理论指导，坚持人民主体地位，坚持从中国国情出发。这对于进一步统一全党全国人民的认识和行动、保持法治战略定力，具有十分重要的意义。

（二）明确了全面推进依法治国的总抓手、总纲领

全面推进依法治国，涉及立法、执法、司法、守法、普法、法学教育、法治队伍建设等各个方面，并与全面深化改革、全面建成小康社会互相联结、互相推进，所以，不能摸着石头过河，而必须加强顶层设计、统筹谋划，在实际工作中必须有一个总揽全局、牵引各方的总抓手、总纲领。建设中国特色社会主义法治体系就是全面推进依法治国的总抓手、总纲领，是贯穿四中全会《决定》的一条主线，对全面推进依法治国具有纲举目张的意义。

（三）推动了中国法治建设的战略升级

我国的社会主义法治建设起步于中华人民共和国的成立，1949年9月制定了具有临时宪法作用的《中国人民政治协商会议共同纲领》，1954年9月制定了《中华人民共和国宪法》，完成了新中国立宪大业，确立了社会主义制度的"四梁八柱"。改革开放初期，我们党面对无法无天的乱象，提出要健全社会主义法制。总体而言，在过去的30年间，法治建设的主要矛盾是解决无法可依的问题，重心是建设中国特色社会主义法律体系。在法律体系形成之后，法治建设的中心必然转向提高法律体系的质量，转向法律的实施，为此必须强调科学立法、严格执法、公正司法和全民守法，强调法律实施的保障与监督。建设中国特色社会主义法治体系这一总目标的提出，意味着我国法治建设的战略转型和全面升级。以此为标志，中国的法治建设进入了新的历史阶段，站在了新的历史起点上。

（四）为推进国家治理体系和治理能力现代化拓展了实践路径

十八届三中全会提出全面深化改革的总目标是推进国家治理体系和治理能力现代化，十八届四中全会提出全面推进依法治国的总目标是建设中国特色社会主义法治体系。两个总目标的提出是党的

十八大作出的总体战略部署在时间轴上的顺序展开。构建中国特色社会主义法治体系，是推进国家治理现代化对法治建设必然提出的新任务，它们是完全契合的。法治与国家治理息息相关，法治体系与国家治理体系相得益彰。推进国家治理现代化必然要求推进国家治理法治化。改革开放以来，我国各项治理制度的创新发展始终与法治体系的完善发展同步。市场经济是法治经济、民主政治是法治政治、法治是治国基本方略、法治是执政基本方式、法治是治国理政的基本方式、运用法治思维和法治方式治国理政，这些科学论断和丰富实践充分表明，国家治理现代化的过程也就是国家治理法治化的过程，法治化是国家治理现代化的必由之路。在这个意义上，中国特色社会主义法治体系的建设必将为国家治理现代化发挥引领和规范作用，促进国家治理体系和治理能力现代化。

（五）推进法治理论创新和中国特色社会主义法治理论体系的完善和发展

理论来源于实践、运用于实践，并在实践中不断创新发展。四中全会提出建设中国特色社会主义法治体系是我们党的重大理论创新。围绕全面推进依法治国、建设中国特色社会主义法治体系，四中全会《决定》和习近平总书记的重要讲话科学地回答了全面推进依法治国、建设社会主义法治国家、努力建设法治中国、实现法治中国梦的一系列重大理论问题；揭示了中国特色社会主义法治体系的科学内涵，阐述了党的领导、人民主体、依法治国三者的内在统一关系；提出了一系列内涵丰富、思想深刻、富于原创的社会主义法治理论观点，例如，"党的领导和社会主义法治是一致的，社会主义法治必须坚持党的领导，党的领导必须依靠社会主义法治"，"法治是国家治理体系和治理能力的重要依托"，"法律是治国之重器，良法是善治之前提"，"公正是法治的生命线"，"人民是依法治国的主体和源泉"，"法律红线不可逾越、法律底线不可碰触"，"党的政策和国家法律互联互动"，"人民权益要靠法律保障，法律

权威要靠人民维护"，"改革要于法有据"，等等。法治理论的创新
发展增强了中国特色社会主义法治理论的时代化、科学化、系统化
特征，构成了人类法治思想发展史上又一具有划时代意义的重大理
论成果。在建设中国特色社会主义法治体系和法治国家新的伟大实
践中，中国特色社会主义法治理论必将得到进一步的发展，并在法
治体系和法治国家建设中发挥更加有效的理论指导、学理支撑、行
动指南的作用，同时也将引领我国法学研究范式的历史性转型。

二　建设中国特色社会主义法治体系的主要任务

　　在全面推进依法治国、建设社会主义法治国家、推进法治中国
建设、推进国家治理现代化的历史新阶段，建设中国特色社会主义
法治体系，就是要形成"五个体系"，促成"五种局面"。

**（一）形成"五个体系"，即完备的法律规范体系、高效的法
治实施体系、严密的法治监督体系、有力的法治保障体系、完善的
党内法规体系**

1. 形成完备的法律规范体系

2011 年 3 月 10 日，吴邦国委员长在十一届全国人大四次会议
第二次全体会议上宣布中国特色社会主义法律体系已经形成。法律
体系形成并不意味着法律规范体系已经完备。事实上，我国法律规
范体系中还存在许多缺项，一些该有的法律规范还没有制定出来，
在国家政治生活、经济生活、文化生活、社会生活、生态生活中仍
然存在不少无法可依的空间，特别是在改革的重点领域法律缺项更
多；有些法律法规未能全面反映客观规律和人民意愿；有些法律法
规针对性、可操作性不强；有些法律法规由于是部门利益或地方利
益博弈的结果，带有严重的部门化、地方化倾向，致使实践中争权
诿责现象较为突出；有些法律规范互相冲突，致使公民、法治乃至

执法者和司法者无所适从。针对这种情况，四中全会要求深入推进科学立法、民主立法，提高立法效率，加强重点领域立法，加快完善体现权利公平、机会公平、规则公平的法律制度，保障公民人身权、财产权、基本政治权利等各项权利不受侵犯，保障公民经济、文化、社会等各方面权利得到落实；实现立法和改革决策相衔接，做到重大改革于法有据、立法主动适应改革和经济社会发展需要。要坚持上下有序、内外协调、科学规范、运行有效的原则完善和发展法律规范体系，各部门法之间、各种不同渊源的规范性法律文件之间彼此衔接、和谐统一；更加注重立改废释并举，实现从粗放型立法向集约型立法的转变；进一步加强科学立法和民主立法，让法律法规立得住、行得通、真管用。

2. 形成高效的法治实施体系

法律的生命在于实施，法律的权威在于实施，法律的威力也在于实施。无论在直观上，还是参照国内外法治评估数据，我国法律实施的情况都低于世界的平均水平。不把宪法和法律当回事、不给宪法和法律留面子的实例比比皆是；有法不依、执法不严、违法不究的现象在很大范围内司空见惯，有些地方以权谋私、徇私枉法、破坏法治的问题还很严重，人民群众对这些问题意见还很大。为了克服这些现象，保证法律有效实施，必须建立高效的法治实施体系。完善法治实施体系，最重要的是健全宪法实施体系机制。习近平总书记指出："宪法是国家的根本法。法治权威能不能树立起来，首先要看宪法有没有权威。必须把宣传和树立宪法权威作为全面推进依法治国的重大事项抓紧抓好，切实在宪法实施和监督上下功夫。"为此，四中全会《决定》提出了一系列保障宪法实施的措施，包括：完善全国人大及其常委会宪法监督制度，健全宪法解释程序机制；加强备案审查制度和能力建设，依法撤销和纠正违宪违法的规范性文件；将每年12月4日（现行宪法颁布实施的日期）确定为国家宪法日；建立宪法宣誓制度等。法治实施体系的核心是执法和司法，严格执法和公正司法是法律实施的关键。与此同时，还必须强调执法和司法的效率。

3. 形成严密的法治监督体系

法治监督是指对法律实施情况的监督。我国现实的法治监督存在诸多突出问题，如监督的目的不清晰；监督范围不明确、监督程序不健全、监督手段和方式不足、监督机制不完善；监督法治化、体系化、常态化程度较低，致使各种监督方式之间缺乏协同性；监督的权威性和执行力不高，许多监督裁决被束之高阁，甚至被不屑一顾；监督机构和监督人员也存在不敢监督、不愿监督、不会监督的问题。针对这种状况，四中全会《决定》提出建立由党内监督、人大监督、民主监督、行政监督、司法监督、审计监督、社会监督、舆论监督等构成的更加严密的监督体系，形成强大的监督合力，同时强调监督工作规范化、程序化、制度化，形成对法治运行全过程全方位的法治化监督体系，督促科学立法、严格执法、公正司法、全民守法的实现，确保党和国家机关及其工作人员按照法定权限和程序正确行使权力，真正做到法定授权必须为、法无授权不得为。

4. 形成有力的法治保障体系

法治保障体系是个新概念，就宏观目标而言，法治保障体系包括政治保障、制度保障、思想保障、组织保障、运行保障等。坚持党的领导是社会主义法治的政治保障，保障社会主义法治的政治方向；坚持中国特色社会主义制度是社会主义法治的制度保障，保障社会主义法治立足于社会主义民主政治制度的基础上；贯彻中国特色社会主义法治理论是社会主义法治的思想保障，保障社会主义法治的科学发展；建设宏大的法治工作队伍是社会主义法治的组织和人才保障，保障法治的尊严、权威和有效实施；建立科学的法治建设指标体系和考核标准并有效实施是社会主义法治的运行保障，保障全面推进依法治国各项任务的细化和落实。继十八届三中全会提出建立科学的法治建设指标体系和考核标准之后，四中全会《决定》再次明确地"把法治建设成效作为衡量各级领导班子和领导干部工作实绩重要内容，纳入政绩考核指标体系。把能不能遵守法律、依法办事作为考察干部重要内容"。法治建设评估应作为考核各级党委、政府工作的重要方面。作为法治保障体系的组成部分，法治建设指标体系应涵盖依法执政、科学立法、依法行政、严格执法、公正司法、全民守法等各个领域各个方面。考评标准要考虑可操作性，把决策和行为是否合法、人民群众是否满意、法治利民惠民的实效作为重要的标准。这五条是从宏观上建构的法治保障体系，具体到立法、执法、司法、守法等法治环节，还要有的放矢地创建和完善保障体系，例如，为了保证司法机关依法独立公正地行使审判权和检察权，就要推进以去地方化为目标的省以下司法管理体制改革，探索建立与行政区划适当分离的司法管辖制度，建立跨行政区域的司法机关；推进以去行政化为核心的司法权运行机制改革，以审判权为中心优化司法职权配置、完善诉讼制度，改革审判委员会和检察委员会制度，完善主审法官、合议庭、主任检察官、主办侦查员办案责任制，加强对司法活动的监督，建立健全法官检察官履行职责保护机制，等等。

5. 形成完善的党内法规体系

依法执政、依法治国，不仅要有完善的国家法律体系，而且必须有健全的党内法规体系，特别是中央层面的党内法规体系。"党内法规"的通用含义是指党的中央组织以及中央纪律检查委员会、中央各部门和省、自治区、直辖市党委制定的规范党组织的工作、活动和党员行为的规章制度的总称。根据四中全会精神，要根据全面推进依法治国和依规管党治党的总体部署，以"宪法为上、党章为本"为基本原则，全面建成内容科学、程序严密、配套完备、运行有效的党内法规制度体系。党内法规实际上分为两类，一类仅适用于党内，例如《中国共产党纪律处分条例》；另一类不仅适用于党内，而且主要用于调整党委与立法机关、政法机关、人民团体的关系，例如，有关加强党对立法工作的领导的规范性文件，规范的是党中央和地方党委与立法机构的关系，确保法律法规充分体现党的路线方针政策，体现人民的意志和利益。党中央制定的规章制度既是党依法执政的基本遵循，也是党治国理政的根本保障，因而是中国特色社会主义法治体系的重要组成部分。完善党内法规体系，也包括促进党法党规与国家法律体系内在统一、协调一致、相得益彰。

（二）以形成五个体系为前提，大力促成"五种局面"

1. 促成科学立法、严格执法、公正司法、全民守法、人才强法的局面

科学立法是全面推进依法治国的前提，严格执法是全面推进依法治国的关键，公正司法是全面推进依法治国的重点，全民守法是全面推进依法治国的基础，人才强法是全面推进依法治国的保障。

（1）科学立法。建设法治体系，实行依法治国，科学立法是基础。强调科学立法，是为了提高立法质量。习近平总书记在十八届中央政治局第四次集体学习时的讲话中指出："人民群众对立法的期盼，已经不是有没有，而是好不好、管用不管用、能不能解决实际问题；不是什么法都能治国，不是什么法都能治好国；越是强调法治，越是要提高立法质量。"提高立法质量，关键在于：一要尊重和体现经济、政治、文化、社会、生态建设与发展客观规律，使法律准确适应改革发展稳定需要，积极回应人民期待，更好协调利益关系；二要坚持问题导向，切实提高法律的针对性、及时性、系统性、协调性，发挥立法凝聚共识、统一意志、引领公众、推动发展的作用；三要注重增强法律的可执行性和可操作性，努力使每一项立法符合宪法精神、反映人民意愿、得到人民拥护；四要坚持立改废释并举，全方位推进立法工作；五要坚持民主立法、科学立法，完善立法体制和程序，提高立法效率。

（2）严格执法。党的十八大报告、十八届三中全会《决定》、四中全会《决定》和习近平总书记的系列讲话始终强调严格执法。习近平总书记指出：法令行则国治，法令弛则国乱。我国现实生活

中出现的很多问题，往往同执法失之于宽、失之于松有很大关系。有的执法人员执法随意性大，粗放执法、变通执法、越权执法比较突出，要么有案不立、有罪不究，要么违规立案、越权管辖；有的刑讯逼供、滥用强制措施；有的办关系案、人情案、金钱案，甚至徇私舞弊、贪赃枉法；等等。对违法行为必须严格尺度、依法处理，不能迁就，否则就会产生"破窗效应"。为了确保严格执法，四中全会《决定》提出探索建立检察机关提起公益诉讼制度，检察机关在履行职责中发现行政机关违法行使职权或者不行使职权的行为，应该督促其纠正，必要时可向人民法院提出行政公益诉讼。

（3）公正司法。公正是法治的生命线。司法是维护社会公平正义的最后一道防线。司法公正对社会公正具有重要引领作用，司法不公对社会公正具有致命破坏作用。所以，司法必须公正。所谓公正司法，就是受到侵害的权利一定会得到保护和救济，违法犯罪活动一定要受到制裁和惩罚，人民群众在每一个司法案件中都能感受到公平正义。如果人民群众通过司法程序不能保障自己的合法权利，司法就没有公信力，人民群众也不会相信司法。司法是定分止争的最后一道防线。要做到定分止争，司法必须公正，如果司法不公、人心不服，不仅难以定分止争、化解矛盾，甚至可能激化和聚集矛盾。司法还是维护法律尊严和权威的最后一道防线。要发挥维护法律尊严和权威的作用，司法必须公正、公开、公平，司法机关必须有足够的尊严和权威、有极高的公信力。为此，必须完善司法管理体制和司法权力运行机制，规范司法行为，加强对司法活动的监督，努力让人民群众在每一个司法案件中感受到公平正义。

（4）全民守法。全面推进依法治国，必然要求全民守法。全民守法，就是全国各族人民、一切国家机关和武装力量、各政党和各社会团体、各企业事业组织，都必须以宪法和法律为根本活动原则，并负有维护宪法和法律尊严、保证宪法和法律实施的职责。任何组织或者个人，都不得有超越宪法和法律的特权。一切违反宪法和法律的行为，都必须予以追究。任何公民、社会组织、国家机关、政党（包括执政党），都要依照宪法和法律行使权利或权力、履行义务或职责。在社会转型、矛盾凸显的当前形势下，要引导全体人民通过法律程序来合理表达诉求、依法维护权利、文明解决纷争；要努力培育社会主义法治文化，在全社会形成学法尊法守法用法的良好氛围。守法是一个积极的概念，不仅要重视履行义务，更要认真行使权利。守法的前提是学法、懂法，因此，要深入开展法治宣传教育。

（5）人才强法。人才强法是人才强国的重要组成部分。科学立法、严格执法、公正司法、全民守法都离不开高素质的法治工作队伍。建设一支优秀的法治工作队伍，才能实现良法善治、法正民安。社会主义法治建设的主体是人民，人民是推进依法治国的根本动力和力量源泉。但同时也要看到，法治工作的核心是依法治理国家和社会，处理公共事务，化解社会矛盾纠纷，实现权利救济，尊重和保障人权，维护社会公平正义，促进社会和谐稳定，因而具有很强的政治性、思想性、智慧性、专业性、技术性，需要高级专门人才去担当。特别是进入21世纪之后，随着科学技术进步、社会转型和利益格局的巨变，新型案件、疑难案件、涉外案件、知识产权案件层出不穷，征地拆迁、土地承包纠纷、社会保险、教育医疗、消费者权益等涉及民生问题和群体性利益的案件逐年增加，与人格权、生存权、环境权、发展权等人权问题关联的诉讼也呈现攀升趋势。这就需要大批受过良好专业训练并具有实践理性和实践经验的法律专家。

2. 促成依法治国、依法执政、依法行政共同推进的局面

（1）依法治国。依法治国是党领导人民治理国家的基本方略，依法执政是中国共产党执政的基本方式，依法行政是依法治国的核心内容。依法治国就是人民在党的领导下，依照法治原则和法律规定，通过各种途径和形式管理国家事务，管理经济文化事业，管理社会事务，使国家各项工作法治化，使社会主义民主制度和法律不因领导人的改变而改变，不因领导人看法和注意力的改变而改变。

（2）依法执政。全面推进依法治国，建设中国特色社会主义法治体系和法治国家，关键在于党科学而又有效地依法执政。依法执政的基本内涵是，党依照宪法和法律执掌国家政权、领导国家政权、运用国家政权，实现党的执政宗旨、执政目标和执政任务；依法支持和督促国家机关依法行使国家权力、履行国家职能，以确保国家机关活动的民主性、合法性、公正性、权威性；依法治国理政，如审议重要立法，审议人大常委会和政府工作报告，制定国防外交基本方针，以及管理属于党和国家机关共同负责的事项等。坚持依法执政，各级领导干部要带头遵守法律，带头依法办事，不得违法行使权力，更不能以言代法、以权压法、徇私枉法。健全党领导依法治国的制度和工作机制，完善保证党确定依法治国方针政策和决策部署的工作机制和程序，加强对全面推进依法治国统一领导、统一部署、统筹协调，完善党委依法决策机制。各级人大、政府、政协、审判机关、检察机关的党组织要领导和监督本单位模范遵守宪法法律，坚决查处执法犯法、违法用权等行为。为了做到依法执政，首要任务是完善党依法执政的体制机制和法律法规，确保党在宪法和法律范围内活动，依照宪法、法律和党内法规制度行使执政权和领导权；确保党既严格守法，又能科学有效地领导立法、保证执法和司法；提高各级党委及其领导干部运用法治思维和法治方式治国理政的能力和水平。尤其要强调的是，通过长期依法执政实践，把党建设成为坚持宪法至上、维护法律尊严和权威、在宪法法律范围内活动的执政党，尊重和保障人权、促进社会公平的执政党，领导、支持和监督国家机关依法行使国家权力的执政党，实现党的执政方式和执政活动法治化。

（3）依法行政，就是各级政府在党的领导下、在法治轨道上开展工作，创新执法体制，完善执法程序，推进综合执法，严格执法责任，建立权责统一、权威高效的依法行政体制。特别是要牢固树立权力来自人民、权力源于法律授予的政府理念，坚持职权法定原则，做到法定职责必须为、法无授权不可为。

3. 促成法治国家、法治政府、法治社会一体建设的局面

（1）法治国家。什么样的国家是法治国家呢？一个成熟的法治国家通常包括五方面的要素：第一，法律之治。法治成为治国理政的基本方式，基本的政治关系、经济关系、社会关系等纳入法律调整和法治轨道，实现民主政治法治化、市场经济法治化、社会管理法治化。第二，程序之治。在国家政治生活中，程序问题至关重要。程序给人信心，程序保证效率，程序减少失误。正如美国著名大法官威廉姆斯·道格拉斯所言："正是程序决定了法治与恣意的人治之间的基本区别。"第三，人民主体，法治为了人民、依靠人民、造福人民、保护人民，法律为人民所掌握、所遵守、所运用。第四，有限政府，即职能和权力受到限制的政府。第五，良法善治，这是法治国家的最高境界。

（2）法治政府。政府依照宪法法律组成，政府的权力由宪法授予，政府依法行政、严格执法，政府违法担责。在任何国家，法治的重心都是制约和控制行政权力，防止其滥用和异化，因为行政权力"无所不在、无所不能"。2004 年国务院发布的《全面推进依法行政实施纲要》，正式确立了"法治政府原理"。四中全会《决定》更加明确地提出"加快建设职能科学、权责法定、执法严明、公开公正、廉洁高效、守法诚信的法治政府"。

（3）法治社会。法治社会与法治国家是互为依存、相辅相成的。我们既需要建设一个法治的国家，也需要建设一个法治的社会。法治社会建设是法治中国建设的重要组成部分，是创新社会治理的内在要求，是人民安居乐业、社会安定有序的重要保障。法治社会的基本标志，一是党和政府依法治理社会，健全依法维权和化解纠纷机制，建立健全社会矛盾预警机制、利益表达机制、协商沟通机制、救济救助机制，畅通群众利益协调、权益保障法律渠道，完善立体化社会治安防控体系，保障人民生命财产安全；二是社会依法自治，基层组织和部门、行业依法治理，各类社会主体自我约束、自我管理，市民公约、乡规民约、行业规章、团体章程等社会

规范在社会治理中有效发挥作用；三是全体人民自觉守法，法治精神和法治文化蔚然成风，全社会厉行法治的积极性和主动性普遍增强，形成守法光荣、违法可耻的社会氛围，广大公民争当社会主义法治的忠实崇尚者、自觉遵守者、坚定捍卫者。建设法治社会，必须正确处理政府与社会、自治与他治、维权与维稳、活力与秩序、法律规范与其他社会规范的关系。

4. 促成国家法治主导下的政府法制体系、地方法制体系、社会软法体系协调发展的局面

我国是单一制社会主义国家，法制统一、宪法至上是与人民代表大会制度同样重要的根本制度。在这个前提下，发挥中央、地方、社会、各级人大、各级政府、各种组织的法治积极性，推进政府法制、地方法制、社会软法体系三者功能互补、协调发展，是全面推进依法治国、建设法治国家的题中应有之义。

（1）政府法制。政府法制在法治体系当中具有特殊的地位和作用。在法律体系中，行政法规和规章不仅数量多，而且调整范围广；在法律运行中，政府扮演执法者的角色，直接决定着法律实施的状态，决定着依法治国的成效，从而决定着法治的命运。因此，四中全会《决定》强调加强和改进政府立法制度建设，完善行政法规、规章制定程序，完善公众参与政府立法机制；重要行政管理法律法规由政府法制机构组织起草；对部门间争议较大的重要立法事项，由决策机关引入第三方评估，不能久拖不决。同时，《决定》强调政府作为执法主体要严格规范公正文明执法。

（2）地方法制。地方法制是由宪法统领的统一的国家法制的重要组成部分。地方法制既是实施国家宪法法律所必需的，也是建立符合地方省情市情的法律秩序，保障地方经济发展、社会管理和公共治理的需要，地方法制建设还是国家法律制度创新的基础和来源。我国改革开放过程中涌现出的许多重大法律制度创新，包括农村土地承包经营制度、国有土地有偿使用制度、所有权与经营权分离、基层群众民主自治等，都首先起源于地方自发的改革创新实

践，然后由中央政府总结成功经验并由立法加以确认。地方和基层在长期的改革创新实践中所积累起来的大量新规则、新制度，为国家立法提供了可资利用的丰富的本土资源。在全面推进依法治国的新时期，中央更加重视地方法治建设，四中全会《决定》进一步扩大地方立法权，依法授予设区的市地方立法权，这对于发挥地方积极性和能动性、完善地方法制体系、推动地方工作法治化，将产生深远的作用。这意味着全国233个还没有立法权的城市将逐步依法获得立法权，在法定的权限和范围内，制定地方性法规，推进地方工作法治化。地方法制包括有立法权的人大及其常委会制定的地方性法规，也包括由省级人民政府制定的政府规章。据统计，现行有效的地方性法规有9000多件，政府规章大体也是9000多件。

（3）社会软法体系主要包括市民公约、乡规民约、行业规章、团体章程等多种形式的社会规范，学者们把这些社会规范称为"软法"。社会软法规范对于其效力所及的组织和个人具有重要的规范、指引和约束作用，也是治理公共事务的重要依据。在软法体系当中，行业法制非常重要，它们是社会自治的重要规范，也是依法治国的重要保障。当各个行业都有健全的规范体系（或者是由国家制定的，或者是由行业自己制定的）时，整个法律体系和法治体系就有坚实的社会基础。四中全会《决定》强调发挥各种社会规范（软法）在法治社会建设中的积极作用，将极大地增强中国法治的社会活力和可持续性。

5. 促成党的领导、人民当家做主、依法治国有机统一的局面

党的领导、人民当家做主、依法治国有机统一是中国特色社会主义法治体系最鲜明的本质特征。"三统一"是我国法治建设的基本经验，也是今后法治建设的根本遵循。依法治国，建设法治国家，坚持党的领导是最根本的保证，把党的领导贯彻到依法治国全过程和各方面，是我国社会主义法治建设的一条基本经验。只有在党的领导下依法治国、厉行法治，人民当家做主才能充分实现，国家和社会生活法治化才能有序推进。保证人民当家做主是前提和目

标，人民当家做主，既是法治的前提和基础，更是法治的本质和动力。依法治国是实现党的领导和人民当家做主的基本途径。人民代表大会制度是实现党的领导、人民当家做主、依法治国有机统一的根本制度载体。促成"三统一"就要积极探索如何在宪法的统领下把党的领导、人民当家做主、依法治国统一于人民代表大会制度。

坚持和发展中国特色社会主义法治理论

李 林[*]

在党的十八届四中全会的《决定》里，中国特色社会主义法治理论、中国特色社会主义法治道路、中国特色社会主义法治体系"三位一体"，它们共同构成了全面推进依法治国、加快建设社会主义法治国家的理论支撑、道路指引和制度保障，充分体现了中国特色社会主义法治的理论自信、道路自信和制度自信。

一 中国特色社会主义法治理论是全面推进依法治国的理论支撑

党的十八届四中全会《决定》明确提出，全面推进依法治国，建设中国特色社会主义法治体系，建设社会主义法治国家，必须在中国共产党领导下，坚持中国特色社会主义制度，贯彻中国特色社会主义法治理论。《决定》强调要"围绕社会主义法治建设重大理论和实践问题，推进法治理论创新，发展符合中国实际、具有中国特色、体现社会发展规律的社会主义法治理论，为依法治国提供理

* 李林，中国社会科学院法学研究所所长、研究员、法学博士、博士生导师。

论指导和学理支撑"；提出要坚持用马克思主义法学思想和中国特色社会主义法治理论全方位占领高校、科研机构法学教育和法学研究阵地，加强法学基础理论研究，形成完善的中国特色社会主义法学理论体系、学科体系、课程体系。

四中全会《决定》还在其他不同的部分和主题下使用了与中国特色社会主义法治理论直接有关的一些概念或者提法。例如，以道德滋养法治精神、强化道德对法治文化的支撑作用；弘扬社会主义法治精神，建设社会主义法治文化；深入开展社会主义核心价值观和社会主义法治理念教育；推动全社会树立法治意识；坚持把领导干部带头学法、模范守法作为树立法治意识的关键；对特权思想严重、法治观念淡薄的干部要批评教育；在中小学设立法治知识课程；使每一项立法都符合宪法精神；强化官兵法治理念和法治素养，加强军事法治理论研究；汲取中华法律文化精华，但绝不照搬外国法治理念和模式；等等。所有这些表述、提法和要求，表明四中全会《决定》不仅在全面推进依法治国的体制机制改革方面有许多新举措、新部署，而且在推动中国特色社会主义法治理论的观念更新和理论发展方面有许多新观点、新建树。

四中全会《决定》提出的中国特色社会主义法治理论，是中国特色社会主义理论体系的重要组成部分，是中国共产党人根据马克思主义国家与法的基本原理，在借鉴吸收古今中外人类法治文明有益成果的基础上，从当代中国国情、现代化建设和依法治国的实践出发，深刻总结我国社会主义法治建设的成功经验和惨痛教训，逐步形成的具有中国特色的社会主义法治理论体系。中国特色社会主义法治理论是对马克思主义法律观的继承、创新和重大发展，是推进马克思主义法学思想中国化的最新成果，是全面推进依法治国、加快建设社会主义法治国家的重要理论指导、思想基础和学理支撑。

习近平总书记在担任浙江省省委书记时曾经指出：社会主义法治理念，是我们党从社会主义现代化事业全局出发，坚持以马克思主义法学理论为指导，在总结我国社会主义民主法治建设的实践经验、吸收世界上其他社会主义国家兴衰成败的经验教训、借鉴世界法治文明成果的基础上形成的科学理念。这是对马克思主义法学理论的继承、发展和创新，是推进社会主义法治国家建设必须长期坚持的重要指针。当时讲的"社会主义法治理念"，实际上就是今天我们所讲的"中国特色社会主义法治理论"。可见习近平总书记对我国法治理论问题早有深邃的思考和深刻的洞见。

中国特色社会主义法治理论的核心要义，是以马克思列宁主义、毛泽东思想、邓小平理论、"三个代表"重要思想、科学发展观为指导，深入贯彻习近平总书记系列重要讲话精神，坚持党的领导、人民当家做主、依法治国有机统一，坚定不移走中国特色社会主义法治道路，坚决维护宪法法律权威，依法维护人民权益、维护社会公平正义、维护国家安全稳定，为实现"两个一百年"奋斗目标、实现中华民族伟大复兴的中国梦提供有力法治保障。

二　中国特色社会主义法治理论的主要内容

中国特色社会主义法治理论是以中国特色社会主义法治道路、中国特色社会主义法治体系和全面推进依法治国的中国实践为基础的科学理论体系，它由以下主要部分构成。

一是中国特色社会主义法治的价值理论思想体系，涉及政治哲学、法哲学和中国特色社会主义理论体系的有关范畴和内容，主要包括五个方面的内容：①马克思主义国家与法的学说，马克思主义的国家观、政党观、民主观、法律观、法治观、人权观、平等观、正义观和权力观，马克思主义法学思想等；②社会主义法治精神、社会主义法治意识、社会主义法治观念、社会主义法治价值、社会主义宪制和法治原则、社会主义法治思想、社会主义法治理念、社会主义法治文化、社会主义法治学说等；③中国特色社会主义法学的理论体系、学科体系、课程体系等；④公民和国家公职人员的法治态度、法治心理、法治偏好、法治情感、法治认知、法治立场、法治信仰等；⑤关于法和法治的一般原理、价值、功能、原则、学说、方法和知识等的理论。

二是中国特色社会主义法治的制度规范理论体系，涉及法治的基本制度、法律规范、法律体系、法治体系、法治程序、法治结构等范畴和内容，主要包括四个方面的内容：①关于国家宪法和宪制的理论，如宪法规定的社会主义根本政治制度（人民代表大会制度）和基本政治制度（民族区域自治制度、共产党领导的多党合作和政治协商制度、基层民主自治制度、特别行政区制度等）的理论，我国基本经济制度、基本社会制度、基本文化制度的理论，社会主义民主选举制度、人权保障制度、立法体制、中国特色社会主义法律体系等的理论；②关于中国特色社会主义法治体系的理论，如宪法实施监督体系、法律法规体系、法治实施体系、法治监督体系、法治保障体系、党内法规体系等的理论；③关于中国特色社会主义法治政府、依法行政和行政执法制度的理论，司法权、司法体制、司法程序、法律监督体制、公正司法制度、依法执政体制等的理论；④关于法治的一般制度、体系、程序、规则、规范和架构等的基本原理。

三是中国特色社会主义法治的实践运行操作理论，涉及法治原理的应用、法治行为、法治实践和法律制度运行等范畴和内容，主要包括五个方面的内容：①科学立法、严格执法、公正司法、全民守法等法治建设各个环节的理论；②依法治国、依法行政、依法执政、依法治军、依法办事等法治实施各个方面的理论；③法治国家、法治政府、法治社会、法治经济、法治政治、法治文化等法治发展各个领域的理论；④执政党在宪法和法律范围内活动，领导立法、保证执法、支持司法、带头守法等依规治党和依法执政的理论；⑤关于法治运行实施的一般规律、特点、机制、行为、方式等的基本理论。

四是中国特色社会主义法治的相关关系理论，涉及法治存在发展的外部关系，涉及法治与若干因素的相互作用、彼此影响、共同存在等现象及其内容，主要包括七个方面的关系：①中国特色社会主义法治与中国特色社会主义、中国特色社会主义道路、中国特色社会主义理论、中国特色社会主义制度、全面深化改革、全面建成小康社会、实现中华民族伟大复兴中国梦的关系；②中国特色社会主义法治与市场经济、民主政治、和谐社会、先进文化和生态文明的关系；③中国特色社会主义法治与道德、纪律、政策、党内法规、习俗、乡规民约、社会自治规范等其他社会规范的关系；④中国特色社会主义法治与民主、自由、人权、平等、公正、安全、秩序、尊严、和谐、权威、平安、幸福等的关系；⑤中国特色社会主义法治与促进发展、维护稳定、构建秩序、化解矛盾、解决纠纷等的关系；⑥中国特色社会主义法治与政党、宗教、以德治国、依规治党、国家治理现代化、良法善治等的关系；⑦中国特色社会主义法治与人类法治文明、西方法学理论、中华法系文明、国际法治理论、全球化法治进程等的关系。

三　坚持和发展中国特色社会主义法治理论的重大意义

中国特色社会主义法治理论是服务和支持中国特色社会主义法治道路和中国特色社会主义法治体系的直接理论依据，是引领和指导全面推进依法治国、加快建设社会主义法治国家的科学理论体系，是中国特色社会主义法治话语权的重要体现，是构建国家法治软实力、硬实力和巧实力的重要学理支撑。坚持和发展中国特色社会主义法治理论，构建中国特色社会主义法治理论体系，具有十分重要的理论价值和实践意义。

其一，坚持和发展中国特色社会主义法治理论，有利于深刻回答我国法治建设和全面推进依法治国的性质和方向的重大问题。我国的法治和依法治国，是人民在党的领导下，依照宪法和法律管理国家和社会事务，管理经济和文化事业，从政治、经济、文化和社会等各个方面实现人民当家做主，保证政治文明、经济发展、社会稳定和国家长治久安的中国特色社会主义法治。坚持走中国特色社会主义法治道路，建设中国特色社会主义法治体系，始终不渝地坚持全面推进依法治国事业的社会主义性质和正确方向，始终不渝地坚持中国共产党对中国特色社会主义法治建设和依法治国的政治领导、组织领导和思想领导，把党的领导贯彻到依法治国的全过程和各方面，是中国特色社会主义法治理论的内在要求和本质特征，也是中国特色社会主义法治理论的时代使命和理论品格。

其二，坚持和发展中国特色社会主义法治理论，有利于深刻回答我国法治建设和全面推进依法治国走什么道路的重大问题。习近平总书记指出，道路问题是最根本的问题，道路决定命运，道路决定前途。中国特色社会主义法治理论，从理论与实践的结合上回答了我国法治体系的根本性质，指明了我国法治的前进方向，标识了我国法治发展的基本道路，保证我国法治建设沿着正确方向和道路顺利前进。我国的法治体系建设和依法治国事业，是在中国共产党的领导下，从中国国情和实际出发，立足于社会主义初级阶段，具有中国风格、中国气派和中国特色的社会主义法治。我们建设的是中国特色社会主义的法治体系，而绝不照搬照抄西方国家的法治理论和法治体系，我们走的是一条坚持中国共产党领导、人民当家做主、依法治国有机统一的中国特色社会主义法治道路，而绝不照搬照抄西方的宪政制度和法治模式。

其三，坚持和发展中国特色社会主义法治理论，有利于深刻回答和解释我国法治建设和全面推进依法治国的总目标、指导思想、基本原则、主要任务等重大理论和实践问题，科学界定和阐释中国特色社会主义法治体系、中国特色社会主义法治道路、中国特色社会主义法治文化、马克思主义法学理论等依法治国的重大理论命题，有利于自觉坚持党的领导、坚持人民主体地位、坚持法律面前人人平等、坚持依法治国与以德治国相结合、坚持从国情和实际出发全面推进依法治国等基本原则，有利于正确理解和处理依法治国与坚持党的领导、法治与德治、依法治国与全面深化改革、依法治国与依法执政、依宪治国与依宪执政、从国情出发与学习借鉴等重大关系，为全面推进依法治国、建设中国特色社会主义法治体系、建设社会主义法治国家提供科学的理论指导和强有力的学理支撑，不断引领和推动依法治国的理论创新、制度创新和实践创新，努力开创中国特色社会主义法治建设的新局面。

中国特色社会主义法治道路的主要特征

公丕祥*

十八届四中全会不论是在我们党的历史上还是在国家法治发展的历史上都是具有里程碑意义的一次会议，全会通过的《决定》从法学理论角度看提出了一系列新思想、新观念、新命题，对于推进我国社会主义法治创新发展以及法学研究提出了要专门发展和完善中国特色社会主义法学理论体系、学科体系和课程体系。习近平总书记在四中全会《决定》的说明中和全会的讲话中都特别强调，要坚定不移地走社会主义法治道路，并且对道路的内在含义和基本内容做了精密的传达。因此，中国特色社会主义法治道路的确是一个重要的论断，含义和内容非常丰富。对于什么是中国特色社会主义法治道路，要从以下几个角度来把握：第一，这条道路是中国特色社会主义道路和政治发展道路的有机组成部分。党的十六大特别是十七大、十八大报告，对中国特色社会主义道路的内涵做了基本的概括，包括政治发展道路。所以法治道路应当是中国特色社会主义道路和政治发展道路的主要内容。要把法治道路放到中国特色社会主义道路这样一个大的背景之下进行分析。第二，它是中国共产党人把马克思主义法治思想的基本原理和中国具体法治实践相结合的产物。换句话说它是马克思主义法治思想中国化的一个历史产物。

---

* 公丕祥，江苏省第十二届人大常委会副主任、中国法理学研究会副会长。

第三，它是我们党在建设社会主义法治事业的伟大实践中艰辛探索的经验总结，所以这条道路的确是非常艰辛复杂，能够形成和发展十分不易。第四，这条道路是在全球化的时代进程中推进中国法治发展的时代精神的启迪，所以把这条道路和全球化时代内在地联系到一起。第五，这条道路是符合中国法治个性条件的自主型的法治发展道路，而不是一种依附型的。这是对什么是中国特色社会主义法治道路的理解。

关于中国特色社会主义发展道路的历史进程，这条道路是如何走过来的，应当划分出三个时段。第一个时段是中国特色社会主义法治道路的历史开端，从党的十六大、十七大报告包括十八大报告对中国特色社会主义事业的描述来看，一般认为从 1978 年开始，即从邓小平同志主持召开十一届三中全会开始。习近平同志在 2013 年纪念毛泽东诞辰 120 周年座谈会的讲话中把这个时段朝前推移了，认为以毛泽东同志为核心的党的第一代领导集体开启了中国特色社会主义法治道路的艰辛的探索历程。十八届四中全会《决定》中有我们党"'长期以来'高度重视法治建设，特别是十一届三中全会以来"的表述。那么这个"长期以来"，就是要回溯到新中国成立之初。这个判断是符合历史实际的，不要在认识这条道路的时候割断历史。1949 年新中国成立后我们党的第一代领导集体为探索中国特色社会主义法治道路进行了理论准备、进行了初步的实践并且提供了重要的物质基础。第二个时段是这条道路的形成和发展时期，是指从 1979 年三中全会到党的十八大。三中全会开启了这样一条新的道路进行了探索。第三个时段是党的十八大以来，是这条道路的进一步拓展时期。在《决定》全文和习总书记的讲话中，在谈这条道路的时候使用了两个概念，第一个是"坚持"和"坚定不移"，第二个是"拓展"，就是说这条道路经过新中国成立 60 多年已经形成了，正在进一步的发展，所以下一步要进一步拓展这条道路。

关于这条道路的主要特征主要有以下六个方面：①这条道路体

现了党的领导与依法治国的有机统一。②这条道路体现了法治发展的变革性与连续性的有机统一，不单纯是变革或革命，同时要充分重视意识的影响，要看到传统在这个进程中所具有的特殊价值。③体现了完善发展法律制度与创新发展法治理论的有机统一。④体现了强化国家权威与保持社会互利的有机统一。要注意东方式的发展道路中国家权威对国家建设的逐步推进是一条重要的路径选择，但同时也要激发社会活力，要调动各方面的积极性。⑤国家法治发展与区域法治发展的有机统一，这是中国的特殊国情所决定的。中国的经济发展是非常不平衡的，在法治领域必然要表现出来。⑥借鉴国际法治经验与立足本国法治国情的有机统一。

中国特色社会主义法治理论的意涵

龚廷泰[*]

中国特色社会主义法治理论根植于中国特色社会主义法治实践，同时也是中国法治建设的理论指引。那么中国特色社会主义法治理论的意涵究竟是什么呢？

从理论渊源来看，中国特色社会主义法治理论是马克思主义法学理论体系的重要组成部分。我们只有对马克思主义法学理论体系的整个发展历程有一个全面、系统的研究分析，才能总结、吸取马克思主义法律思想中国化的基本经验，坚持中国特色社会主义法治建设的方向，坚持走中国特色社会主义法治发展道路。所谓马克思主义法学，是指"在马克思主义世界观和方法论的指导下不断丰富和发展起来的法学理论体系。一切符合无产阶级和广大人民的利益，揭示了法律现象的本质及其发展规律，对人们正确地认识法律现象有所帮助，对社会主义法制建设的实践有指导意义和参考价值的法律思想、观点和理论（不管它出自领袖的著述，还是出自普通学者的研究），都包括在这个博大精深的知识体系之中"[①]。这样的概念界定，对马克思主义法学理论体系的认识是科学包容的。笔

---

[*] 龚廷泰，南京师范大学法学院教授，博士生导师。

[①] 张文显主编：《马克思主义法理学——理论、方法和前沿》，高等教育出版社2003年版，第3页。

者认为，马克思主义法律思想及其理论体系的产生、传播和发展的历史过程和理论全貌，有四条主线：一是马克思、恩格斯及其同时代马克思主义者的法律思想及其理论体系；二是列宁及其同时代的马克思主义者的法律思想及其理论体系；三是中国共产党领导人毛泽东、邓小平、党的历届领导集体及其同时代的马克思主义者的法律思想及其理论体系；四是西方马克思主义者从卢卡奇到后现代思想家德里达的法律思想及其法学理论。马克思主义法学理论是一个开放的动态发展的体系，中国特色社会主义法治理论与马克思主义法学的关系是继承和超越的关系，是一脉相承和与时俱进的关系，各国马克思主义者都对这个理论体系的发展做出了重要贡献。

从学科归属来看，中国特色社会主义法治理论，是中国特色社会主义理论体系的一部分，属于马克思主义法学学科体系的一部分。从中国特色社会主义法治理论的内部结构来看，它涵盖基础法学理论和应用法学理论；就应用法学理论而言，它涵盖立法理论、执法理论、司法理论、法治监督理论、守法理论、党的领导与法治发展的关系理论，等等；就法律体系的结构来看，它包括宪法理论、行政法理论、民商法理论、经济法理论、社会法理论、刑法学理论、诉讼和非诉讼程序法理论。因此研究中国特色社会主义法治理论，要和法学学科体系、法学课程体系、法学教学体系的建设和完善结合起来。

从法治内涵来看，中国特色社会主义法治理论，是中国国情的特殊性与世界法治文明发展的一般性相结合的理论。建设和完善中国特色社会主义法治理论，必须遵循现代法治文明体现着法治的一般规律、普适精神和普遍要求，反映人类社会法治文明的共同成果。法治作为与人治、专制相对立的一种文化现象，有着其特定的意义、价值和目的。其中，追求社会的民主法治、公平正义、人权保障、权力制约、司法独立，实现社会的良法善治和人类的"善业"，乃是其根本的意义和价值。① 中国有着历史悠久而底蕴深厚的法律文化，但却缺乏法治文化传统。法治本身就是一个舶来品，中国近代以来的法制发展，移植和引进的主要是西方法律制度和法治理论体系。历史的经验告诉我们，西方法治文明在中国土壤的生存与发展，不是既有西方法治文化在中国的简单延续或者文化替代，而是要让法治这颗西方文化的种子，在中国土壤中茁壮成长，结出适合中国人生活需求的甜美果实，而不是一种苦涩酸果。为达到此目的，我们既要对西方法治文化有深刻的反思与体认，又要对中国本土文化土壤特别是传统法律文化有深刻的批判、过滤、传承、转换和创新。在反思中对中西方法律文化的发展历程、成长规律、利弊得失有精到的把握，从而达致主体的文化自觉；同时对西方法治文明继续持开放态度，既要坚持马克思主义法学的基本立场、基本观点和基本方法，又要对各国先进的法治文化进行合乎理性的识别和选择。这就要求我们积极推进中国法学理论创新，破解中国的法学理论难题，汲取中华法律文化精华，借鉴国外法治有益经验，不生搬硬套外国法治理念和法治模式，在此基础上形成一整套符合中国实际、具有中国特色、体现中国社会发展规律的社会主义法治理论体系。

从理论功能的角度来看，中国特色社会主义法治理论是法治实践的先导。这是因为：社会主义法律制度是在社会主义法治理论的导引下建立的；法治理论的科学与先进的程度决定着法律制度的文明和良善程度，也指引着人的行为的自觉自由程度。中国法治实践证明，法治理论的共识认同程度决定着法律制度的实施程度，也决定着人们对法治的信仰程度和守法的自觉程度。从法治价值依归的角度来看，精神理念的价值与法律制度相比，前者处于更高的位阶，因为制度主要体现的是一种工具性价值，而精神理念却具有信

---

① 参见龚廷泰《法院文化建设的最高境界：追求司法的真善美》，《中国审判》2012 年第 1 期。

仰性意义。所以，加强中国特色社会主义法治理论建设，完善中国特色社会法治理论体系，不仅对中国的法治实践起着引领和指导作用，而且也有利于形成中国特色的法治话语体系，有利于中国在世界上逐步掌握法治话语权。

总之，中国特色社会主义法治理论，是马克思主义法学理论和中国特色社会主义理论体系的重要组成部分，它是中国法治建设和法学学科建设的新理论。这个新理论，是既立足中国国情又体现世界法治文明一般规律的科学的理论体系，是中国社会主义法治建设的理论基础和观念指引。建设和完善中国特色社会主义法治理论，必须立足中国国情，从我国社会主义初级阶段的实际出发；必须把握和平发展的时代特征，把中国的法治发展之路与中国和世界各国广泛合作、互利共赢的和平发展道路结合起来；必须立足于社会实践，中国特色社会主义建设的伟大实践，特别是中国特色社会主义法治建设的伟大实践，乃是中国特色社会主义法治理论不断发展的永不枯竭的动力源泉。

当代中国法治建设之思

高其才[*]

一

1999 年 3 月 15 日第九届全国人民代表大会第二次会议通过了《中华人民共和国宪法》第 13 条修正案，在《宪法》第 5 条增加一款，明确规定："中华人民共和国实行依法治国，建设社会主义法治国家。"这就以根本法的形式把依法治国的治国方略上升为一项基本的法律原则。这预示着中国将依靠政府的推进，辅之以社会（民间）的力量，走向法制现代化（法治化）的道路。

作为执政党的中国共产党对此有明确的理解。如中共中央政治局 2011 年 3 月 28 日下午就推进依法行政和弘扬社会主义法治精神进行第二十七次集体学习。时任中共中央总书记胡锦涛在主持学习时强调，全面推进依法行政、弘扬社会主义法治精神，是坚持立党为公、执政为民的必然要求，是推动科学发展、促进社会和谐的必然要求。我们必须增强全面推进依法行政、弘扬社会主义法治精神的自觉性和主动性，加快建设社会主义法治国家。胡锦涛指出，在全社会大力弘扬社会主义法治精神，对全面贯彻落实依法治国基本

---

* 高其才，清华大学法学院教授。

方略、建设社会主义法治国家具有基础性作用，必须把加强宪法和法律实施作为弘扬社会主义法治精神的基本实践，不断推进科学立法、严格执法、公正司法、全民守法进程。各级党委要按照科学执政、民主执政、依法执政的要求，带头维护社会主义法制的统一、尊严、权威，坚持依法办事，各级政府要认真履行宪法和法律赋予的职责，广大党员、干部特别是领导干部要带头遵守与执行宪法和法律。要加强对全体人民的普法宣传教育，深入开展社会主义法治理念教育，特别是要加强与人民群众生产生活密切相关的法律法规宣传，加快在全社会形成学法尊法守法用法的良好法治环境。

党的十八大报告强调："法治是治国理政的基本方式。要推进科学立法、严格执法、公正司法、全民守法，坚持法律面前人人平等，保证有法必依、执法必严、违法必究。"2013 年 11 月 12 日中国共产党第十八届中央委员会第三次全体会议通过的《中国共产党第十八届中央委员会第三次全体会议公报》提到：全会指出，全面深化改革的总目标是完善和发展中国特色社会主义制度，推进国家治理体系和治理能力现代化……紧紧围绕坚持党的领导、人民当家做主、依法治国有机统一深化政治体制改革，加快推进社会主义民主政治制度化、规范化、程序化，建设社会主义法治国家，发展更加广泛、更加充分、更加健全的人民民主……全会提出，建设法治中国，必须深化司法体制改革，加快建设公正高效权威的社会主义司法制度，维护人民权益。维护宪法法律权威，深化行政执法体制改革，确保依法独立公正行使审判权、检察权，健全司法权力运行机制，完善人权司法保障制度。2013 年 11 月 12 日中国共产党第十八届中央委员会第三次全体会议通过的《中共中央关于全面深化改革若干重大问题的决定》提到："建设法治中国，必须坚持依法治国、依法执政、依法行政共同推进，坚持法治国家、法治政府、法治社会一体建设。"

2014 年 10 月 28 日中国共产党第十八届中央委员会第四次全体会议通过的《中共中央关于全面推进依法治国若干重大问题的决

定》更明确提出："全面推进依法治国，总目标是建设中国特色社会主义法治体系，建设社会主义法治国家。这就是，在中国共产党领导下，坚持中国特色社会主义制度，贯彻中国特色社会主义法治理论，形成完备的法律规范体系、高效的法治实施体系、严密的法治监督体系、有力的法治保障体系，形成完善的党内法规体系，坚持依法治国、依法执政、依法行政共同推进，坚持法治国家、法治政府、法治社会一体建设，实现科学立法、严格执法、公正司法、全民守法，促进国家治理体系和治理能力现代化。"

由此看来，当代中国全面推进依法治国、建设社会主义法治国家，已经成为不争的事实。不过，我们应当看到当代中国进行法治建设的具体背景，要注意理解科学技术的发展、市场经济制度的建立和完善、国际交往需要、国家管理的变化等因素与当代中国全面推进依法治国建设的关系。

二

一般认为，西方国家的法治实际上包含了许多层面的含义，它既是指一种治国的方略、社会调控方式，又是指一种依法办事而形成的法律秩序，还指一种法律价值、法律精神，一种社会理想。西方法治包含"人民主权"、"法律至上"、"法律主治"、"制约权力"、"保障权利"的价值、原则和精神。笔者理解，就治理主体而言，西方法治是多数人之治；就治理对象而言，法治是管制公权之治；就治理工具而言，法治是良法之治；就治理手段而言，法治是规则之治；就治理形式而言，法治是客观之治；就治理目标而言，法治是保障自由之治。与神治、人治不同，法治是一种共治、自治。

需要指出的是，法治并不是唯一的社会治理方式，但与神治、人治等其他社会治理方式相比，法治更能够实现人们的理想，保障人们的自由；法治更有利于社会治理的连续性和稳定性，降低社会管理的成本，提高社会治理的效率；法治更有利于协调社会关系，处理社会冲突，实现社会正义，传承社会文明。

但是西方的法治并非完美无缺的，法治客观上存在弊端和局限，对此我们需要全面认识。作为一种治国方法，法治本身只是一个相对的"善"，它具有自身的局限性。正如美国法学家博登海默所说："尽管法律是一种必不可少的具有高度裨益的社会生活制度，但它像人类创建的大多数制度一样，也存在着某些弊端。如果我们对这些弊端不引起足够的重视或者完全视而不见，那么，它们就会发展为严重的操作困难。"

昂格尔曾指出，法治是对社会秩序衰落的一种反应。它把人变为机械规则的附属，用冷冰冰的权利义务关系取代了人与人之间的感情与和谐，它忽略社会的丰富多彩和个体的不同，把所有的一切都整齐划一，而且，更为危险的是，它可以成为统治集团以社会的名义追求某种政策目标的工具。"法治不能彻底消除日常生活中的不合理的依附性。"

美国学者文森特·奥斯特罗姆也认为："狭隘地依赖重视惩罚的法律理性，其结果就是人们普遍地采取只遵守法律条文，寻找法律漏洞的策略，从而避免惩罚，对此就需要严格先前的法律，弥补漏洞，而这会使得法律更加严厉。如果所有人都把自己的事业发展限制在法律的范围内，那么生活就会变得不可忍受"，也就"导致奴役而不是带来自由了"。

可见，法治的价值在本质上是"否定性价值"，因为法治的条件只是用来将由法律自身所引起的危险降至最低的；法治具有一种否定性的优点：遵守它并没有带来什么善，除了避免恶以外；而且它所避免的恶是只能由法律自身引起的恶。法治在追求形式正义过程中可能背离实质正义，法治在形式理性与价值理性之间也可能发生冲突。就公平而言，法治下的法律所反映的意志会有偏私的可能；就技术而言，法治下的法律不可能永恒且准确地实现立法者的目标。同时，法治需要较高的社会成本，无论是以法创设某一新制度，还是新法的制定和执行常常都需要增加花费，需要一定的物质条件。同时，法令滋彰意味着法律的技术性和复杂性的增加。法治具有僵化的特点，无法考虑到社会现象的复杂性和多样性，无法照顾个别案件的特殊情况。法治在效率方面也存在局限，由于程序等的限制，法治有时候呈现出低效率状态。

三

在我国社会实践上，我国的法治建设是与现代国家的重建、国家权力的必要扩张结合在一起的，主要是由外部力量引发的，是外发型法治，内在需求不足；我国的法治建设经历了由被动接受到主动选择，法律制度变革在前、法律观念更新在后的过程；我国的法治表现出明显的立法主导色彩；我国的法治是一种自上而下推进的法治，主要依靠政府推动，社会基础较为薄弱。同时，我们的法治建设是在经济并不很发达的社会里进行的，物质力量不是很雄厚。因此，当代中国的法治建设面临着国情与理想、继承与移植、本土化与国际化、地方性与普适性、变革法制与守成法制等诸多关系的处理，面临着深层的文化、价值的冲突等难以避免的问题。当代中国法治建设的这种两难境地，表明当代中国全面推进依法治国、进行法治建设的艰难性和曲折性。

中国全面推进依法治国、深入进行法治建设之难有许多因素，但笔者认为最难在于文化。

在笔者看来，西方法治是以建立在人性恶立场上的常人文化为基础，突出耻感，追求客观的外在约束；而中国固有社会的治理奠基于性善，强调教化，以内化为本，心治重于身治。这是两种根本不同的观念指导下的社会治理安排。

同时，中西文化一直各自独立发展，缺乏交流、沟通，各自在形成成熟的社会治理文化、制度后才开始正面接触、交锋。

在这接触过程中，处于对抗下风的中国固有社会的治理表现出抵触、迎合、迁就的姿态，表现出对自己的过分批判、对对方的盲目崇拜的样貌，从而迷失了自我，远离了本根，缺乏了前行的方向，因而导致了我国社会治理、国家治理的混乱状态。

笔者认为，中西治理各有其社会、历史、文化基础。中西治理之差异不能简单理解为农耕文明与工商文明的不同，不能简单理解为农耕文明必定被工商文明所替代。需要超越中国固有社会的治理是古代治理、西方法治是现代治理这样一种简单、片面的认识。

全面认识历史、客观对待传统、认真总结过去、辩证处理国情、确立理性观念，这是我国全面推进依法治国、进行新的社会治理的基础和前提。

四

因此，在笔者看来，如果当代中国全面推进依法治国、建设法治的话，肯定不可能是西方的法治；当代中国的法治建设只能是以西方法治为参照的法治，是中国的法治。

社会治理、国家治理是社会在其现有的资源、知识、文化约束下，在各种社会关系的交互影响下可以实现的制度，而脱离具体地方性和社会条件的抽象的"法治"是不存在的。昂格尔就认为，法治的形成不是主观塑造的结果，而是历史和文化演进的结果，它不仅与一个社会中人们所熟悉的社会规范方式有关，也与民族的思维习惯有关。

当代中国全面推进依法治国、进行新的治理建设是一个长期的、渐进的过程。在厚实的历史土壤中培育新的种子，期望不应过于理想。必须以历史主义、现实主义的态度进行当代中国全面推进依法治国的建设，即从中国社会自身寻找和发掘社会治理的生长点，依靠中国本土的资源、在全球视野下全面推进依法治国。这需要实事求是、脚踏实地地进行。

当代中国全面推进依法治国应坚持国家法治、社会法治的共同推进，强调多元治理、共同治理，形成社会共识，实现社会互动和共同参与。全面推进依法治国必须坚持民众的主体地位，尊重民众的创造性，发挥民众的积极性、主动性。

法治中国的发展阶段和模式特征

冯玉军[*]

从 1978 年年底至今，中国共产党推行的改革开放已经 35 年了，在这个崭新的时期，中国——作为一个发展中的东方大国——各方面都发生了巨大变化，无论是经济、政治、文化、社会，还是法制建设和法律发展，朝向现代化、市场化、全球化和信息化的转型变化迅猛而深刻，影响深远。虽然起步很晚，曲曲折折，步履维艰，但发展速度却超过了世界很多国家，可以说尽享"后发"优势，创造了"中国奇迹"。值此之际，回顾 30 多年来民主法制建设的不平凡历程，深入研究法制改革所取得的成就和面临的困境，总结经验教训，归纳法治中国建设的主线和模式特征，有突出的现实意义和理论价值。

一 中国法制改革的三个历史阶段

客观分析，中国法制改革 35 年持续推进存在如下四个关键因素：其一，国际国内历史经验和"文化大革命"教训的反思和总结

---

* 冯玉军，中国人民大学法学院教授，甘肃政法学院"飞天学者"特聘教授，博士生导师。本文系 2011 年教育部"新世纪优秀人才支持计划"阶段性成果之一。

是思想背景。"文革"中遍及全国的严重破坏民主与法制、废弃宪法、践踏公民权利的历史再也不能重演。历史经验也表明，相较于人治、礼治，法治是治国理政的最佳方略，在法治的基础上确立宪政、实现民主政治是中国未来发展的必由之路。其二，社会发展的需要和经济体制改革的推动是决定力量。经济体制改革向前发展的每一步，都需要并实际促进了法律制度的创新与保障。例如，1984年提出"计划为主，调节为辅"，1987年提出"有计划的社会主义商品经济"，1992年提出"社会主义市场经济"，2000年提出"知识经济"与"经济全球化"，2003年提出"市场经济建设要为和谐社会服务"，2013年提出"推进国家治理体系和治理能力现代化"。这些经济领域的重大变革无一例外地带来法律观念、法律制度、法律规范和法治方式的因应创新。其三，经济与公共事务全球化是外部挑战。在"地球村"时代，不管是发达国家还是发展中国家、大陆法系还是英美法系、资本主义法治还是社会主义法治，都面临国内外法的规则趋同和应对解决各类全球性问题的法律挑战。在民商法、反垄断法、知识产权法、国际贸易法等一系列法律的制定过程中，广泛吸收了外国及港台地区立法经验，这对形成吸收世界法制文明成果的中国特色法律体系，发展一种"异而趋同，同而存异"的法治文明格局，最终实现公平正义、可持续发展的法律全球化前景有极大助益。其四，人民日益增长的政治民主要求和法治权利意识是内在动力。邓小平多次强调，改革要坚持"一手抓建设，一手抓法制"，"两手抓，两手都要硬"的方针。所谓"两手抓"，其实就是社会主义初级阶段要着力解决的经济和政治两方面矛盾。经济矛盾是落后的生产力与人民日益增长的物质文化需要之间的矛盾，解决这一矛盾的基本方针是全面深化经济改革，优化市场经济条件下的资源配置，促进民生问题的解决和社会和谐发展；政治矛盾是指匮乏的民主法制供给与人民日益增长的公平正义及自由民主需求之间的矛盾，解决这一矛盾的基本方针是全面推进依法治国，深化领导和政治体制改革，扩大人权和政治民主。其本质就是构建和谐民主的社会政治秩序，使人民安居乐业，实现更加充分的意志自由、行动自由、良法善治和公平正义。

观察我们党思想意识形态和战略决策的变化，可以比较清晰地将改革开放 35 年来中国法制改革和法治发展史分为三个阶段。

第一阶段：1978—1996 年，以制定 1982 年《宪法》和《民法通则》、《刑法》、《刑事诉讼法》为标志，开启了中国社会主义法制建设的新航程，实现了从专制向法制的第一次飞跃。通过制定一系列重要法律、推进多轮民主与法制变革，重建社会管理秩序，保障基本人权和民主，确定建立社会主义市场经济法律体系的战略取向，初步实现了社会治理的法律化、制度化。

否定法治、砸烂公检法的"文化大革命"结束后，保障人民民主、加强法制建设成为国家最重要的工作之一。党的十一届三中全会提出了发扬社会主义民主，健全社会主义法制，要求"有法可依、有法必依、执法必严、违法必究"。邓小平明确提出："为了保障人民民主，必须加强法治。必须使民主制度化、法律化，使这种制度和法律具有稳定性、连续性和极大的权威，不因领导人的改变而改变，不因领导人的看法和注意力的改变而改变。"① 以立法工作为例，新成立的第五届全国人民代表大会承担起加快立法的历史重任。在法制委员会主任彭真的领导下，1979 年上半年，仅用了三个月的时间，就制定和颁布了刑法、刑事诉讼法、全国人大和地方各级人大选举法、地方各级人大和地方各级政府组织法、人民法院组织法、人民检察院组织法、中外合资经营企业法七部法律。② 随

---

① 邓小平：《解放思想，实事求是，团结一致向前看》，参见《邓小平文选》第 2 卷，人民出版社 1994 年版，第 146 页。

② 1979 年 6 月 26 日，彭真在五届全国人大第二次会议上作关于七个法律草案的说明时，特别强调了法律贯彻执行中的三个重要问题："一是把法律交给九亿人民掌握，使他们运用这个武器监督国家机关和任何个人依法办事；二是建立一支强大的专业的执法队伍；三是坚持法律面前人人平等。"参见《彭真传》第四卷，中央文献出版社 2012 年版，第 1365—1366 页。

后，又于 1982 年制定了新中国第四部宪法，1986 年制定了体现改革精神的《民法通则》。需要指出的是，从人权荡然无存、公民权利被践踏的"文革"阴影中走出来，人民群众对基本人权和秩序安定的强烈要求成为这一波法制改革的巨大动力，国家顺应了人民的这一需求，恢复重建人民法院和人民检察院，建立和完善刑法、刑事诉讼法，拨乱反正，甄别纠正了大量冤假错案，为深化改革开放奠定了政治和法律基础。①

　　20 世纪 80 年代中期开始，中国经济体制朝向市场（商品）经济方向进行改革，但由于思想认识和形势变化等原因，也经历过一些波折。1992 年邓小平"南巡"讲话，提出了社会主义可以有市场经济的问题。随后召开党的第十四次代表大会正式提出"建立社会主义市场经济"的战略方针。以此为契机，引发中国政界、思想界在观念、理论和制度上的全面革新，法学界随之掀起了"法制"和"法治"大讨论，现代法律精神得到弘扬，体现计划经济和僵化教条的法律观念、法律政策得到清理，宪法对经济问题的表述也做了重大改变，如强调资源配置的市场经济导向，突出了国有经济的实现形式多样化，承认私有经济、非国有制经济是社会主义经济的重要组成部分，等等。立法领域，加快了市场经济立法，特别是民商法律的创制，制定或修改了公司法、合同法、担保法、反不正当竞争法、专利法等一系列符合市场经济发展需要的法律。司法领域，提出司法改革路线图：强调当事人举证责任——庭审方式改革——审判方式改革——诉讼制度改革——各司法机关联动改革——全面法制改革，尽管之后的实践一波三折，但当时这份路线图的提出还是给知识界人士和社会公众带来很大希望。

　　第二阶段：1997—2011 年，以确立"依法治国、建设社会主

---

　　①　在十年动乱中，公、检、法机关统统被砸烂，不能有效地行使审判权和监督权。粉碎"四人帮"后，人民法院和人民检察院在复查、纠正"文化大革命"期间判处的约 120 万件刑事案件的特殊历史背景下逐渐得以恢复、重建。

义法治国家"为治国基本方略和加入世界贸易组织为标志，法治的地位和作用获得空前的重视，开启了全球化条件下深层次法治改革。法律价值成为国民精神和国家形象的重要元素，法律权威日益受到执政党和国家机关的维护和尊重，法治原则（如保障人权、限制公权、程序公正等）在法律体系建构和法律实施中得到体现，实现了从法制到法治的第二次飞跃。

其一，确立了"依法治国，建设社会主义法治国家"基本方略，全国人大多次修宪予以落实。1997 年 10 月，党的十五大报告中正式提出"依法治国，建设社会主义法治国家"的治国基本方略和奋斗目标。① 次年 3 月，第九届全国人民代表大会第一次会议以宪法修正案的形式，将其规定在国家宪法中。同时在宪法序言中明确规定"我国将长期处于社会主义初级阶段"；"坚持公有制为主体、多种所有制经济共同发展的基本经济制度，坚持按劳分配为主体、多种分配方式并存的分配制度"；"农村集体经济组织实行家庭承包经营为基础、统分结合的双层经营体制"；"在法律规定范围内的个体经济、私营经济等非公有制经济是社会主义市场经济的重要组成部分"。2004 年，第十届全国人大对宪法又修改了十多处，主要有：国家尊重和保障人权；② 公民的合法的私有财产不受侵犯；国家鼓励、支持和引导非公有制经济的发展；国家为了公共利益的需要，可以依照法律规定对土地实行征收或者征用，并给予补偿；国家建立健全同经济发展水平相适应的社会保障制度；等

---

① 中国政府于 2008 年发表了《中国的法治建设》白皮书。全面介绍了新中国成立以来，特别是改革开放 30 年来国家法治建设取得的成就。全文近 2.9 万字，分前言、建设社会主义法治国家的历史进程、中国特色的立法体制和法律体系、尊重和保障人权的法律制度、规范市场经济秩序的法律制度、依法行政与建设法治政府、司法制度与公正司法、普法和法学教育、法治建设的国际交流与合作、结束语和附录等部分。

② 中国政府于 1991 年发表了《中国的人权状况》白皮书，2008 年之后又连续发布年度《国家人权行动计划》，向国际社会阐述了中国在人权问题上的基本立场和实践，通告未来一年在人权行动方面的详细计划，以推进国家各项人权事业的发展。

等。与此同时，历届人大还通过制定《国民经济和社会发展五年规划》，详细规定民主法制建设要点，引领和推进法治建设目标的实现。①

其二，以中国加入 WTO 为契机，适应中国经济、政治和公共事务上全面融入国际社会的客观需要，加快相关立法和法律清理，按照国际通行规则全面推进中国的法制改革。根据中国政府代表入世时所签署《中国加入工作组报告书》第 22 条之规定："（我国）将保证所有法律、法规和行政要求自中国加入之日起全面遵守和执行在本国产品和进口产品之间的非歧视原则，除非议定书（草案）或报告书中另有规定。中国代表声明，不迟于加入时，中国将废止和停止其实施效果与 WTO 国民待遇规则不一致的所有现行法律、法规及其他措施。这一承诺是针对最终或暂行法律、行政措施、规章和通知或任何其他形式的规定或指南作出的。"法律创制和清理的具体工作包括：①1999 年制定的新合同法结束了"三足鼎立"的局面，2001 年修订的著作权法、商标法和专利权法全面构建了我国知识产权法律体系，2007 年颁布的中国物权法及此前颁布的担保法，等等。②在电信管理、外资证券公司、外资保险公司、国际海运管理、农业补贴等领域，制定一些世贸规则所允许和要求的、符合市场经济运作的新的法律法

---

① 以 2006 年 3 月 16 日通过的《国民经济和社会发展第十一个五年规划纲要》的"民主法制建设要点"为例，其主要内容有：（1）扩大民主，健全法制。（2）坚持和完善人民代表大会制度、中国共产党领导的多党合作和政治协商制度、民族区域自治制度。（3）积极稳妥地继续推进政治体制改革。（4）健全民主制度，丰富民主形式，扩大公民有序的政治参与，保证公民依法实行民主选举、民主决策、民主管理、民主监督。（5）加强基层民主建设，保证公民依法行使选举权、知情权、参与权、监督权。（6）尊重和保障人权，促进人权事业全面发展。（7）贯彻依法治国基本方略，推进科学民主立法，形成中国特色社会主义法律体系。（8）推进司法体制和工作机制改革，规范司法行为，加强司法监督，促进司法公正，维护社会正义和司法权威。（9）实施"五五"普法规划和法制宣传教育，提高全民法律素质。（10）加强廉政建设，健全教育、制度、监督并重的惩治和预防腐败体系。

规。例如服务贸易方面的立法、保障措施法、电信法以及保护集成电路布图设计的法律需要提上全国人大的立法日程。③修改现行法律法规中不符合世贸规则的一些内容，或者补充某些规定得不充分的内容。对于明显违反世贸规则的，一律修改。④加速国际立法特别是国际经贸方面的立法。⑤废除那些不符合世贸规则的规定。内部文件要废除，不能作为法律依据，一些时过境迁不再使用的法规也要明令废止。总之，中国的立法部门始终强调转变观念，更多地学习、借鉴、吸收甚至移植国外立法和国际立法的经验，注意同国际立法接轨和向国际惯例靠拢，显著提高了立法体制的民主化、立法行为的程序化、立法技术的规范化，为构建中国特色社会主义法律体系奠定了基础。

其三，整体推进司法改革，实施统一司法考试和庭审制度、羁押制度以及证据认定等项改革。党的十五大明确提出"推进司法改革，从制度上保证司法机关依法独立公正地行使审判权和检察权"的要求。1999 年 10 月，最高人民法院制定下发了《人民法院五年改革纲要》，纲要涉及审判方式、审判组织、诉讼程序、证据制度、法官管理等各个方面。纲要的制定和实施为推进深层次的人民法院司法改革积累了经验、打下了基础，为促进观念更新、确立一系列现代司法理念，推进人民法院的全面改革提供了必要的思想准备和理论准备。2001 年，最高人民法院进一步明确提出"公正与效率"是 21 世纪法院工作的主题，是审判工作的灵魂与生命。2002 年，整合了法官、检察官和律师的准入门槛，开始举行全国统一司法考试。2003 年 5 月，中央政法委牵头成立司法改革领导小组。参加单位有全国人大法工委、最高人民法院、最高人民检察院、国务院法制办、财政部等 20 多个中央部门和国家机关。2012 年 11 月，中国共产党第十八次全国代表大会提出，要"进一步深化司法体制改革，确保审判机关、检察机关依法独立公正行使审判权、检察权"。

其四，全面落实依法行政，打造责任政府。2004 年 3 月 22

日，国务院审议通过了《全面推进依法行政实施纲要》，明确提出建设法治政府的奋斗目标。这是中国行政法制建设的一个重要成就，是依法行政原则在自身不断完善和发展的过程中一个新的里程碑。2007 年中国共产党第十七次全国代表大会又提出加快行政管理体制改革，建设服务型政府的目标，要求健全政府职责体系，完善公共服务体系，推行电子政务，强化社会和公共服务。加快推进政绩分开、政务分开，与市场中介组织分开。2010 年 10 月，国务院发布《关于加强法治政府建设的意见》，为在新形势下深入贯彻落实依法治国基本方略，全面推进依法行政，进一步加强法治政府建设，提出九条具体意见：①加强法治政府建设的重要性、紧迫性和总体要求；②提高行政机关工作人员特别是领导干部依法行政的意识和能力；③加强和改进制度建设；④坚持依法科学民主决策；⑤严格规范公正文明执法；⑥全面推进政务公开；⑦强化行政监督和问责；⑧依法化解社会矛盾纠纷；⑨加强组织领导和督促检查。

第三阶段：2012 年至今，党的十八大做出全面推进依法治国的战略部署，十八届三中全会进一步把"完善和发展中国特色社会主义制度，推进国家治理体系和治理能力现代化"作为全面深化改革的总目标，强调"建设法治中国，必须坚持依法治国、依法执政、依法行政共同推进，坚持法治国家、法治政府、法治社会一体建设"，这是当代中国社会主义法治建设史上的第三次重大突破，揭开了中国法治建设的新篇章。

党的中共十八大在之前历次大会上所提出依法治国方略的基础上，做出"全面推进依法治国"的战略部署，开创了法治建设的新局面。会后，习近平总书记就法治建设发表了一系列重要讲话，对弘扬宪法法律权威、树立法治信仰、加强法律实施、发挥人民在法治建设中的主体作用、领导干部带头守法等提出了明确要求，要求政法工作把维护社会大局稳定作为基本任务，把促进社会公平正义作为核心价值追求，把保障人民安居乐业作为根本目标，坚持严格执法、公正司法，提出了许多新的科学观点命题和论断。

十八届三中全会通过的《中共中央关于全面深化改革若干重大问题的决定》（简称《决定》）进一步提出建设"法治中国"，并将之作为中国法治建设的最高目标。《决定》提出的"法治中国"这一崭新提法，既尊重法治发展的普遍规律，又联系现实国情民意，是法治一般原理与中国法治实践紧密结合后在法治道路、法治理论、法治制度上进行创造性转换的产物，对打造中国法治模式、探明法治路径、振奋中国精神、增强民族凝聚力、开创中国法治建设的新局面意义深远。不仅如此，《决定》还自始至终体现着尊重和保障人权、公平正义、民主共和、维护社会主义法制统一尊严和权威的法治理念和法治精神。其中提出的 60 项全面深化改革的实际举措，所有改革事项都与法制改革息息相关，几乎都涉及现行法律的制定、修改、清理废除问题，且都需要用宪法和法律凝聚改革共识、引导和规范改革、确认和巩固改革成果。事实上，全面深化改革的过程就是同步实施法制改革和全面推进法治建设的过程，一方面是法制"自身改革"，即法制适应法治现代化和社会现代化的发展趋势与客观规律对自身的体制、机制、方法等进行的改革创新；另一方面是法制"配套改革"，即指为了保证、引导和规范经济社会生态等领域的改革，而进行的与改革相适应、相协调的法制改革，以及法律的立改废等。①

2014 年 10 月 20—23 日，中国共产党十八届四中全会在北京召开。全会通过了《中共中央关于全面推进依法治国若干重大问题的决定》，这是建党 90 多年，也是新中国成立 65 年来中央全会第一次以"全面推进依法治国"为主题作出的战略决策。它是党在全面总结我国社会主义法治建设成功经验和深刻教训的基础上，凝聚全

----

① 参见张文显《全面推进法制改革，加快法治中国建设》，《法制与社会发展》2014 年第 1 期，第 5—20 页。

党智慧作出的战略决策，有突出的历史性和里程碑意义。由十八届三中全会吹响全面深化改革号角的中国从此进入法治新时代。

《决定》提出了一系列新思路、新目标，主要体现在以下六个方面：一是建设中国特色社会主义法治体系；二是坚定不移走中国特色社会主义法治道路；三是全面推进科学立法、严格执法、公正司法、全民守法；四是在法治轨道上推进国家治理体系和治理能力现代化；五是树立宪法法律权威，依法规范和制约公权，切实尊重和保障人权；六是坚持党依据宪法法律治国理政和依据党内法规管党治党相结合。《决定》还用了很大篇幅详细论述了全面推进依法治国的六项重大任务：科学民主立法，完善法律体系，加强宪法实施；深入推进依法行政，加快建设法治政府；保证公正司法，提高司法公信力；增强全民法治观念，推进法治社会建设；加强法治工作队伍建设；加强和改进党对全面推进依法治国的领导。此外，《决定》还围绕全面推进依法治国的总目标和重大任务，提出了许多创新性理论观点，例如："党的领导和社会主义法治是一致的，社会主义法治必须坚持党的领导，党的领导必须依靠社会主义法治。""法治是国家治理体系和治理能力的重要依托。""法律是治国之重器，良法是善治之前提。"这些创新观点既是对以往法治文明经验的高度总结与凝练，又是以问题为导向，扎实推进依法治国的行动指南。

这是一百多年来仁人志士不懈努力、追求民主法治理想，实现中国腾飞梦想的伟大成就；也必将对未来十年乃至更长一段时间形成系统完备、科学规范、运转协调的社会主义法治运行体系，实现国家和社会治理的现代化、法治化，建成因应中华民族伟大复兴和全球善治潮流的法治中国起到战略引领作用。

二　法治中国建设的模式
特征及其经验教训

如上所述，35 年来，中国的法治改革和经济建设一样，都取得了长足进展。当前，"中国模式"及其经验教训成为国内外学者研讨的热门话题。① 抛开法哲学（或政治哲学）层面在学理上的繁杂争论，依笔者拙见，中国法治建设的模式性特征，或者说改革成就的密码可概括为八个方面。而就这八个模式特征自身而言，乃是一种优势与缺陷同在、机遇与挑战并存的情形。我们既能从中看见中国法治建设的卓越成就和巧妙经验，又能发现其与生俱来的危机与困难，随时面临颠覆性风险。这在学理上可以被概括为"法治改革相对论"，以下兹分述之。

（一）共产党领导下各机关部门分工负责的协商型法治

根据执政党的权威说法，中国共产党的领导是中国特色社会主义最本质的特征，坚持中国共产党这一坚强领导核心，是中华民族的命运所系。② 坚持党总揽全局、协调各方的领导核心作用，是社会主义法治的根本保证，是支持和保证实现人民当家做主的关键。其基本要义在于：①法治是全体人民通过立法、执法、司法、法制

---

① 在改革开放步入 30 年之际，学术界总结中国法治经验教训的各类著作和文章非常多，有从现代性角度进行的观察，有立足于文化传统与本土资源所做的研究，还有基于全球化时代命题提出的论断，其间混杂着自由主义、保守主义、社群主义、民族主义、马克思主义的思想纠葛，众说纷纭，莫衷一是。诸如邓正来《中国法学向何处去》（商务印书馆 2011 年版）、高全喜《法制变革及"中国经验"》（《中国政法大学学报》2009 年第 2 期）、张文显《全面推进法制改革，加快法治中国建设》（《法制与社会发展》2014 年第 1 期）、季卫东《大变局下的中国法治》（北京大学出版社 2013 年版），等等。

② 习近平：《在庆祝全国人民代表大会成立六十周年大会上的讲话》，《法制日报》2014 年 9 月 6 日。

监督、法治教育和法律实践等环节所建立起来的社会主义法律秩序，具有鲜明的阶级性和人民性，中国共产党作为这种阶级性和人民性的代表，凝智聚力、依法执政。②社会主义民主是法治的基础和前提，共产党是争取民主、发扬民主、扩大民主、建设社会主义民主政治的领导核心，没有党的领导就不会有真正的民主，也就不会有社会主义法治。③法律的制定过程是党领导立法机关把党和人民的意志转化为国家意志，保证党的路线方针政策和决策部署在国家工作中得到全面贯彻和有效执行的过程。④法律的实施过程是党领导各级行政机关和司法机关依法行政、公正司法，尊重和保障人权，保证政治、经济、文化、社会和生态建设协调发展的过程。

"协商"是典型的中国概念，其核心理念是：利益相关者以商量的方式，沟通意见、协调利益，以达成共识，实现共存与共赢。笔者以为，中国和西方国家都奉行民主政治，但实现民主的核心方式则有不同，西方国家以选举民主为核心，中国则基于历史和现实的原因，以协商民主为主。协商民主从形式上、外观上、程序上似乎较选举民主（特别是直接选举）有着这样或那样不到位和缺陷之处，但是通过人民政协制度、人大制度和共产党领导下各部门、各地区、各社会团体、各方面人士广泛的内部协商协作（而非公开辩论的外部民主），凝聚共识、统一步调，最终实现社会发展目标。

新中国的协商民主源于中共革命建政的探索与实践。其制度实践包括以下三个要点：①协商民主是由共产党领导的，党的领导是整个政治框架的前提性条件。政治权力运行的基本结构是在中国共产党领导下，全国人大及其常委会、国务院、最高人民法院、最高人民检察院等国家机关各负其责、平等协商，共同完成执政党代表人民确立的中心任务。②人民代表会议制度。人民民主是社会主义的生命，人民性是人大制度的鲜明特征。坚持党性和人民性的统一，决定了人大工作要将选举民主和协商民主相结合，通过发挥协商民主的独特优势来进一步彰显人大制度（包括代议制、票决制、民主集中制）的优势，不断丰富其实践特色和时代特色，健全民主制度、丰富民主形式、拓宽民主渠道，推动人大制度与时俱进。③中国人民政治协商会议制度，它是中国共产党把马克思列宁主义统一战线理论、政党理论和民主政治理论同中国具体实践相结合的伟大创造，人民政协作为统一战线的组织和协商机构，具有搭建执政党与其他民主党派和非党人士协商对话平台的功能，联合团结各族、各阶层人民实践人民当家做主的功能，对国家大政方针的实施发挥经常的、重要的协商作用。

　　这一宏观政治环境决定了中国的协商民主截然不同于西方的协商民主，且具有以下独特优势：①使党的领导与国家治理体系现代化形成相互促进的关系。协商民主能够从促进和完善党的群众路线和统一战线这两个方面巩固和增强党的领导。②使超大规模的社会在中国特色社会主义制度下保持持久的和谐发展。中国协商民主内在地具有团结人民、整合国家、协调利益、促进和谐的功能，促进协商民主的广泛、多层、制度化发展，有助于增强党的执政能力、国家整合能力、政府民主科学决策能力、社会自我调节能力以及公民的有序参与能力。③使人民当家做主实践与国家治理体系和治理能力现代化有机统一。基于人民民主所形成的人民参与国家事务管理，不同于西方基于利益表达所形成的参与，它是专业化国家管理与有序化人民参与的有机统一。协商民主的平台和路径能够有效地保证党和国家所运行的公共权力做到以民为本、为民服务、为民谋利。① ④使党总揽全局、协调各方的领导核心作用能够全面有效地发挥，并通过人大制度、人民政协制度等支持和保证国家政权机关依照宪法法律积极主动、独立负责、协调一致开展工作，从而保证党领导人民有效治理国家，切实防止出现群龙无首、一盘散沙的现象。

　　但从现代法治角度看，这种党领导下各部门分工负责的协商型

---

　　①　林尚立：《协商民主是我国民主政治的特有形式和独特优势》，《求是》2014年第6期。

法治尚存在四个突出弊端，需要严肃看待。

第一，过分强调"党的领导"，一切以党组织和党的领导人的决议意见为圭臬，在权力得不到制衡与监督的情况下，往往出现突破既有法律规定，法律为政策服务、为领导人服务的反法治现象。"文革"教训不远，薄熙来在重庆以"黑打"方式"打黑"更值得法律人高度警惕。党的权力过分集中、凌驾于人大之上的直接后果之一，是在实践中将民权体现的各级人大，变成由内部圈定的业余、兼职代表参与其中的"橡皮图章"。在人民政协内部，党际协商民主也存在着协商制度不健全、协商意识不强、协商过程不够民主等诸多问题。所以，全面推进依法治国，关键在于党科学而又有效地依法执政。通过依法执政的丰富实践，把党建设成为善于运用法治思维和法治方式治国理政的执政党；带头守法、在宪法法律范围内活动的执政党；坚守宪法至上、维护法律尊严和权威的执政党；坚守人权神圣、尊重和保障人权、促进社会公平的执政党；领导、支持和监督国家机关依法行使国家权力的执政党，实现党的执政方式和执政活动的法治化。

第二，虽然就中国政治的目前发展阶段来说，协商民主比竞争性的选举民主更受到执政党的重视，也更容易在社会中得以推广，但这并不能证明协商民主可以替代选举民主，或者选举民主可有可无。一般认为，民主制度包括"授权"与"限权"两个部分，授权体现为竞争性的选举民主，人民对国家的统治离不开代表，而代表就离不开选举，所谓"权为民所赋"；限权体现为众议公决的决策民主也即协商民主，即通过政党之间、国家机构之间、中央与地方之间、基层政治中政府与民众之间的协商对话，民主决策。这两个环节中，授权是限权的基础，解决权力产生问题的选举民主是协商民主之根，过分强调协商民主或以协商民主代替选举民主，其实就是伪民主，违反了国家的人民性和人民主权原则。

第三，中国共产党依法执政所依据的"法"，包括国家法律体系和党内法规体系，这两大体系再加上社会制度体系（政治协商和基层自治制度等）共同构成了国家治理体系。但略显遗憾的是，目前国家法律体系和党内法规体系彼此间甚少有衔接机制，关于党对国家机关的领导程序，党向立法机关提出宪法修改建议和其他立法建议的程序，党委推荐、选派党员干部担任国家公职人员的程序，党委领导和监督政府与司法机关执法和司法的程序，各级党委对党的领导干部及公职人员的监督、决定程序等，均需要法律和党内法规的双重形式加以规定。在人大、政府、司法机关的工作中，也要进一步在法律上和党内法规上理顺党组与国家机构的关系，既发挥党组在国家机构中的领导核心作用，保证党的路线方针政策和决策部署得到落实，又支持人大、政府、司法机关依照宪法法律独立负责、协调一致地开展工作，确保宪法、法律、法规的正确有效实施。

第四，宪法和有关法律已经确定了法律监督制度，但尚未真正运作起来，无论全国人大常委会还是国务院几乎没有正式启动过一次审查违宪和违法的行政法规、地方性法规。至多打一个电话，或非正式地沟通一下，以"鸭子凫水"方式内部解决。所谓"改变撤销机制"基本处于闲置状态。应当清醒地看到，在市场经济、利益多元化的环境下，维护法制统一，就是维护统一、公平、有序的市场秩序；在政治上则是维护国家的统一和党的领导。当发生地方与中央、行政机关与立法机关相抵触的制度和规范时，应当把法律监督制度严肃运作起来，除应从法律制度上建立违宪审查制度外，还应启动对违反宪法法律的规范性文件"改变撤销机制"。实际操作中，可先选择某些违宪违法严重、负面影响大的典型规范性文件，予以改变或撤销，以发挥警示作用，提高各级各类机关、组织维护法制统一的自觉性，而不宜一律采用以往的"党内解决"、"内部协商"的办法。这是现代民主法治的应有之义。

（二）自上而下推进的权力主导型法治

众所周知，中国共产党和中央政府在改革开放和现代化建设中扮演了核心角色，自上而下的权力主导体制使得各种改革措施易推行，比较少地受到传统价值观念、社会多元力量、现实复杂利益的牵绊钳制，能够快速实现改革目标，及时获取改革成果。

如果放宽我们的视野，考察整个东亚区域历史文化及其现代化进程，这种自上而下的权力主导型"变法改制"或者法律发展模式十分普遍，并非中国一家。远者如日本"明治维新"，近者如韩国、新加坡、印度尼西亚、马来西亚、泰国、越南以及蒋经国在中国台湾地区的"解严"，其国家治理体系的重大制度变迁基本上都是同一套路。究其原因，首先，东亚传统社会具有集权性、封闭性、等级性、家长制、官本位等特点，在从传统走向现代过程中，这些传统治理要素必然对转型中的国家权力、社会结构、组织方式、决策过程以及社会控制系统产生影响，进而总体制约着法治道路的选择和法律调整的效果。其次，东亚区域各国的（法治）现代化普遍存在公权力为主导的"路径依赖"特征。第二次世界大战之后，东亚各个新兴经济体（以韩国、新加坡、中国台湾地区等"四小龙"、"四小虎"为其代表）的政治运行模式大多数都奉行新权威主义（New Authoritarianism），以"开明专制"为圭臬，强调政府在现代化进程中扮演主角，其策略内涵是在政治上保持权力高度集中，通过进行强制性的政治整合维持秩序和稳定，同时发挥现代自由经济和市场配置资源的优势。事实证明，采取这种转型策略的国家几乎都创造了举世瞩目的经济奇迹，达到了促进社会进步的目的。[1] 诸如日本、韩国、新加坡、马来西亚、中国台湾地区以至于中国内地、越南、柬埔寨，皆是如此。最后，新中国成立后的最大变化，就是结束了

---

① 作为一种政治实践，新权威主义有如下五点特征：（1）经济上具备明确的现代化导向；（2）在政治上凭借庞大而有效的官僚体制及强有力的军事力量，进行自上而下的权威统治；（3）对西方的资本与先进技术、文化执行开放的政策；（4）在意识形态与价值观方面，新权威主义政治往往借助于传统的价值体系与符号，作为凝聚全社会成员的精神支撑点；（5）其合法性并非立基于某种终极性的价值原则之上，而是立基于政治实效，尤其经济发展。参见李炳烁《新权威主义、立宪政体与东亚法治转型》，第七届东亚法哲学研讨会提交论文。

旧中国"一盘散沙"的局面，依靠执政党的组织体系和计划经济模式，将各项权力高度集中起来，由此形成一个高度集权的单一制国家。改革开放中，尽管不断向地方"放权让利"、向企业和社会组织"简政放权"，但中国共产党始终保持对经济体制改革和法治改革的坚强领导，确保了中国社会朝着快速现代化、法制化方向迈进。

反过来看，这种自上而下推进的权力主导型法治模式也暴露出不少弊端：第一，纵向公权力集中过多，横向私权利缺乏保障，发挥市场作用不足。市场经济是法治经济，权力过分集中，就会使市场主体、市场关系、市场监管的法治化始终不到位，各种经济"失范"现象严重。第二，政制专制主义与理性建构主义的独断论结合，曾经对中国法制造成了巨大的灾难。第三，发扬民主不足。人民民主走形式，各种选举摆样子，并直接表现为人大制度权利虚置，无从体现人民代表大会的人民性和执政模式的民主性。第四，社会治理参与不足。社会团体、非政府组织制度空白、权力捆绑，地方特别是基层组织自治不足，新闻出版自由迟迟不能破题，宗教信仰自由实现效果较差，公民权利的保障机制相对缺乏。第五，市民社会相对弱小，社会治理体系不健全，社会治理能力弱小，各类中间组织和公益团体尚不发达，其对政府权力的监督更是付之阙如。对于上述弊端，也许有人会反驳说过去30多年的法制改革，并不全是自上而下推进的，也有自下而上的社会力量以及轰动性新闻事件（个案）的推动，如曾引发国内关于收容遣送制度的大讨论，进而由政府颁发新法规废除收容遣送制度的"孙志刚案"等。需要指出的是，这类法律自主性的扩展和推进，基本上都是在现有政治体制和权力运作框架下进行的，其内在动力存在很大制约因素，许多自上而下的制度创新常常偏离初衷甚或改变了正常路径，致使法条主义盛行，形式主义泛滥，引领法制改革的思想观念成为扭曲的法治主义或修辞学的法治主义。①

---

① 参见高全喜《法制变革及"中国经验"》，《中国政法大学学报》2009 年第 2 期。

这种法治模式在立法方面的突出问题是，过于强调维护国家法制统一，而忽视了地方立法①的特殊性和创新性，在很大程度上限制了地方立法的主动性和积极性，造成地方重复立法和特色不足。第一，对地方立法权限限制过紧、过死，使之无所适从。典型者如《行政处罚法》第十一条第二款规定："法律、行政法规对违法行为已经作出行政处罚规定，地方性法规需要作出具体规定的，必须在法律、行政法规规定的给予行政处罚的行为、种类和幅度的范围内规定。"事实上，各地情况千差万别，国家法律、行政法规设定的行政处罚行为，只能是带有共性的社会危害行为。严格限定"对有社会危害性的问题只有法律、行政法规规定了才给予处罚"，各地就难以及时有效地规范和处理违法行为。这导致在实践中，地方性法规增设行政处罚和超出行政处罚幅度的现象普遍存在。尽管我国宪法和宪法性法律规定全国人大常委会有权撤销同宪法或法律相抵触的行政法规，有权撤销同宪法、法律、行政法规相抵触的地方性法规；国务院有权改变或撤销不适当的部门规章和地方政府规章。但迄今为止，这些机构没有一个行使过撤销权，没有一件地方性法规因"抵触"而被"撤销"的案例。② 与其对这种"违法立法"情况采取视而不见的"鸵鸟政策"，还不如区分不同情况，该撤销的撤销，该授权的授权。第二，地方立法中存在大量"重复立法"现象。即一些地方立法在内容上甚至条文上大量重复和照搬照

---

① 地方立法是我国立法体制的重要组成部分，我国内地享有地方立法权的主体涵盖31个省级立法主体（省、自治区、直辖市）、27个省会市、18个经国务院批准的较大的市、4个经济特区所在地的市，1979年至2009年10月1日，我国内地31个省、自治区、直辖市总共制定一般地方立法和特殊地方立法约3万件。其中，地方性法规约1.7万件，全国人大法工委原副主任张春生对地方性法规发展状况评价说："地方性法规从当地实际出发，对法律、行政法规进行补充细化，对地方的改革、发展、稳定起了很大作用。"引述和数据参见王亦君、崔丽《中国式民主的生动实践——地方人大设立常委会30年》，《中国青年报》2009年7月20日。

② 肖迪明、谭鹏：《关于完善我国立法权限划分的思考》，中国立法学研究会2013年年会论文。

抄中央立法或者上位法，地方立法重复中央立法的情况，一般要占
到地方立法全部条文的 2/3 左右，更有甚者能占到 80%—90% 之
多。①"重复立法"不仅使地方立法篇幅冗长，而且一些符合本地
实际的特色内容也被冲淡了。它不是创造性地运用立法资源，来解
决本地迫切需要通过法律形式来解决的问题，而是造成了地方立法
资源的浪费，使地方立法的大量投入归于低效甚至无效。② 究其原
因，主要还是将地方立法的任务局限于根据中央地方或者上位法制
定在本地贯彻落实的实施细则和配套措施这样狭隘的范围里。因而
表现为地方立法不敢贸然进行自主性和创新性立法，大多数只是在
中央已经进行相关立法的前提下，在中央立法设定的框架内围绕一
些具体事项进行实施性立法。③ 而像第十二届全国人大常委会授权
国务院在中国（上海）自由贸易试验区暂时调整有关法律规定的行
政审批的决定，鼓励地方创制性立法，对于加快政府职能转变、创
新对外开放模式、进一步探索深化改革开放的经验，有重要的现实
意义。当然，在强调和鼓励地方创制性立法的同时，也要对地方越
权立法或同中央"争权"立法的现象保持足够的关注。④ 尽管学术
界就越权立法有所谓"良性违法"甚至"良性违宪"的争论，但
毫无疑问，保持立法统一性和地方立法自主创新的平衡，对于我国

---

① 封丽霞：《中央与地方立法关系法治化研究》，北京大学出版社 2008 年版，
第 451 页。

② 游劝荣：《法治成本分析》，法律出版社 2005 年版，第 59—60 页。

③ 据不完全统计，全国各地截至 2014 年共有《教师法》的实施办法 31 部，共
有《义务教育法》的实施办法 23 部，共有《消费者权益保护法》的实施办法 30 部。

④ 例如，有的地方立法在未经授权的情况下，对本属于中央立法范围的事项作
了规定，例如《福建省普及初等义务教育暂行规定》中，实际上就增设了刑法的罪
名，规定阻挠女学龄儿童入学的父母，情节恶劣构成犯罪的，按照虐待妇女儿童罪论
处。又如，《广东省实施〈中华人民共和国消费者权益保护法〉办法》中明确规定了
精神损害赔偿。而《消费者权益保护法》中并没有关于精神损害赔偿的规定。抚顺
市人民政府 2000 年制定的《价格调节基金征管办法》，涉足了本应只能由中央和省级
权力机关才能设定的基金和收费项目。参见崔卓兰等《地方立法实证研究》，知识产
权出版社 2007 年版，第 62—63 页。

这样一个正处于快速发展和转型进程中的社会来说，非常必要。

（三）中国传统法律文化、苏联法律文化和西方法律文化相结合的混合型法治

法律文化泛指一定国家、地区或民族的全部法律活动的产物和结晶，也可以仅限于法律观念、意识或心理的领域。法律文化与现行法、法律实践、法律意识等法律现实有着密切的联系。当代中国的法文化在形成和发展过程中受到多种法文化的影响，主要包括中国传统法律文化、西方法律文化、苏联法律文化以及社会主义建设和改革过程中形成的法律文化。具体而言，清末中国社会遭逢"千年未有之大变局"，成为现代化道路上的后发国家，被迫全面放弃中华法系的典章制度，"远学德国、近学日本"，立宪修律，变法自强；新中国成立后，采取"一边倒"政治方针，全面学习引进苏联社会主义法律体系、法律思想、法学研究范式和法学教育体系；改革开放之后，又大规模地使我国法律"同国际通行规则接轨"，向欧美国家和我国台湾、香港地区学习现代法治的理念、制度与实践体系。与此同时，受基本国情、政治制度、经济社会发展的影响，渐次形成并不断充实扎根于本国土壤的中国特色社会主义法律文化。它是以马克思主义为指导，既面向世界，又立足中国，既充分体现时代精神，又继承优秀历史传统、不断发展的法律文化。中国特色社会主义法律文化的形成，无疑极大地促进了中国法治的进步。

过去几十年中国法律发展的一个成功经验，就是面对现代化道路、全球化浪潮、新技术革命的时代潮流和巨大挑战，积极融入世界主流法制体系，确立现代法治观念，健全法律体系，在迎接而不是抗拒中逐步调适我们自身的法制模式，构建一种回应时代需求的法治中国框架。这种融入世界、走向现代，不但排除了闭关锁国、固守旧制的僵化观念，也拒绝照搬西方的法律体系和制度模式，或者翻版苏联强调法律阶级性和专政作用的片面做法，而是对外国先

进法律文化和中国传统法律文化采取一分为二、兼容并包的"扬弃"态度，既肯定又否定，既批判又吸收，在保持中国特性的前提下，积极合作，博采众长，锐意改革。①

众所周知，从传统法律走向现代法律，是法律文明史的必然趋势。从中国法近现代化的百年历史看，它始终处在一个不断学习、借鉴、吸收、消化外国法律和外国法治经验的进程之中，其与欧美法律和日本法律密不可分，是一个不争的事实。② 当前中国法律体系中的各项制度、原则和用语，许多都是从欧美以及日本移植或改变而来，只是充分考虑到中国的国情和文化传统而有所变化，原本来自外域的法律已然成为现代中国法不可分离的重要的主体部分了。从改革开放 35 年的法治发展看，它也是在一个与外部世界广泛交往的过程中发展演变出来的，而不是自我封闭独自构建的。由于外部世界的刺激，与世界经济、贸易、政治、文化、军事、技术等诸多方面的全方位联系，我们的法制必须实施现代体系，与国际接轨。条约法、国际法、WTO 规则、海洋法公约、国际人权公约等，它们都迫使我们的法制如同我们的社会一样，全方位开放，走向世界，参与国际事务的规则制定，既捍卫国家利益，又维护世界和平，这是一个成熟的大国法制的姿态。尽管我们的 30 年法制变革还不能说塑造出一个从容的大国政制，但它表现出来的面对世界的开放性，以及体现出来的促进中国走向世界的法制路径，不失为

---

① 参见冯玉军《法律与全球化一般理论述评》，《中国法学》2001 年第 4 期。

② 何勤华教授认为："中国近现代法的基干，并不是中国传统社会的法律，而是外国法，主要是西方法。法律移植是中国近现代法发展的一个基本历史现象。"详见何勤华、李秀清《外国法与中国法——20 世纪中国移植外国法反思》，中国政法大学出版社 2002 年版。另外，贺卫方在《比较法律文化的方法论问题》中指出："现代中国法律制度的概念分类、结构、司法机构设置乃至法律教育模式等均是从西方学来或自日本'转口'而来"。见《中外法学》1992 年第 1 期。张乃根在《论西方法的精神——一个比较法的初步研究》中指出："自清末民初，除了在一个不太长的时代，中国一直面临着西方法的移植问题。"见《比较法研究》1996 年第 1 期。

中国经验的一个表征。① 需要指出的是，中国法治的"混合型"表征，不仅在立法、司法、执法、守法等各个法治环节，而且在法学教育、法律研究、法律职业和法律观念等各个方面，都能得到充分印证。仅以法学高等教育为例，目前的法学教育课程体系基本上就是以苏联社会主义法系为基调、大陆法系公认的部门法划分为主干、英美法系的特色法律领域和法教义学为前沿，再辅之以中外法律思想史、制度史，共同为法科学生描绘（拼凑）的一幅色彩斑驳混搭的学术油画。

但是坦率地讲，这样一种"古今"与"中外"冲突打架、时空交叠的混合型法治（文化），既包含着不少特殊优势，也存在很多不利因素，需要谨慎对待。上述法律文化并非内在融贯、并行不悖，其间一定有许多不相适应和彼此冲突之处。例如，传统法律文化中的等级制度、神判报应、清官意识同现代法律文化中的主体平等、程序正义、客观证据思想，苏联法律文化强调党权至上，注重法的阶级性和专政功能，西方法律文化则强调分权制衡、选举民主和个人权利。这些内在的矛盾冲突，既表现在价值理念层面（如情理法的矛盾、主权与人权的冲突、国家主义与自由主义的冲突、集体主义与个人主义的冲突等），也存在于法律规范层面，自然也糅杂在丰富的法律实践和个案操作当中。

（四）"一国两制三法系四法域"的开放型法治

"一国两制"是中国共产党为解决中国内地与台湾地区和平统一的问题以及在香港、澳门恢复行使中国主权的问题而提出的基本国策。即在中华人民共和国内，内地坚持社会主义制度作为整个国家的主体，同时允许台湾、香港、澳门保留资本主义制度。从法律角度看，在统一"中国"管辖的四个区域，存在"三个法系四个

---

① 参见朱景文《全球化条件下的法治国家》，中国人民大学出版社 2006 年版；朱景文《比较法社会学的框架和方法——法制化、本土化与全球化》，中国人民大学出版社 2001 年版；法律出版社推出的"法律与发展译丛"。

法域"，即中国内地属于社会主义法系，实行中国特色社会主义法律制度；香港特别行政区原有的法制是从英国留传下来的普通法法制，其在殖民时期又有独特的法律发展；澳门特别行政区受其原殖民宗主国葡萄牙的影响，属于大陆法系的拉丁一支；台湾地区施行的法律传统上受到德国、日本法律的影响，"二战"之后则受美国法影响甚深。因此，中国是一个"复合法域"或"多法域"国家。

难能可贵的是，这四个法域之间法律制度相互冲突、相互博弈、协调融合的过程，为三大法系及其法律制度的融合、趋同提供了珍贵的实验模本。中国是法律全球化的天然"实验室"，举凡立法体制、司法体制、监督体制、反腐肃贪体制、警察体制以及各种法律规范设计、机制运转和案件审理等各个层面，"两制度三法系四法域"都形成了鲜明的对比，可以相互借鉴学习。①目前两岸四地在这方面已经建立了很多沟通平台，取得了很好的效果。

但同样不可否认，由于两岸四地政权和民众对一些涉及基本价值、法治理念、体制模式的基石性问题尚存在差异性认识，一些原本存在的矛盾冲突反而愈演愈烈，某种程度上阻碍了彼此融通。作为一个复合法域国家，四个不同地区的法律制度存在各种各样的矛盾冲突，彼此间日益紧密的经济文化和政治联系必将进一步加剧这种矛盾冲突。②仅以全国人大常委会解释香港基本法引发的广泛争议为例，几个释法案例中最具代表性的是居港权案。1999 年 1 月，

---

①　例如，有学者指出，内地、台湾、香港、澳门四个法域之间在死刑政策和立法、司法上是不一致的。然而这种冲突不仅不会成为废止或者限制死刑的障碍，反而会成为一种促进。参见卢建平《"一国两制三法系四法域"语境下中国死刑废止前景展望》，《法学杂志》2009 年第 10 期。

②　如近期台湾学生以反对签署"两岸服务贸易协定"为名，占领"立法院"。围绕着香港部分民众掀起"占中公投"运动，香港和内地均出现了批评声音。但针对 2014 年 7 月 24 日《环球时报》社评标题《香港非法公投人再多，也没 13 亿人多》，香港特首梁振英也郑重表示不同意这种讲法，不能把香港人和全国人民对立起来。

香港终审法院裁定所有香港永久居民在内地所生的子女均拥有居留权。香港政府估计会有 167 万人来港，故行政长官提请人大常委会解释基本法。人大常委会通过关于基本法的解释，指出只有在出生时，父或母已成为香港永久居民的内地子女，才可拥有居港权。而有关申请必须在国内申请，同时，释法亦宣布将单程证与居留权证明书重新挂钩。香港法律界强烈反对人大常委会释法，指香港司法独立已死。① 这些冲突，对香港的法治和法律文化都产生了重大影响。从法律文化角度观察，基本法释法问题使香港比较统一的法律文化出现了赞成或反对人大常委会释法的二元法律文化，造成族群分裂、政争不断，一直演变到 2014 年 "电子公投占领中环" 和 "保普选反占中" 两场针锋相对的大游行。

（五）强调理性主义目标规划的建构型法治

从社会现代化的角度看，中国属于后发现代化国家，与许多已经完成现代化的发达国家相比，在各个方面皆有 "赶英超美" 的远大理想，并具体表现在经济建设和法治建设中的理性主义建构态度上。这种基于 "历史使命感" 和 "改革责任感" 油然而生的理性主义建构态度，让中国的法治改革者在文件表述和政策传达时呈现出某种思辨的、教条的、唯理主义特点。它借以表明整个改革进程不是断裂、解构或者漫无目标的，而是有领导、有规划和建设性的，中共中央、全国人大及其常委会、国务院、最高人民法院和最高人民检察院等政权机关均高瞻远瞩、绝非等闲，可以制定绝佳的法制改革方案。这与其他国家（除去苏联）的情况明显不同，既不同于普通法系国家，也有别于大陆法系国家。以立法当局对法律体系的认识和实践为例，从 1997 年中共十五大明确提出 "建设法治

---

① 普通法与基本法（基本上属于大陆法）的冲突，具体体现在以下几个方面：（1）行政长官是否有权向全国人大常委会提请释法；（2）若行政长官有权提请全国人大常委会释法，但他应否动用该权力去启动人大常委会释法程序；（3）应否使用普通法原则解释基本法；（4）释法的定义。

国家""到 2010 年形成有中国特色的社会主义法律体系",只有短短 12 年时间。但从上到下,从未有人对立法者从事和完成法律体系建设的能力手段产生过质疑。立法者们也确信自己经过不懈努力必将完成自足圆满的法律体系的目标——事在人为、志在必成。而按照中国立法当局对法律体系的理解——一个国家所有法律规范依照一定的原则和要求分类为不同的法律部门而形成的有机联系的统一整体——其唯有采取理性主义建构态度,才可能不仅在数量上完成拟议建成的"法律体系",而且要实现对应由法律调整的社会生活关系的充分覆盖,同时实现法律体系内容有机整合的系统性要求。① 事实上,这种理性主义建构态度体现在立法、司法、行政执法以及普法等各个法治环节。从 20 世纪 90 年代起,全国人大就开始制定五年立法规划、年度立法规划;司法改革方案也以五年规划和年度计划方式公之于世;即便是司法行政部门的普法工作,也是按照中央、省、市、县、乡逐级有计划、分步骤贯彻实施的。②

诚然如此,这种理性主义建构的实践结果并不完美。以法律体系的建构为例,按照预先设想到 2010 年形成中国特色的社会主义法律体系,即便从 1978 年中共十一届三中全会提出加强社会主义民主和法制建设起算也只有 32 年,这同西方发达国家大多经历了数百年时间才形成法律体系形成鲜明反差。2011 年 3 月 10 日,中国全国人民代表大会吴邦国委员长在第十一届全国人民代表大会第四次会议作报告,宣布法律体系如期形成。但仔细分析报告措辞,也只是强调基本制度、主体框架已经形成,而并非体系完备无缺。众所周知,法律体系是一个动态发展的体系,需要不断在解决实际问题的基础上完善和发展。而且,相对于政治家的宏伟决策和"纸面上"的法律法规逐步完善来说,法律思维和法治

---

① 张志铭:《转型中国的法律体系建构》,《中国法学》2009 年第 2 期。

② 中国自 1986 年起连续开展了六个五年普法(法制宣传教育)活动,迄今已有 28 年时间。考虑到中国 960 万平方公里的幅员、近 14 亿人口,这种持续的大规模普法活动已经创造出一项世界之最。

理念深入人心，法律得到全面彻底实施、法律权威真正树立才是最重要的。

　　再看立法规划，通常认为其"主要任务和目的在于使立法工作有计划、有步骤、有目的地进行，从而使立法工作科学化、系统化"①。有学者甚而指出，立法规划源于内生性的需求，它适应了国家或个人对制度需求的预期和理性选择。在立法资源有限的前提下，立法规划在立法需求与供给关系中可以节约立法成本，优化立法次序，寻求立法均衡，从而实现科学立法、民主立法、有序立法和有效率的立法。② 我国从 20 世纪 80 年代开始制定立法规划。1981 年经国务院批准制定了 1982—1986 年经济立法规划；1986 年国务院批准了"七五"期间立法规划。1991 年七届全国人大常委会制定了 1991 年 10 月—1993 年 3 月的立法规划。此后周期性制定五年立法规划和年度立法计划。但就 1991 年至今全国人大及其常委会立法规划的实现率来看，具有理性主义建构风格的立法规划一直"可行性差"、"执行率低"、落实情况不理想。七届全国人大常委会立法规划项目中（1991 年 10 月—1993 年 3 月），规划一类项目共 21 件，已审议 13 件，占比 61.9%；总项目共 64 件，已审议 15 件，占比 23.44%。八届全国人大常委会立法规划项目中，规划一类项目共 115 件，已审议 70 件，占比 60.87%；总项目共 152 件，已审议 78 件，占比 51.32%。九届全国人大常委会立法规划项目中，规划一类项目共 63 件，已审议 45 件，占比 71.4%；总项目共 89 件，已审议 56 件，占比 62.92%。十届全国人大常委会立法规划项目中，规划一类项目共 59 件，已审议 39 件，占比 66.1%；总项目共 76 件，已审议 43 件，占比 56.58%。③ 十一届全国人大

①　周旺生：《立法学》，北京大学出版社 1998 年版，第 502 页。

②　苗连营：《立法程序论》，中国检察出版社 2001 年版，第 167 页。

③　全国人大常委会法工委立法规划室：《中华人民共和国立法统计》，中国民主法制出版社 2008 年版，第 325—326 页。转引自李雅琴《立法规划与科学立法》，中国立法学研究会参会论文。

常委会立法规划项目总共 64 件，其中一类立法项目 49 件，二类立法项目 15 件，实际立法中属于立法规划项目占比仅为 47.62%，这说明立法规划对实际立法的影响力逐渐减弱，立法规划的实施率和科学性有待提高。究其原因，主要有以下几个方面：①立法规划制定后，社会客观情势发生了重大变化，导致立法规划中原定的某些立法项目的紧迫性或必要性发生改变，使其不具备制定条件。②立法规划编制缺乏科学性，立法调研和立法预测不够，部分立法项目脱离客观实际，未经筛选和充分论证，重点不突出，随意性较大，在编制立法规划时"盲目上马"，同时体系设计不合理，立法项目之间及立法项目和现行法律、法规之间既有交叉重叠，又有空白地带，难以立法落实。③立法规划缺乏制度规范，权限归属、效力等不明确，使得已制定的立法规划没有约束力，是否实施随意性很大，相关单位或部门组织实施不够得力。④立法规划制定和实施过程中过分强调部门和地方利益，立法"寻租"问题突出，发生利益冲突时，缺乏有效的协调机制，而实际立法中回避矛盾、避重就轻、拈易怕难，在一定程度上影响了立法规划的有效落实。①

（六）先易后难小步快跑的渐进型法治

作为改革开放的总设计师，邓小平有过这样的论断："改革是中国的第二次革命。……我们的方针是，胆子要大，步子要稳，走一步，看一步。"② 改革就是难事。每项改革都是人们利益的重新调整，都会受到既得利益者显性或隐性的反抗。在过去 30 多年的法治变革当中，中国政府和民众恰当地发挥了传统的实践理性精神，没有强行突破改革开放前初步定型的路线政策、法律制度，而

---

① 参见易有禄《科学立法规划与法律体系的完善》，中国立法学研究会参会论文。

② 邓小平：《改革是中国的第二次革命》，《邓小平文选》第 3 卷，人民出版社 1994 年版，第 113 页。

是通过"放权让利"，鼓励人民群众的创新精神，大打"擦边球"、大搞"增量改革"。

所谓"先易"和"后难"其实都是相对的。无论经济体制改革、政治体制改革、文化体制改革还是法治改革，都是一个相当长的、复杂的历史过程，或者说是一项系统工程，实际改革（制度变迁）当中，总应该明确目标，尽快组织专门班子，对改革方案进行系统研究和设计，细分成许多个改革单元，一个一个、一步一步地解决、推进。有些事比较简单，可以马上办，例如反腐败交给党的纪律检查委员会、人民检察院和政府监察部门，信访交给司法行政部门，这样小步快跑、不停步地改革，最终效果还不错。根据经验观察，这种策略可以有效避免改革走过场或者"大呼隆"式改革，也可以避免欲速不达，导致改革失败的情况，后者的典型例子是苏联推动"休克式"疗法，想一举实现社会制度转型却终究陷于失败。

当然，这种做法在实践中并不总是收到好的效果。在改革开放初期法治基础缺乏、法律体系尚不完备的条件下，我们提出了要"摸着石头过河"，先探索实践、试点试验，改革成果经过检验后，再通过立法予以确认。这种政策推动型的改革在当时特定历史条件下有其合理性和必要性，也发挥了积极作用。但随着依法治国基本方略的全面落实，实践先行立法附随的改革模式也日益显现出弊端。第一，改革中一味埋头拉车，不去抬头看路，发现"石头（困难）大了就绕着走"，也可能错过立法和法治改革时机。碰到紧迫的矛盾和困难绕着走，积累了后患矛盾，最后积重难返，再处理也来不及了。例如，《劳教条例》这样一项行政法规制定出来就是五六十年，到后来其不利于人权保障的一面愈演愈烈，但却迟迟未能下决心废除，一直到 2013 年十八届三中全会才决定废除。再比如关于计划生育的规定，中国自 1980 年开始实行一胎化生育政策，当时声明 30 年后政策可以作相应改变。尽管有专家从人口学、经济学、历史学、社会学、统计学、遗传学、法学、医学等多角度对该政策予以反思和批判，论证了中国内地现行计划生育的巨大危害性，[①] 但由于制度惯性等多方面因素的阻碍，直到 2013 年才正式推行"单独两孩政策"，即一方是独生子女的夫妇可以生育二胎。还有像新闻法、出版法、宗教法等，依照宪法关于公民权利与政治权利的规定，理应单独立法，但执政集团中总有人患得患失，导致这些立法迟迟出不了台，不仅贻误了大好时间，也留下不少人权保障方面的缺憾。第二，改革与法治长期处于紧张状态，在一定程度上损害了法律的权威性，并导致"改革就是要突破现有法律"的认识误区，一些人打着改革的旗号理直气壮地绕开法制，甚至冲击法治。随着中国特色社会主义法律体系的形成和各方面制度体系的成熟，我们有条件也有必要从政策推动改革转变为法治引领改革，实现改革决策与立法决策的协调同步。立法不仅仅是对实践经验的总结，更要通过立法转化顶层设计、引领改革进程、推动科学发展；立法不仅仅是对实践的被动回应，更要对社会现实和改革进程进行主动谋划、前瞻规划和全面推进。[②]

（七）注重试验总结经验的学习型法治

法治是规则之治，法律是一种能建立确定预期的正式制度，其主要功能在于建立和保持一种可以大致确定的预期，以便利人们的相互交往和行为。中国过去 30 多年制定政策和法治改革的实际过程是：反复试验、不断学习、抓住机遇、持续调整。这种情形可以形象地概括为"摸着石头过河"的实事求是精神，本质上也是一种中国式实用主义。即为了灵活应对外界的不确定性，行为主体必须

---

① 参见易富贤《大国空巢——走入歧途的中国计划生育》，中国发展出版社 2013 年版。

② 参见王乐泉《从摸着石头过河走向法治引领改革》（2014 年 9 月 4 日在第九届中国法学家论坛上的讲话）。

不断尝试各种方法、步骤和组织机构，以适应具体环境，从而找出与可行性成本相符的适用政策。这是在理性主义建构前提下采取有机的、试错的、缓进的和并不完全意识的发展模式，从而导致中国具体的改革试验很少具有整体配套改革的特征，而更多的是一种分期分批的改革过程，这种做法的好处不在于统一性而在于开放性，意料之外的、试验性的政策解决方案一旦出现就被立刻抓住。从中国当代的法治实践看，法律试行是消解法律保守性与创新性之间张力的有效办法。如同有些外国人难以理解中国改革将经济中的大胆实验与政治上的稳健发展巧妙结合起来一样，在必须具有能对抗事实变更的预期稳定性的法律领域中，充满了实验主义精神，是中国法制改革中的特点和优点。法律试行，在内容上包括立法、司法、执法几大领域，形式上则包括法律试行、暂行和区域（单位）试点多种办法。从经济学角度看，由法律试行而发生的法律创新主要是法律主体"边干边学"的经验积累过程，它可以汲取经由反复试错的学习收益、反思收益、决策主体多元化收益、体系化和日常化收益等。①

　　以立法为例，如果从 1949 年公布的海关总署试行组织条例及 1950 年公布的契税暂行条例算起，法律试行在新中国已经存续了 60 多年。数以百千计的试行、暂行法律法规，特区立法、特别行政区立法以及刚刚开始推进的中国（上海）自贸区立法，构成了波澜壮阔的法治实验运动，其效果是非常显著的。但需要指出的是，法律试行及其关联现象也可能引起法治变革的如下矛盾和紧张关系。第一，在法律的变与不变、创新与保守、稳定性与灵活性之间存在着深刻的矛盾：既要紧跟时代的脉搏，进行必要的和有效的法律创新（改革），又必须避免因法律试行或者频繁地"修改完善法律法规"而难以建立法律的预期和权威，甚至破坏

---

　　① 冯玉军：《法经济学范式》，清华大学出版社 2009 年版，第七章第四节"正式法与试行法"。

本来法律所要保证的已经建立的社会预期。大量试行法在给人以除旧布新印象的同时，其多数只开花不结果，迟迟不具有确定的法律效力，在社会公众不能对其准确评价时，法律试行只会造成人们观念上的混乱。① 第二，为适应社会根本性变革的需要而颁布的试行法律，常常引起上下位之间、平位法律效力关系的紊乱。例如，我国地方性破产法规和国有企业破产法（试行）公布时，国营企业法和公司法均未制定，相关配套措施也不到位，导致企业改革中的债权债务机制改革严重滞后，经济效益不能依法实现。有时因法律试行还会发生违宪问题，例如我国宪法（1982年）曾经禁止土地使用权转让，但时至 1988 年 4 月七届人大通过关于土地使用权的宪法修正案，以深圳特区为代表的一些省市允许土地使用权转让的法律条例却已经生效了很长时间。第三，法律试点地区（如经济特区、沿海开放城市、计划单列市等）或单位内部的权利义务关系与其他地区不同，同一种行为产生不同的法律后果，往往导致人们利于地区差异合法"寻租"。这种人为的不公平以合法的形式存在，对于法律的尊严具有挑战意义。加之由于社会过程具有不可逆性，法律试行的错误就会产生深刻持久的不良影响。第四，法律的成熟与完备总是相对的，试行措施在实践中往往具有长期化和固定化的倾向。如果不能从法理上予以清晰解释和说明，或者从制度上（主要是立法法、行政法规制定程序条例、规章制定程序条例等程序性法）加以解决，当法律试行成为恒常性制度时，规范的安定性和可预测性必然减损。第五，法律试行的主体（立法者）是权力机关的"委任立法者"，实践中常常是由国务院及其所属各部委担纲，由行政机关制定的各种暂行条例和试行法规约占试行法律总数的 95% 以上。因此，试行法律在实践中往往还具有部门化、本位化和垄断化的倾向。

---

① 有些暂行法律的实施期限长到超出一般预想的程度。例如 1951 年 6 月 8 日公布的保守国家机密暂行条例至 1988 年实施了 37 年之久。

许多试行规定在立法之初，就深深地打上了行政干预的烙印，其典型表现是试行规章中的强行性规范条款数量远多于任意性规范，管理性规范条款远多于平权性规范，从而出现了地方立法只强调地方利益、行业立法只强调行业企业效益而不管不顾国家整体利益和公民利益的局面。第六，法律作为具有普遍性和强制性的行为规范，要求逻辑上首尾一贯、效力上范围明确，否则在适用于具体案件时就会遇到无所适从的困难。法律试行通过授权立法、暂行措施和正当性追认等技术手段来缓和上述紧张关系，是可行的，但仍不充分。立法和法律试行的权限划分及程序步骤应该进一步立法使之合理化、制度化，在规则变更和规则不完备的情况下，法律系统就会失去其自我依据的完整性。此外，有必要完善发现、补充和修改具体规范的法律解释，而后者是以法官的良好职业素养和独立审判为前提的。①

（八）追求公平正义与社会和谐的社会主义法治

毫无疑问，法治中国的建设具有明确而浓厚的意识形态属性，这是中国法治不同于西方资本主义法治、苏联社会主义法治的核心特质。在官方文件叙事中："我国的法治和依法治国，是从中国国情和实际出发，立足于社会主义初级阶段，具有中国风格、中国文化和中国特色的社会主义法治。我们走的是一条坚持中国共产党领导、人民当家做主和依法治国有机统一的法治发展道路。它同时也意味着我国已经拥有了严谨的、科学的、系统的中国特色的社会主义法治理论，有自己独立的话语体系，从而破除了西方在法治理念上的话语霸权。"②

---

① 参见冯玉军《法经济学范式》，清华大学出版社 2009 年版，第七章第四节"正式法与试行法"。

② 中共中央政法委：《社会主义法治理念读本》，长安出版社 2009 年版。

公平正义则是社会主义法治的核心价值追求。① 公平正义的基本含义是：①国家尊重和保障人权，"给每个人他应得的"，保证所有社会成员，不论其年龄、性别、民族、地域、文化程度、职业、身份、贫富等状态，在法律地位和权利义务方面一律平等。②公正合理地调整利益关系，在公平正义理念和和谐精神的指导下，实现各个阶层、群体利益的最大化。③通过公正高效权威的社会主义司法制度，维护人民权益，让人民群众在每一个司法案件中都感受到公平正义。

社会和谐稳定是社会主义法治的基本任务。相对于人治而言，法治是现代文明的产物，是国家形态由传统走向现代的标志。一个不实行法治的国家不可能是现代化国家。国家主要以法律手段来治理国政、进行社会管理，社会生活的基本方面和社会关系纳入法制的轨道，国家权力的行使和社会成员的活动处于严格依法办事的状态，社会调控和管理才能摆脱随意性和特权，经济、政治、文化和谐发展与社会全面进步才有基本的秩序保障，整个社会才能既充满活力又和谐有序，成为一个民主法治、公平正义、诚信友爱、充满活力、安定有序、人与自然和谐相处的社会。

从法制改革的实现方式角度看，追求公平正义与社会和谐的崇高价值，首先体现为经济社会法制的先行发展，私权保护和市场法律秩序日益完善，社会公益和民生立法不断发展。以改革开放30年的立法实践为例，民商法、经济法、社会法和涉及经济管理的行政法，占全部已制定法律的80%以上（参见表1）。

---

① 习近平总书记2014年1月7日在中央政法工作会议上讲话强调："要把维护社会大局稳定作为基本任务，把促进社会公平正义作为核心价值追求，把保障人民安居乐业作为根本目标，坚持严格执法公正司法，积极深化改革，加强和改进政法工作，维护人民群众切身利益，为实现'两个一百年'奋斗目标、实现中华民族伟大复兴的中国梦提供有力保障。"

表1 中国制定的各类法律的数量和比例（1979—2009）①

年代	总量	宪法及宪法相关法		行政法		刑法		民商法		经济法		社会法		程序法	
		数量	%	数量	%	数量	%	数量	%	数量	%	数量	%	数量	%
1979—1989	96	30	31	28	29	2	2	12	13	17	18	2	2	5	5
1990—1999	138	21	15	49	35	3	2	23	17	29	21	9	7	4	3
2000—2009	140	12	9	44	31	6	4	29	21	37	26	8	6	4	3
总计	374	63	17	121	33	11	3	64	17	83	22	19	5	13	3

我国于1979—2009年制定的全部374件法律中，宪法和宪法相关法63件，占总数的17%，但其所占比重下降明显，1980年代占31%，1990年代占15%，2000年代占9%；行政法121件，占比33%，其中有很大部分属于经济管理方面的法律；改革开放以来共制定刑事实体法11件，只占全部法律数量的3%；民商事立法在改革开放前30年只制定了3件，改革开放后无论在绝对数量还是在比重上都急剧增加，由1980年代的13%上升到1990年代的17%，2000年代又上升到21%；经济法所占比重在改革开放后的上升趋势更加明显，1980年代占18%，1990年代上升到21%，2000年代又上升到26%；社会法共制定19件，占5%，其中1980年代2件，占2%，1990年代9件，占7%，2000年代8件，占6%，最近几年增长尤其快；程序法领域共制定和修改法律13件，占3%，是各部门立法中比重最小的。

其次，体现为国家与社会二元结构初步建立和成熟。"国家

---

① 根据《中国法律年鉴》等相关数据资料制作，又参见朱景文主编《中国法律发展报告2010：中国立法60年——体制、机构、立法者、立法数量》，中国人民大学出版社2011年版。

与社会"的关系，是政治哲学与法学长期关注的经典问题。西方的讨论主要围绕"国家与 Civilsociety"展开，并产生诸多理论模式。20 世纪 90 年代初，市民社会理论以及"国家与社会"分析范式开始在中国学界勃兴，该理论认为中国应当自觉地为市民社会与国家之间的良性互动创造条件和基础，实现国家与社会间良性的结构性安排以及这种安排的制度化。① 在成就与危机中启动的全面深化改革的目标是：①在国家领导体制和政治制度层面，全面推进依法治国、加快建设法治中国，推进国家治理体系和治理能力的现代化，使权力运作法治化、程序化、透明化。②在国家与社会关系层面，党和国家从更多的社会领域中退出，依法设定国家机关的权限范围和运作方式，合理划分中央与地方事权和支出责任，扩大人民有效参与国家公共事务的通道，通过人民民主、宪制法治以及保障个人权利等为国家重新奠定正当性基础。③在社会建设层面，继续发展社会主义市场经济，建设社会主义新农村，创新社会治理，激发社会组织活力，创新有效预防和化解社会矛盾体制，健全公共安全体系，形成有序、自治与公正和谐的社会。

　　诚然，十八届三中全会已经高屋建瓴地指出了全面深化改革的 60 个要点，以实现追求公平正义与社会和谐的社会主义法治。但是，这轮改革面临的困难之大、问题之多也是空前的。例如，在政治制度领域要解决权力过度集中和权力寻租（贪污腐败）问题；在政治权力与市场之间、国家与社会之间要划定边界，在缩小国家权力空间的同时推进治理能力的提高；采取合适的进程与步骤，避免重蹈苏东国家和中东阿拉伯国家"颜色革命"的覆辙，即因大规模民主化导致国家、社会失控；重组和优化国家领

---

　　① 邓正来、景跃进：《建构中国的市民社会》，载邓正来《国家与社会：中国市民社会研究》，北京大学出版社 2008 年版，第 1—20 页；邓正来：《国家与社会——回顾中国市民社会研究》，载张静编《国家与社会》，浙江人民出版社 1998 年版，第 263—302 页。

导体制和治理体系，维护社会总体上的和谐稳定，避免城乡之间、沿海与内地之间、不同地区和阶层之间的利益失衡与断裂；借助社会主义公有制的基础，同时推进政治民主与经济民主建设，促进政府治理和社会自我调节、居民自治良性互动，协调社会财富的初始分配和再分配，构建一个党委领导、政府主导、社会各方面积极参与的社会救助、保障、福利制度体系，实现"人"的现代化，避免官民矛盾、贫富差距、食药风险、生态危机等造成社会倒退。[①] 毫不夸张地说，这些危险已经成为法治中国发展乃至国家富强文明的重大挑战。

三　结语

英国哲学家伯特兰·罗素在其 1928 年所著《怀疑论》中曾说："中国是一切规则的例外。"也有人转述黑格尔曾说："中国是一切例外的例外，西方的逻辑一到中国就行不通了"（经查黑格尔《历史哲学》没有这样的话语）。我们且不去管他是否在刻意贬低中国，他至少提醒我们，在中国进行法治建设，其困难不是构建西方式法治的困难。由于问题、语境和背景的"例外"，中国既无必要也不可能建成西方式的法治而只能建成中国式的法治——法治中国。

诚然我们说，法治（Rule of Law）作为一种国家治理模式，它是社会文明发展到今天最能体现全人类价值追求、协调处理社会关系、配置社会资源、维护社会秩序的一整套制度体系及其实践，但就其起源和各国的实践来看，它又是一种"地方性知识"，从来没有统一的标准和模式。时至今日，不仅当

---

① 参见江兴景《法治的中国语境与当代使命——国家与社会的视角》，《中外法学》2009 年第 6 期；王绍光《安邦之道：国家转型的目标与途径》，生活·读书·新知三联书店 2007 年版，第 536—537 页；孙立平《断裂——20 世纪 90 年代以来的中国社会》，社会科学文献出版社 2003 年版。

代西方各国运行中的法治已同古希腊罗马传统大相径庭，而且各国之间的法治也基于不同国情、历史传统和特殊社会背景，存在很大差异。近代以来，欧美国家逐渐发展出不同的法治模式：英国"法的统治"（Rule of Law）模式、德国"法治国"（Rechtsstaat）模式、法国"合法性"（Legalite）模式、美国的宪政分权法治模式。以美国法治模式为例，伴随着 20 世纪以来"美国霸权"的持续影响，世界各国唯美国式法治马首是瞻。美国宪政分权法治模式的特点是：①制宪行宪，努力维系国家主权和法治统一；②主权在民，以保障公民权利和自由为宗旨；③权力分立制衡。纵向上，中央与地方对等分权的联邦制；横向上，强调立法、行政和司法的分权制衡；④实行违宪审查制度，通过普通法院，维护公民宪法规定的权利和自由。尽管大家都赞赏美国人将法治理解为保护人权、实现自由、限制权力、诉讼救济的一整套实体与程序兼备的制度和实践体系，但若要简单照搬美国式法治到中国，显然不行。

笔者认为，任何现实而良善的法律都是在实然和应然中找寻和谐与平衡。除了前文已经提及的重要建议外，未来法治中国建设与发展的任务还有：政府权力运作公开透明、信息公开；积极吸纳、整合本土资源，实现中华法制创新；法律规则及其运作必须与本土生活相适应；法律制定和实施必须有助于实现基本人权；平等保护公民、法人的财产权利和人身权利；避免意识形态干扰，推进具体法治；彼此靠拢，避免政治家的法治决策和学术研究、建言方案相互脱节。这样的法治，应该是一个开放的、民主参与的、不断试错的法治，是多元统一、合理均衡的法治。

只要我们脚踏实地，坚守法治理念和法治精神，总结和吸取过去民主法治建设的经验教训，就会为共和国法治发展奠定更加坚实的基础，开启美好的未来。

全面推进依法治国:问题与对策

舒国滢[*]

　　十八届四中全会审议通过了《中共中央关于全面推进依法治国若干重大问题的决定》,提出全面推进依法治国,建设中国特色社会主义法治体系,建设社会主义法治国家,即在中国共产党领导下,坚持中国特色社会主义制度,贯彻中国特色社会主义法治理论,形成完备的法律规范体系、高效的法治实施体系、严密的法治监督体系、有力的法治保障体系,形成完善的党内法规体系,坚持依法治国、依法执政、依法行政共同推进,坚持法治国家、法治政府、法治社会一体建设,实现科学立法、严格执法、公正司法、全民守法,促进国家治理体系和治理能力现代化。

　　然而,全面推进依法治国,是一项复杂的系统工程。它关系到党的执政方式和国家治理方式的转变,关系到国家根本制度和人民民主权利,关系到经济持续繁荣、社会安定有序、国家长治久安、人民安居乐业、民族和谐与全面进步,还关乎我国作为世界政治—法治文明大国的和平崛起。同时,在一个相当长的时期内,法治中国建设仍将面临若干巨大挑战。建设社会主义法治国家,在世界上还没有成功的先例。这在制度建设方面提出了远比借鉴世界各国经济建设经验更为复杂艰巨的任务,需要极大的实践智慧与创新探索

---

　　* 舒国滢,中国政法大学教授,博士生导师。

才能完成。从战略高度加强法治中国建设,既要有先进的政治法律理念指导,也要有驾驭国内、国际政治格局的实践智慧;既要坚持党的领导,确保现代化建设和各项改革建设事业的稳定,又要不失时机地推进依法执政建设,推进政治法律的相关制度改革;既要立足中国国情,又要面向世界未来。

基于上述考虑,本文重点谈以下三方面的问题。

一　全面推进依法治国面临的矛盾

从实践角度看,依法治国,建设法治国家,依然存在着诸多的难题,有时甚至遭遇进退犹疑的困境或矛盾。根据目前中国社会治理的现状,笔者认为全面推进依法治国面临着九个方面的矛盾(尽管它们并非同一层面的,而且有些矛盾可能是相互交叉的)。

1. 社会治理、执政方式转换上的矛盾

"依法治国"并非如人们通常所认为的那样仅仅是一种价值理念,它实际上是一种新的制度安排,一种新的执政方式,一种新的社会治理模式。这意味着在我国的法治发展过程中,如何从过去主要"依靠政策"的治理、执政方式转向一种"既依靠政策、也依靠法律",甚至"主要依靠法律"的治理、执政方式,这本身构成一个难题,一个选择上的矛盾。这是因为,任何治理社会、治理国家的方式,尤其是执政的方式均有其"路径依赖"。"依法治国"有可能要求破除过去治理和执政的"路径依赖",形成新的路径。如何转向"既依靠政策、也依靠法律"甚至"主要依靠法律"的治理、执政方式,既不陷入"体制性拘谨",也不至于因切断以往治理、执政的"路径依赖"而引起"体制性振荡",确实遭遇到社会治理、执政方式转换上的矛盾或困境。

2. 法治的安定性与社会发展转型的矛盾

中国自改革开放以来,一直处在全面深刻的社会转型过程之中,其中,市场经济与法治发展之间存在着互动的紧张关系:一方面，如理论家们所期望的那样，市场经济应当成为法治经济，期望运用法治来管理经济、管理市场，市场经济在法治的轨道上运行；但另一方面，市场本身事实上也自行生成一种自我调节的秩序。这两种秩序力量有时候未必是协调一致的，市场作为"一只看不见的手"自行推动社会的发展，可能并非与理想的法治原则相契合。法治强调"法律的普遍性"、"法律的公布"、"可预期"、"法律的非溯及既往"、"法律的明确性"、"避免法律中的矛盾"、"法律的稳定性"、"官方行动和法律的一致性"，这些原则又可能与社会转型中的问题性对应、灵活性变通的要求不相适应。这样，在社会转型中，到底应持守法治的安定性、普遍性原则，还是像政策治理那样权宜变通、灵活应对社会矛盾，就变成政治决策、立法决策以及其他决策上的艰难选择。

3. 法治的本土化与国际化/全球化的矛盾

我国当下的法治发展是在国际化/全球化背景下进行的，一开始就交织着诸多复杂的因素。比如，国家条约、惯例所实行的规则，国家承担的国际法义务，现实的中国国情以及我国独立创制法律制度之间的矛盾。在这个过程中，法治的发展已经不是一个可以在封闭的、不接触的环境中稳步推进的事情，而可能渗透着多种多样的博弈力量，存在着主动适应还是被动适应的困局。也就是说，在实行法治的过程中，坚持走本土化路线，还是走国际化道路，主动适应国际上通行的法治标准、原则和规则，这并非可以简单从事、轻率决定的。

4. 法治的均衡发展要求与现实不均衡发展之间的矛盾

如果我们单纯以立法的质量、执法司法的水平以及机构建设作为评价标准，那么，我国的法治发展确实存在着地域上发展不均衡的现象。比如，在经济发达的地区，法治发展相对快一些，立法的质量、执法司法的水平相对高一些，立法、执法和司法机构的建设相对完备一些，而那些经济较为落后的地区，法治发展相对慢一些，立法的质量、执法司法的水平相对低一些，立法、执法和司法机构的建设相对欠缺一些，有些地区甚至不具备实行法治的最起码的条件。法治本身是要求均衡发展的，而现实的法治发展却不可能是均衡的，这就存在着矛盾。

5. 法的价值上的矛盾

法的价值是多元的，自由、秩序、正义等，都可以说是法的最基本的价值，除此之外，尚有效率/效益等其他价值形式存在。应当看到，法的各种价值之间有时会发生矛盾，从而导致价值之间的相互抵牾。例如，要保证社会正义的实现，在很大程度上就必须以牺牲效率作为代价；同样，在平等与自由之间、正义与自由之间也都会出现矛盾，甚至某些情况下还会导致"舍一择一"局面的出现。在建设法治的过程中，始终难以处理的是公平正义与效率/效益、维护秩序与保障人权这两对价值上的矛盾，这在一定程度上制约着法治发展本身。

6. 对法的认知上的矛盾

我国已初步建立起具有中国特色的法律体系，实现了"有法可依"的法治（法制）要求。然而，到底如何看待法的目的、任务和宗旨，人们的看法并不一致：有的人把法看作是单纯管理社会的技术，有的人把法看作是政治统治的工具，另一些人则把所有的法幻化为人的"自由宪章"。在法学内部，也有关于法是"行为规范"还是"裁判规范"的争论，持"行为规范"论的人认为，法应为行为者而立，故此应当写得通俗易懂，让行为者知晓法律规定哪些行为是"允许的"，哪些行为是必须做的，或者禁止做的。持"裁判规范"论的人认为，法的规定是给裁判者看的，让裁判者知道在哪些行为发生时应当给予什么样的法律后果，故此，法律应尽可能运用"法言法语"来规定，避免使用日常语言中通俗形象但容易产生歧义的言语来表达。对法的认知上的矛盾，一定程度上会影响法治目标的选择和法治方案的设计，从而延宕法治的发展进程。

7. 立法与司法的专门化与大众化的矛盾

由于对法的认识不统一，很容易导致另一个现象，即在立法和司法上，到底应当走专门化的道路，还是走非专门化（主要是大众化）的道路，这成为一个矛盾。前者把立法当作一门科学的活动，把司法当作一门职业，需要由专门的机构和人员（特别是受到过法律职业训练的专业人士）来进行；后者把立法看做是"人民意志"的体现，故此强调应有人民直接参与表达、制定，把司法看做是普通民众可以直接参与裁决的制度形式。由于这样一个矛盾，实际上就难以达成法治理念上的共识，也难以形成和整合推进法治发展的社会力量。

8. 执法活动的程序模式与非程序模式（运动模式）之间的矛盾

按照法治的要求，执法活动本应遵循合法性原则，依照法律既定的程序来进行。然而，在实际执行法律的过程中，执法机关的活动也会受到临时颁行的执法政策所左右，采取非程序（通常运用某种属于权宜之计的运动方式）的执法模式，以求达到即时执法的社会效果。运用非程序模式执法可能确实会取得短期的实效结果，但从长远的角度看，却与法治发展所要求的程序执法模式相冲突，不利于法治的发展。

9. 法律知识生产的理性化要求与无序的生产过程本身的矛盾

法律知识生产本来是一个产出真正的法律知识的过程，这种知识生产过程应当为法治发展提供充分必要的智力支持。然而，现下中国知识的生产在整体上存在着如下问题：第一，知识生产过程的无序性。现代技术（尤其是电脑技术和网络技术）手段的发展在减轻知识生产劳动强度的同时，也增大了其生产过程的无序性。在知识生产线上的"知识复制"挤压着真正的知识创造过程。第二，伪劣知识淘汰优良知识的逆增量趋势。"知识复制"必然带来知识检验和鉴别的难度，故而伪劣知识充斥知识市场，形成增量强势。第三，知识生产的利益趋同现象。在这个充满物欲和权势的时代，知识创造不再是一种纯粹的"智性活动"，它受到来自物质利益和权势的诱惑，最终沦为物欲和权势的婢女。最令人触目惊心的是，伪劣知识增量有愈演愈烈之势，其本身构成了某种知识（或思想）的形式和内容，深深地渗透到知识生产过程之中，我们有时难以将其从理想形态的知识生产中剥离出去，它们构成了一种惰性的积累力量，宰制知识人的知识认知、知识视野、知识沟通，甚至成为一些知识批判者之"知识批判"和"知识反思"依凭的资源。由此观之，我们似乎真正到了深陷泥淖而试图抓住自己的头发将自身拔脱出来的困境之中，现实所呈现出的是漫无边际的"知识生产大跃进"之喧嚣和轰鸣的声音。法律知识生产的情形同样堪忧，基本上呈现为"法律伪劣知识无序积累"的局面。大家将知识兴趣和生产活动的重心投放在"知识复制"上，满足于制造"泡沫学术"和"印刷文字崇拜"，甚至以贩制伪劣知识和垃圾知识为要务。大量的法学生产者的作品以"法学知识"的面貌出现，但实质上它们本身构不成真正的知识，而且可能是仿冒的伪劣的产品。这种法律伪劣知识充斥法学之中，混淆了法学知识的标准和界线，整体上伤害了法学者的原创力和自律感，即使一些优秀的学者也丧失了自持的能力，会时不时地参与"法律伪劣知识无序积累"的竞争，同样制造一些垃圾知识。这样，法律知识生产者的知识生产能力处于委顿状态，知识创造之源陷入枯竭。其结果，当国家真正需要进行法治建设的时候，由无序的生产过程产出的法律知识就显得力不从心了，因为这种法律知识的分析框架根本不能胜任政治的重托：它们不能清楚而有说服力地解释法治国家建设面临的问题，更无从设计建构的方案。当政治再次可能需求理论的时候，法律知识反而不能担当职任了。

二　全面推进依法治国，重在执政党形成坚定的法治意志

此外，过去相当长一段时间，党内和党外，从乡镇到县市、省，甚至中央的某些机关，虽然大家天天高喊"依法治国"、"依

法治省"、"依法治市"、"依法治县"等口号，但真正落实起来则
是"雷声大雨点小"。究其原因，法治意志的薄弱成为建设社会主
义法治国家过程中一个至关重要的制约性因素。在国家管理和社会
管理过程中，我们党内或国家机构内的部分同志可能更依赖于"红
头文件治国"的传统思维，把宪法、法律当作应对"政治危机"
或"社会危机"的工具之一，而没有从根本上重视宪法、法律的权
威，没有真正把"宪法法律至上"提到与"党的事业至上"和
"人民利益至上"并重的高度。也就是说，我们并没有完全下定依
法治国的决心，没有形成坚定的法治意志，这影响了全党、全社会
法治意识和法治思维的形成以及依法治国基本方略全面落实。

从理论上讲，法治意志是指我们党和国家、社会依照社会主义
法治理念，自觉推动"依法治国"，建设法治政党、法治国家、法
治政府和法治社会的公共意志，它是法治理念和法治思维的内化，
是推动法治行动的内在动因。

我们知道，依法治国，建设社会主义法治国家是中国共产党领
导人民治理国家的基本方略，也是全国各族人民共同的主张、理念
和实践。作为人类发展的高级政治文明形态，法治是建成富强民主
文明和谐的社会主义现代化国家、实现中华民族伟大复兴的中国梦
的应有之义，也是完善治理体系和提高治理能力、努力实现国家生
活和社会生活的全面法治化的必然选择。法治的建设不仅仅在于法
律体系和法律制度等硬件条件的建立、完善，也在于全社会能够形
成对于宪法和法律权威的普遍尊重、服从与发自内心的拥护、信
仰。习近平总书记在 2012 年 12 月 4 日召开的首都各界纪念现行宪
法公布施行 30 周年大会上指出："落实依法治国基本方略，加快建
设社会主义法治国家，必须全面推进科学立法、严格执法、公正司
法、全民守法进程。"他于 2014 年 1 月 7 日中央政法工作会议上又
强调：党要"善于运用法治思维和法治方式领导政法工作，在推进
国家治理体系和治理能力现代化中发挥重要作用"。而要完成上述
使命，关键就在于作为执政党的中国共产党能够首先形成坚定的法

治意志，并不遗余力地贯彻、推进和执行法治。这是因为：

首先，法治意志要在全社会形成并实现，就必须首先成为执政党的意志。作为中国特色社会主义的领导核心，中国共产党对于法治的意志和信念成为决定法治中国建设的关键因素。事实证明，在党的法治意志薄弱的时候，法治建设就会遭遇困难，而在党的法治意志坚定的时候，法治建设就会取得显著的成绩。改革开放以来，法治建设取得的长足进步，是和中国共产党坚定推行和建设法治的意志脱离不开的。只有共产党人带头维护宪法和法律的权威，通过领导立法、带头守法、保证执法，最广泛地动员人民依照法律管理自身事务，全社会法律意识和法治观念才能得到普遍增强，自觉学法守法用法的社会氛围也才得以形成。只有当法治可以作为整个社会的共同生活方式，成为我们政治、经济、社会以及日常生活的一部分时，法治社会才能建成。

其次，作为总揽全局、协调各方的领导核心，中国共产党的法治意志是推进社会主义法治建设的行动力量。意志是连接个体的内在精神世界与外在客观行动的必然纽带，同时也是每一个共同体的公共目的和集体行动的关键环节。法治意志一旦形成，就会在个体的法治意识和法律思维的培育以及行动路线和生活方式的选择中，发挥重要的调整作用，使得实在法律规范能够在整个社会中发挥基础性的功能，并且间接地使得实在法背后的意图和目的得以贯彻和实现。这就要求中国共产党人以强烈的历史责任感和坚强的法治意志，集合一切可以利用的智慧，协调一切可以调动的力量，以"敢于啃硬骨头，敢于涉险滩"的精神，坚定不移地推动法治中国的建设，深化司法体制改革，加快建设公正高效权威的社会主义司法制度，增强人民的公正公平感和法律权威感。

最后，历史证明，中国共产党领导中国人民夺取新民主主义革命胜利，领导中国人民取得了改革开放的巨大成就、实现"四个现代化"，带领人民准备全面建成小康社会，并力争"建成富强民主文明和谐的社会主义现代化国家"。革命和建设的实践已经使中国共产党成为治国理政经验丰富的优秀执政党，党有能力、魄力和经验下大力气继续完成实现社会主义民主、"依法治国，建设社会主义法治国家"的重任，保证依法治国基本方略在党的领导下全面落实。

当然，作为公共意志的法治意志不仅仅表现为中国共产党的政党意志，而且体现在国家意志的层面。国家意志代表了以国家层面统一呈现的思想理念、精神信念和思维方式，每一个国家要有自己的行动，就必然需要具有统一的意志。这样的统一意志是在国家层面上推动法治事业进步的愿望和动力。作为国家意志的法治意志不仅仅是体现了个人意愿和目的的合力，更为重要的是代表了时代发展的必然要求和历史进步的特定规律。因此，中国共产党的法治意志不仅是公共意志的一种形式，而且还要坚定不移地将这种法治意志转化为国家意志，服务于法治中国的建设。

法治意志是以现实的人为出发点的，是以最广大人民群众的意志为本质形成的。法治意志无论是作为公共意志、政党意志，还是国家意志，最终的来源都应当是人民的意志，这种人民的意志是指最广大人民群众在不受强力干涉的情况下根据自身理性所为的持续性思想状态。自上而下地推动任何一种改革或者推广任何一种理念，最终的正当性基础都在于最广大人民群众。当然，法治不仅仅是简单的多数民主制度的选择，还体现出对于少数意见的尊重。在现代国家中，这种对于少数意见的尊重更多是通过对于人权的保障来实现的。人的基本权利是不可剥夺的人类生存的基础性权利，大多数人的表决并不能成为剥夺少数人基本权利的合法基础。人权和民主在法治社会中的这种平衡和互动就成为保障最广大人民利益和意志实现的保障。

法治意志的最终实现依赖于由其激发的合法行动作为结果在整个社会的普遍性。法治意志的形成，一方面需要以合理的方式来引导和推动最广大人民群众意愿的表达和汇集，另一方面需要在国家层面上明确地确定法治在整个制度文明中的核心地位，并以实际行动展现出建设法治事业进步的愿望和决心。和其他事业的改革一样,中国社会的实际状况决定了法治意志的形成和实现,必然是以"自上而下"的推动形式,因此更为重要的是需要以良好制度设计来推动法治意志的实现。这种推动力量的关键就在于中国共产党的法治意志的形成和实践。

形成坚定的法治意志,同时也要求:首先,中国共产党必须以宪法和法律作为基本的活动准则,不得有超越宪法和法律的特权;其次,作为执政党,中国共产党必须坚持党政分开,一个具体的表现就在于将党的思想意志和方针政策与国家的精神意志和法律法规区分开来,党的意志要成为国家意志,必须完成相应的合法性程序;再次,在当前复杂的社会形势下,共产党人要摒弃过去革命党的思维,要运用法治思维和法治方式深化改革、推动发展、化解矛盾、维护稳定;最后,执政党在将自身的执政理念上升为国家意志时,就必须通过法律的形式体现,这就要求执政党的理念必须有着深厚的民意基础、扎实的前期准备和稳定的推进战略,这还要求执政党以科学的手段领导立法,以合法的形式推动立法,以民主的方式影响立法。

三　全面推进依法治国,需要增强法治能力

在全面推进依法治国的过程中,不管采取什么样的措施,均应有一个基本的共识前提,即法治(The Rule of Law)是一种规则之治和理由之治(The Rule of Reasons)。法治的艺术更多地体现在制度和程序的设计上,首先,法治作为"规则之治"和"理由之治",其所关心的始终是治理或统治及其规则的理由证成。法治所要求的无非是,国家或社会无论做什么都是以一种可预期的、持续一致的方式做出,并通过理由加以证成。若一种治理或统治及其规则不能有足够的理由支持并加以证成,那它就不符合法治。其次,法治不是宗教,它不可能完全以纯化人的灵魂、提

升人的精神，并且在人死后"送进天堂"作为自身的使命。最后，我们应当谨记：法治也不可能将实现人类的现世幸福作为根本的任务，它本身没有这样的能力，也无以承受连"乌托邦"理念都难以承受的重负。法治的主要目的还是如何保障人们的财产、生命、安全等权利不受侵犯，如何避免"在政治中混入了兽性的因素"（亚里士多德语）。

诚如《中共中央关于全面推进依法治国若干重大问题的决定》所指出的，全面推进依法治国，必须要做到"五个坚持"，特别是要做到坚持中国共产党的领导，因为"坚持党的领导，是社会主义法治的根本要求，是党和国家的根本所在、命脉所在，是全国各族人民的利益所系、幸福所系，是全面推进依法治国的题中应有之义"。除此之外，民主力量的增强，民众理性的成熟，社会潜能的动员，也是全面推进依法治国顺利进行的力量源泉。当然，更为重要的是，党和政府在推进依法治国的进程中还必须不断增强自己的法治能力。简而言之，就是在已经初步形成的法制基础之上培育和生成能够应对和处理复杂社会问题的现代法治，强化法治的能力。故此，是否形成强固的法治能力，是判断法治是否建立、是否成熟的一个标准。

按照笔者的理解，所谓法治能力，是指党和政府在按照法治的方式或法治预设的原则、目标和要求完成其治国理政或社会调整任务的过程中所应具有的能力。其内容包括：①依法执政能力，指执政党依照法治的方式执政的能力。②调控能力，指党和政府机关依照法治对社会关系和社会生活的有效调整和控制能力。③应对能力，指党和政府机关依照法治对快速的社会变化的反应和对重大而复杂的社会问题的处理能力。④执行能力，指党和政府机关依照法治运用强制手段执行法律、维护其在社会生活中的普遍效力、促使人们一律遵守的能力。⑤正统化能力，指党和政府机关依照法治确立其活动的正统性（legitimacy）和权威性、为人民普遍认同有效的能力。

　　在全面推进依法治国的过程中,执政党增强自身的依法执政能力,乃是保证中国特色社会主义法治实现的最为重要的保障。正如《中共中央关于全面推进依法治国若干重大问题的决定》指出:"依法执政,既要求党依据宪法法律治国理政,也要求党依据党内法规管党治党。必须坚持党领导立法、保证执法、支持司法、带头守法,把依法治国基本方略同依法执政基本方式统一起来,把党总揽全局、协调各方同人大、政府、政协、审判机关、检察机关依法依章程履行职能、开展工作统一起来,把党领导人民制定和实施宪法法律同党坚持在宪法法律范围内活动统一起来,善于使党的主张通过法定程序成为国家意志,善于使党组织推荐的人选通过法定程序成为国家政权机关的领导人员,善于通过国家政权机关实施党对国家和社会的领导,善于运用民主集中制原则维护中央权威、维护全党全国团结统一。"

　　当然,国家的法律专门机关(立法机关、执法机关、司法机关)自身的努力,对于法治能力的渐进生长和提高也是非常重要的。从社会主义法治体系构建的角度看,法治能力的增强,主要是指立法能力、执法能力和司法能力的增强。

　　概而言之,所谓立法能力的增强,是指立法机关通过行使立法权不断积累法律资源和政治资源,进而确立其在国家政治法律权力架构中的实际地位,无论在法律生活中还是在政治生活中均能充分展现其作为"国家权力机关"所应发挥的作用。

　　所谓执法能力的增强,主要是指(行政)执法机关"依法办事"能力的增强,包括两层含义:其一,"办事"能力的提高,即执法机关应改变工作作风、提高工作效率,特别是对于执法活动投入更多的财力和人力,以便有足够的条件和能力对需要干预的事项(事件)作出迅敏快速的反应,使国家、集体和公民个人的利益得到有效的保护;其二,"依法"能力(合法性能力)的增强,这是对执法人员素质所提出的要求,其包括执法人员对法律知识、理念和原则的通晓,对敬业精神的追求,对宪法、法律和执法的"正当程序"的忠诚与尊重，执法经验和智慧的修养，诸如此类。从执法的质量和水平角度衡量，"依法"能力的加强，对于提升执法的整体能力具有更为现实而迫切的意义。

所谓司法能力的增强，是指司法机关（主要是法院）在司法过程中培育和强化自身独特的行使权力的方式、处理社会矛盾和冲突、平衡社会利益的能力。进一步讲，司法机关所应强化的能力是多方面的，其要者如下：

（1）通过自身的司法活动，维护"依法独立行使司法权"的能力。司法权是直接处理社会矛盾（有时甚至是很激烈的政治矛盾）、冲突和纠纷的权力，很容易遭受到来自各种社会力量（或政治力量）的干预和压力。因此，能否抗抵干预和压力，维护其独立裁判的地位，是对司法能力的最大考验。而司法能力正是在这种考验中不断增强的。

（2）保守不偏不倚、秉公持正的中立性的能力。司法权是裁断权，具有中立的特性，但在具体适用法律过程中，如何保守中立性并不是一个简单的问题。有时候，司法者虽然没有受到外界的干扰，但纯粹业务素质的欠缺也有可能使自己裁断的结果失之偏颇。故此，中立性能力的培养，是对司法官素质的基本要求。

（3）处理复杂社会矛盾、冲突，平衡各种社会利益的能力。司法者的职业特点使之处于社会矛盾和冲突的中心，他/她所处理的事项很可能纠结社会政治的、经济的、外交的、文化的、道德的、民族的等各种复杂的关系和利益。合理合法、有理有节地处理这些矛盾和冲突，是法治国家对司法者能力的初始期待。

（4）通过纠错调整司法自身机能的能力。司法的权威性，除了依赖上述所谓中立性、公正性、独立性以外，还要靠它的形象的清廉性及其对自身错裁的及时纠正等方式来维持。无能力纠正自身的错误，也就谈不上其他诸种司法能力的增强。法治对司法机关所要求的，可能正是不断反省、主动纠偏的能力。

上述论点可作如下概括：全面推进依法治国，其成败取决于法治能力的强化，取决于执政党依照法治转变执政方式、增强其执政的正统化能力，取决于立法、执法、司法的职能、角色的转化及地位的重新确立，有赖于立法机关、执法机关、司法机关自身能力的增强和权威性形象的塑造。总之，权力分工明确、强而有力的国家立法、执法、司法系统，是完成包括反腐败在内的一系列重大而复杂的社会调整任务、推进法制现代化（法治化）的基本保证。

"法治中国"建设的时代使命
与战略支点

马长山[*]

  35 年来的改革开放，使中国取得了世界瞩目的伟大成就，并创造了自晚清以来与实现中华民族复兴梦想最为接近的机遇。然而，当下中国也正处在一个改革"深水区"和转型关键期，各种障碍、困难与风险不断累积和迸发。当前，十八届四中全会《决定》已对"全面推进依法治国"做出了重要战略部署，而通过"法治中国"建设来稳固改革开放成果、突破"深水区"改革难关、化解社会转型风险，也已然成为一种社会共识，但很多问题还需要进一步厘清和理性探讨。

一 "法治中国"建设的时代使命

  纵观几百年来的世界法治进程，并不存在一个确定的、通用的法治模式，不仅大陆法系与英美法系之间差别巨大，就是文化同源的英美之间也显著不同，更不用说后发现代化国家了。恰恰相反，法治乃是一个多样性、动态性的进程，以至于"西方本身已经开始

---

  * 马长山，华东政法大学教授、博士生导师。

怀疑传统法律幻想的普遍有效性，尤其是它对非西方文化的有效性"。但另一方面，世界法治进程又孕育了共同的法治精神和底线原则，即"作为最低标准，法治要求建立一个使政府和人民都平等地受到法律的有效约束的体制。在这种体制中法律是根据预先确定的制度制定的并且是普遍的和公开的"。同时，人的核心基本权利（人权）应该受到尊重和保护，"只有被治者基本上是自由的，'法治'才有意义"。这就表明，不管人们对法治有多少种理解和认识，也不管现实中有多少种法治模式和形态，都离不开它们共同的核心要素和底线原则——公权力与民众要接受法律的同等约束、公民的权利和自由能够得到平等而有效的法律保障。只有坚守这一核心要素和底线原则，才能够称得上是法治，也才能在此基础上开辟多样化的法治道路。因此，我们在新时期全面推进依法治国，就既要坚持走自己的"法治中国"之路，又必须坚守共同的法治底线，特别是要通过限制公权力、保障公民权利，并严格依法办事，来实现国家治理体系和治理能力的现代化，从而承担起时代赋予的重要使命。为此，十八届四中全会《决定》对其予以高度定位："依法治国，是坚持和发展中国特色社会主义的本质要求和重要保障，是实现国家治理体系和治理能力现代化的必然要求，事关我们党执政兴国，事关人民幸福安康，事关党和国家长治久安。"

（一）打造关住权力的笼子

30 多年来我国法治建设取得了很多有目共睹的重大成就，这是我们最基本的客观判断和讨论前提，但它并不是完美的。为此，四中全会《决定》清醒地看到，"同党和国家事业发展要求相比，同人民群众期待相比，同推进国家治理体系和治理能力现代化目标相比，法治建设还存在许多不适应、不符合的问题"。这就需要对依法治理中的某种国家主义倾向、法条主义倾向、工具主义倾向和拿来主义倾向，对未能全面反映客观规律和人民意愿的法律法规，对知法犯法、以言代法、以权压法、徇私枉法现象等这些"违背社会主义法治原则，损害人民群众利益，妨碍党和国家事业发展"的问题，进行认真检视和必要反省，并下大气力加以解决。

其实，法治建设中的这些国家主义、法条主义和工具主义倾向，固然有其各种历史和现实的诱因，但它们的实质则都是"威权主义"，与当下全面深化改革的要求和治理能力现代化的趋势明显相悖。这意味着，把权力关进制度笼子里的任务也远未完成，我们距离法治国家的目标还有相当的距离，而这恰是推进"深水区"改革所必须予以解决的问题。为此，四中全会《决定》将"全面推进依法治国"的总目标，准确定位为"建设中国特色社会主义法治体系，建设社会主义法治国家"，并通过"坚持依法治国、依法执政、依法行政共同推进，坚持法治国家、法治政府、法治社会一体建设，实现科学立法、严格执法、公正司法、全民守法，促进国家治理体系和治理能力现代化"。这就要求公权力"坚持法定职责必须为、法无授权不可为"，从而通过权力清单"坚决消除权力设租寻租空间"。这样，通过全面落实《决定》关于"依法全面履行政府职能"、"健全依法决策机制"、"深化行政执法体制改革"、"坚持严格规范公正文明执法"、"强化对行政权力的制约和监督"、"全面推进政务公开"六大方面的法治政府建设部署，真正把权力关进制度的笼子里，就必然成为"全面推进依法治国"、建设"法治中国"的核心任务。

（二）释放和保障公民权利

30多年来的改革开放进程，也是一个通过民主化、法治化来不断释放自由和权利的进程，这不仅是解放和发展生产力、实现共同富裕的社会主义制度本性所决定的，也是社会文明进步的客观要求。与此相应，民众心理也在30多年的巨大变革中发生了深刻的变化。一是从"人民当家做主"、"主人翁地位"的语境中的均等化满足感和整体性追求，转向了阶层分化、竞争差异、自由自主的个体性追求；二是从"政治挂帅"、崇尚"革命"情怀的政治理想，回归为注重现实生活、私人权利和个人欲求的世俗幸福追求；三是从"领袖"崇拜、抽象的制度性信任，转向对自身权益得失的关注和务实功利的价值偏好。而民众的这些心理变化，是改革开放30多年来权利释放的必然，是从整体性的"主人"走向个体性的公民的必然，当然也是民主化、法治化进程的必然。

面对这一客观现实，我们就不能抱怨如今的百姓"不听话"了，而是他们对贪腐蔓延、生态破坏、食品安全等的容忍度更低了，对民生质量、自身权益、民主参与等的要求更高了。为此，新时期的公共决策，就不能再采取过去那种关门决策、领导"拍板"的方式；而应按照法治思维和治理模式，切实尊重和维护民生、民意和民权，在民主协商和多元共识中建立其正当性、合法性。为此，四中全会《决定》明确要求，要"依法保障公民权利，加快完善体现权利公平、机会公平、规则公平的法律制度，保障公民人身权、财产权、基本政治权利等各项权利不受侵犯，保障公民经济、文化、社会等各方面权利得到落实，实现公民权利保障法治化。增强全社会尊重和保障人权意识，健全公民权利救济渠道和方式"。同时，还强调要保障人民群众参与司法、开展立法协商、拓宽公民有序参与立法途径，健全法律法规规章草案公开征求意见和公众意见采纳情况反馈机制，进而广泛凝聚社会共识。由此可见，在"法治中国"建设进程中，我们必须按照四中全会《决定》的战略部署，以积极释放、保障公民权利和自由为根本目标，这不仅是社会主义的本质属性所决定的，也是当今时代发展的客观要求。

（三）构建多元治理机制

从国际上讲，社会主义制度的建立已有近80年的历史，中国社会主义制度的建立也风风雨雨近60年，但却都充满了坎坷。其中很重要的一个问题，就是社会主义政权从诞生之日起，就十分注重理论上的正当性，而忽略了制度运行中的合理性、科学性。也就是说，理论上是人民民主和优越制度，但现实中却演绎了国家主义、整体主义的运行机制，导致了中央集权和权贵等级化，形成了只有统治、没有治理的局面，最终酿成了苏东剧变的悲剧。这诚如习近平总书记指出的："纵观社会主义从诞生到现在的历史过程，怎样治理社会主义这样的全新社会，在以往的世界社会主义实践中没有解决得很好。"而东欧剧变、苏联解体的一个很重要原因，也正是没能形成有效的国家治理体系和国家治理能力，法治建设就更无从谈起了。

可见，制度的合理性、先进性并不是凭借简单的政治逻辑演绎来获取的，而必须依靠复杂的社会实践来验证。更何况，光有好的制度，也并不必然带来好的治理，一旦治理能力出现障碍，危机仍不可避免。因此，必须摒弃那种只强调社会主义的理论正当性以及"政治正确"的意识形态，而忽视制度实践和运行合理性的做法，大力推进从"管理"走向"治理"的转型，积极构建国家治理和社会治理双轨并行的多元治理机制，并促进其民主化、法治化。四中全会《决定》做出"全面推进依法治国"这一重要战略部署，其核心要旨也正是要建设起中国特色的法治体系，"促进国家治理体系和治理能力现代化"。只有这样，才能使权力制约、权利保障、法律至上获得必要的保障，进而构成"法治中国"建设的重要基石。

（四）践行依宪依法执政

坚持党的领导，无疑是一种历史与现实的选择，也是中国特色社会主义制度的本质要求。然而，同时也要看到，当改革进入"深水区"后，社会利益变得复杂交错，实现治理法治化已成为一种必然趋势，这样，我们党就不能再沿用传统的执政理政方式，而必须采取法治的方式，推进依宪依法执政。为此，十八届四中全会《决定》深刻指出，依法执政是依法治国的关键，"维护宪法法律权威就是维护党和人民共同意志的权威，捍卫宪法法律尊严就是捍卫党和人民共同意志的尊严，保证宪法法律实施就是保证党和人民共同意志的实现"。进而要求各级领导干部要带头守法，牢记法律红线、法律底线不可逾越和触碰，尤其不得以言代法、以权压法、徇私枉法。同时《决定》还强调，要坚持"三统一、四善于"的原则精神，既要依据宪法法律治国理政，也要依据党内法规管党治党，完善党委依法决策机制，推进基层治理法治化。这样，以法治方式来提升党的执政能力和执政水平，践行依宪依法执政，就成为"全面推进依法治国"、建设"法治中国"的可靠保障。

综上所述，"全面推进依法治国"、建设"法治中国"的核心导向，绝不是法律的工具化或者权力运行的法律化，而只能是限制公权力、保障私权利、推进治理能力的现代化，这是时代赋予它的使命和责任。尽管对公权力进行严格的制度性限制，难免会让一些长官意志受到法律的刚性约束，也会让一些领导感到不舒服，但这却有利于堵塞不受控制的权力走向贪腐之路，从而避免"周薄案"这样的悲剧再次发生；同时，限制公权力也恰是当下环境与时代背景下，以法治思维和方式来强化党的领导，确保党能够长期执政和国家长治久安的根本途径。反之，如果不走法治之路，或者对法治建设采取"新瓶装旧酒"、有名无实的策略，任由贪腐和权力滥用发展下去，那才会真正毁掉执政之基，其结果也将是灾难性的。对转型国家在这方面的一些经验教训，我们必须要有清醒的认识。

二　全面推进依法治国的战略支点

作为全面深化改革的重要一环，"全面推进依法治国"必然是一项艰难而复杂的系统工程，涉及方方面面。四中全会《决定》明确指出，"全面推进依法治国"的总目标是"建设中国特色社会主义法治体系，建设社会主义法治国家"。也即形成"完备的法律规范体系、高效的法治实施体系、严密的法治监督体系、有力的法治保障体系"和"完善的党内法规体系"，"坚持依法治国、依法执政、依法行政共同推进，坚持法治国家、法治政府、法治社会一体建设"。我们从中可以看到，良法制度体系、法治价值观、法治政府、独立公正的司法体制、多元治理机制和公民精神，是其不可或缺的重要战略支点。

（一）实施与完善并重，构筑良法制度体系并确立宪法权威

没有健全完善的法律体系，"法治中国"建设无疑就是一种空谈。30多年来，我国一直致力于构建有中国特色的社会主义法律体系，成就也十分显著，并在2011年3月郑重宣布"有中国特色社会主义法律体系已经形成"。然而也要看到，我们过去是基于快速发展变革的迫切需要，并以世界上少有的立法速度来构建法律规范体系的，并且，由于不同程度地受到了国家主义、法条主义和工具主义倾向的影响，使得已经形成的这个法律体系并不十分理想化，特别是当改革进入"深水区"后，一些诸如妨碍市场统一公平竞争的陈旧规范、权力本位的制度设计、人权保障不到位的具体条款等问题也随之显现出来。可见，现阶段把重心全部转移到法律实施上，忽略法律体系的技术性重构，则未必妥当。四中全会《决定》指出，要加强重点领域立法，"依法保障公民权利，加快完善体现权利公平、机会公平、规则公平的法律制度"。因此，采取实施与完善并重的原则，构筑良法制度体系才更为客观。具言之，主要包括以下几方面：一是清理、废止或修订陈旧过时的制度规范。近年来，我国在这方面做出了很多努力，如2003年6月废止了收容遣送制度，2013年12月废止了劳动教养制度，如今废止收容教育制度的呼声又日渐响起。此外，一些陈旧过时的法律法规也需重新修订（如铁路法、民法通则等）。二是化减法律冲突，提高法律协调性、科学性。如修订刑事诉讼法与律师法的相关冲突条文等。三是强化人权保障、体现公平正义价值。按照三中、四中全会关于完善、加强人权司法保障的要求，修订、废止与人权保障和公平正义不尽相符，甚至相悖的法律法规，如修订刑法以减少"官贪民盗"的量刑等差、修订刑诉法以保障诉讼当事人及律师的平衡地位

和合法权益等。四是适应"全面深化改革"要求，为"深水区"改革提供法律保障，如修订与司法去地方化、去行政化改革方向相矛盾的法律规范。五是把改革"红利"上升为法律权利。应按照十八届三中全会《决定》关于"清理和废除妨碍全国统一市场和公平竞争的各种规定和做法"的要求，本着"法不禁止即自由"、"法无授权即禁止废止"的原则，修订现有重要的法律法规（废止《民法通则》、制定民法典，修订《合同法》、《公司法》等），把释放出来改革"红利"和民生诉求上升为法定权利。六是体现中国特色、注重国际接轨。建设"法治中国"，必然要依托于完善的中国特色社会主义法律制度体系，而这个法律体系既要反映中国国情和中国特色社会主义的基本属性，同时，也要适应经济全球化、一体化步伐，加大与国际社会的开放对接力度，特别是要按照全会提出"加快自由贸易区建设，扩大内陆沿边开放"的战略需求，进行各项规章制度的改革、重建和完善，包括适应自由贸易发展需要的法律规则和程序、政府职能转变后的国家治理方式与社会治理机制、双重治理体系的制度风险与秩序控制，等等。

只有通过这些实施与完善并重的重要举措，才能更好地打造出中国特色的良法制度体系，以确保在2020年实现"法治中国"建设的决定性成果，"形成系统完备、科学规范、运行有效的制度体系，使各方面制度更加成熟、更加定型"，进而实现中华民族伟大复兴的强国梦想。

当然，我们"全面推进依法治国"，首先就必须尊重宪法的至上权威、促进宪法的有效实施。因此，上述所有改革举措不能脱离一个共同的基本前提，就是必须在宪法的框架内进行。如果迫于推进"深水区"改革和国家未来建设发展的重大需要，我们也可考虑对宪法进行必要的、审慎的修订，并为现有良法制度体系的打造提供可靠的合法性根据。与此同时，无论是执政党、政府，还是企业、社会组织和公民，都必须在宪法和法律的范围内活动。

（二）多元与共识并存，塑造符合时代要求的法治价值观

四中全会《决定》充分认识到法治价值观和法治意识的重要性，指出"公正是法治的生命线"，"法律的权威源自人民的内心拥护和真诚信仰"，因此，提出增强全民法治观念，推动全社会树立法治意识。事实也表明，没有一定的法治价值观，就没有了法治建设的灵魂，因而，不仅法律规范体系难以内化为人们的行为准则，也难以形成稳定、可靠的法律权威和法治秩序，因此，法治价值观是"法治中国"建设的重要文化支撑。而在当今网络时代，任何公共政策和法律制度都不得不接受公众舆论的审视、质疑和评判。此时，公共政策的讨论、商议已不再局限于议会厅堂里的争论和表决，而是延伸、扩展到了网络平台上那种无限量的虚拟空间。这就意味着，公共政策和制度供给已经从"厅堂议事"走向了"广场杂言"，并形成了"广场化"的合法性供给机制。在这里，很难形成一个统摄一切的绝对"真理"，而更多的则是一种理性共识。这样，对于"法治中国"建设而言，在多元复杂的利益主张和权利诉求面前，并不太可能像改革开放前那样整齐划一地予以政治规划和发布指令，而只能寻求各方利益和价值目标的最大"公约数"，按照四中全会《决定》要求来"广泛凝聚社会共识"，并由此形成法治价值观来提供思想指引、获得公众认同。

回首近些年来的法治建设进程，我们也确实力图在反映广大民众期待和时代要求的基础上，凝练社会主义法治价值观。但由于受多种复杂因素的影响，我们对改革开放释放出来的平等、自由、人权、正义等价值诉求的关注仍不够充分，甚至在某个时期还存在着一定的过度政治化的倾向。2005 年第一次提出了社会主义法治理念，即依法治国、执法为民、公平正义、服务大局、党的领导。应当说，这些法治理念固然反映了我国的社会主义制度价值和政治取向，但法治毕竟要区别于政治和行政，因而它不能只具有单一的政治性，更不能被过度地政治化、行政化。我们说，党作为中国改革

与发展各项事业的领导核心，无疑是人民的选择和宪法的规定，但具体到司法原则，则还是应该遵循司法本身的规律、符合司法改革的方向；更何况，现行法律都是党领导人民制定的，司法机关严格依法办事、履行职责就是贯彻党的领导、服从人民意志的最主要途径。这样，也才是更好地维护党的领导、巩固党的执政基础。这诚如四中全会《决定》所指出的，"维护宪法法律权威就是维护党和人民共同意志的权威，捍卫宪法法律尊严就是捍卫党和人民共同意志的尊严，保证宪法法律实施就是保证党和人民共同意志的实现"。我国宪法也早有规定，一切政党、一切组织、一切个人都要在宪法法律内活动，必须维护法律权威；而更多地将司法政治化则会导致对司法的不当干预，甚至还会出现某些地方长官借"党的领导"名义进行"公器私用"的情况，进而产生严重的不良后果。事实上，这些过度政治化的法治理念和价值，带有一定意义上的"国家主义"和"工具主义"韵味，这不仅会使法律规则的自身价值发生流失，与民众的多元诉求和法治期待渐行渐远，也会偏离既定的法治目标，助长法律专制主义，"周薄案"的教训就值得时刻警醒。

党的十八大后，国家对社会主义核心价值观进行了新的凝练和界定。应当说，这三个方面24个字，反映了当下中国的社会共识。同样，在"全面推进依法治国"的新时期，我们也必须在尊重多元价值的基础上来凝练法治共识，并按照法治自身发展的规律和逻辑，来重构和塑造法治价值观、法治理念和培养全社会的法治意识，充分反映法律至上、分权制约、自由和权利保障、公平正义、公正独立司法、正当程序等法治价值，从而为"法治中国"建设提供精神动力和方向指引。

（三）立足权力监督制约，全面打造法治政府

众所周知，近代法治从孕育产生之日起，就一直以限制权力、保障权利为主线，因而，把权力关进制度的笼子里，就成为一个经典命题。对中国而言，虽然不宜搞三权分立，但却不能没有分权制

约机制，否则，就无法实现对公权力的控制。事实上，自 2004 年 3 月国务院发布《全面推进依法行政实施纲要》以来，我国的法治政府建设取得了不少成就，但在具体实施"依法治国"、"依法行政"过程中，某些"工具主义"倾向并未彻底根除，权力制约机制也并不完善。当下的"深水区"改革和"全面推进依法治国"战略部署，也恰在"把权力关进制度的笼子"方面提出了更高的要求，需要我们坚持"法定职责必须为、法无授权不可为"的原则，摒弃法律"工具主义"，走向权力的制约监督，全面打造法治政府。

1. 强化人大监督制约

中国固然不宜照搬西方的"三权分立"制度，但这并不等于不需要权力制约。历史表明，任何不受控制的权力都会导致滥用和腐败，而只有足够的监督制约才能把权力真正关进制度的笼子里。我国实行的是"议行合一"体制，从全国人大到地方人大，各自都具有监督相应"一府两院"的重要职能，其好处是有利于避免决策争议、促进贯彻执行；但也容易造成"选举时漫天许诺、选举后无人过问"的现象，一旦缺少监督制约，就会导致决策失误，甚至权力滥用。从目前来看，在一些党政分开不彻底的地方，经常是党政"联手"决策后再提交人大"走程序"，从而使人大的权力运行变得"形式化"了，其实质性的审议、决策和监督功能受到严重削弱。更何况从现行人大代表结构来看，党政领导同时又是人大代表的重叠率达到 1/3 以上，而政治荣誉性"安排"的代表现象也依然存在，这样，就加大了政府议案的通过率，但却减少了人大的权威地位和监督制约功能，不符合"法治中国"建设的目标要求。

习近平总书记在庆祝全国人民代表大会成立 60 周年大会上的讲话中指出："中国共产党的领导，就是支持和保证人民实现当家做主。我们必须坚持党总揽全局、协调各方的领导核心作用，通过人民代表大会制度，保证党的路线方针政策和决策部署在国家工作中得到全面贯彻和有效执行。"为此，我们首先需要根据"深水区"改革的要求，切实加强和改善党对人大的领导，从"以党代政"惯性思维下的党政"联手"决策，转向支持和保证各级人大审议政府重大决策、监督"一府两院"工作。这样，就既践行了党政分开、赋予政府以必要的自主决策权，又"坐实"了人大的人民当家做主权力，也使执政党从事必躬亲、以党代政的传统性领导方式，转向了党政分开、支持和保障人民监督制约政府权力的治理化领导方式，从而让各级人大真正依据宪法来履行其实质性监督制约职能，防止重大决策失误以及权力扩张和滥用。其次，应大幅缩小人大代表中的"一府两院"干部比例，强化社会业界和团体的代表性，在代表结构和工作机制上建立与"一府两院"之间必要的"隔离带"，以确保各级人大发挥应有的监督制约作用。再次，缩小人大对政府的授权立法范围，对税收权可考虑收回或者施加限制，从而抑制行政立法权的扩张和滥用，强化各级人大对政府权力运行的有效监督制约。最后，按照十八届三中、四中全会关于建立规范性文件和重大决策的合法性审查机制、重大决策终身责任追究制度及责任倒查机制等的要求，应考虑在市级以上人大建立"重大决策合法性审查委员会"，建立相应的机制和程序，对各级政府的重大决策和规章制度等抽象行政行为，进行事先的合宪性、合法性审查，从而规范、监督和约束行政权，促进政府决策的民主化、法治化。

2. 推进依法限权施政

现代法治政府，必然是一个"法定职责必须为、法无授权不可为"的限权政府，其施政目标在于人权保障、安全秩序和民众福祉。因此，打造法治政府，实现治理能力的现代化，就必须把原来的政府集中管理权力，释放还原为民众的自由发展权利。在党的十八大召开前夕，中央政府就已做出承诺："凡公民、法人或者其他组织能够自主决定，市场竞争机制能够有效调节，行业组织或者中介机构能够自律管理的事项，政府都要退出。"而十八大之后，在"使市场在资源配置中起决定性作用和更好发挥政府作用"方面的改革步伐就更大、更快了。对此，李克强总理明确指出：从过去习惯审批"画圈圈"，到不断自我消权，进而创新事中事后监管，这是政府职能转变的一场"自我革命"。然而，法治政府并不是一时的政策性放权，或者从许可审批到事后监管的简单替换，而是从"管理"型政府向"治理"型政府的深刻转型。这样，在全面推进依法治国、建设"法治中国"的时代背景下，需要处理好以下几个关键问题：一是加大权力清单、负面清单、责任清单等制度建设，按照"法无授权不可为"的原则，明确政府各项权力的合法性来源与活动边界，防止"法外设定权力"来"减损公民、法人和其他组织合法权益或者增加其义务"，从而"坚决消除权力设租寻租空间"；二是建立完善的行政监管权行使规则与程序，"建立健全行政裁量权基准制度"，"严格规范公正文明执法"，从而防止权力的"非法"行使、不当行使和肆意滥用；三是加强行政法制建设，通过法律形式来合理划分、界定中央与地方的财权和事权，既要赋予地方以更大的自主权，又要确保中央政府的统一施政；四是规范行政立法行为，强化行政立法的民主化、科学化、程序化，防止行政立法的肆意性、工具性和权力扩张的法律化。上述这些举措，目的就在于为权力运行打造一个制度的笼子，从而为法治政府的建设奠定重要基础。

3. 强化司法审查监督

通过司法机制解决行政纠纷，建立通畅的"民告官"渠道，不仅是抑制公权力扩张滥用的重要堤坝、维护民众合法权利的可靠屏障，也是强化司法审查监督、推进"法治中国"建设的关键一环。依照现行的行政诉讼法的制度设计，法院只受理针对具体行政行为的"民告官"案件，即那些因行政机关针对特定的行政管理相对人，并就特定的具体事项做出行政处理决定而提起的诉讼；但对于抽象行政行为，即行政机关发布的行政法规、规章，或者行政机关制定、发布的具有普遍约束力的决定、命令等，则不能提起行政诉讼，无法进行"民告官"。随着改革渐入"深水区"，这种制度设计的缺陷就越加明显地表现出来了。具体而言，近年来一些地方政府和官员出于 GDP 增长、政绩压力、土地财政，甚至权钱交易等方面的考虑，出现了行政权力扩张和滥用的情况，引发了大量的行政诉讼案件。而当做出具体行政行为具有"当被告"的风险和阻力之时，这些地方政府就以立法或颁布决定命令等抽象行政行为的方式来规避行政诉讼，并以"依法治省（市、县）"的名义进行权力扩张法律化、司法化，如一些地方纷纷将原来特定处置的拆迁方案上升为普遍性的拆迁条例、将具体个案的截访策略上升为处理"非正常上访"的普遍性文件规定等就是例证。其结果是，堵塞了最基本的民众诉求渠道，加剧了官民冲突和群体性事件的发生。这种做法的实质，就是"工具主义"意识在作祟，把法律当成简单的"维稳"工具，甚至公器私用。而这种缺乏正义价值和权利保护的地方立法和政策命令，也难以变成生活中实际运行和受到遵守的规则，甚至变成抵制的对象，严重威胁社会稳定，并加剧法律信任危机。从某种意义上讲，这已成为"法治中国"建设的一个重要瓶颈。

我国刚刚公布的《行政诉讼法修正案》（草案）就在"全面推进依法治国"的新形势下扩展了行政诉讼的范围。即"公民、法人或者其他组织认为具体行政行为所依据的国务院部门和地方人民政府及其部门制定的规章以外的规范性文件不合法，在对具体行政行为提起诉讼时，可以一并请求对该规范性文件进行审查"（第 14 条），这就使得抽象行政行为具有了可诉性，强化了抽象行政行为的司法审查，从而抑制一些行政机关借助抽象行为方式来普遍性地侵犯私权利、规避"民告官"这一司法诉讼的趋向。而十八届四中全会《决定》则进一步提出，要健全行政机关依法出庭应诉、尊重并执行司法裁判的制度，这就设置了行政权干预、妨碍司法权的责任追究制度，强化了司法权的权威，加大了对行政权的制约和平衡。当然，《行政诉讼法修正案》（草案）赋予抽象行政行为可诉性的范围还很有限，可能具有过渡性，应根据"法治中国"建设进程和社会变革发展需要，适时激活违宪审查机制，扩大对抽象行政行为的可诉性范围，并增加其直接司法裁断处理的权能，进而抑制法律"工具主义"和加强司法的人权保障，为"法治中国"建设提供有力支撑。

4. 扩大民主参与和监督

更充分地保障人民当家做主权利，更广泛地接受人民群众监督，不仅是我国社会主义民主属性所决定的，也是"全面推进依法治国"、建设"法治中国"的必然要求。为此，十八届四中全会《决定》提出，要"加强党内监督、人大监督、民主监督、行政监督、司法监督、审计监督、社会监督、舆论监督制度建设，努力形成科学有效的权力运行制约和监督体系，增强监督合力和实效"。

首先，应大力推进监管决策的民主化。让国家权力从不该介入的市场领域中退出，建立权力清单制度，无疑是为权力消肿，使国家权力由大变小、由集中变分散的重要民主化举措，也在"放权"中逐步实现从前置审批向事中事后监管的转型，但这个事中事后监管权力仍然需要民主参与、监督和制约。事实表明，近年来多起PX项目引发的群体性事件与信任危机，都与"关门决策"和参与监督机制不畅有关。因此，必须加大政府监管决策的开放性、参与性和合法性建设，通过协商对话、意见征询、咨询论证等方式，吸纳更多的社会民众和利益相关方参与到决策中来，强化重大决策的合法性审查与责任追究机制，并予以程序化、规范化、制度化，使政府监管决策更符合民意、更具合法性。

其次，应积极推进政府监管的治理化。在"推进国家治理体系和治理能力现代化"的改革目标指引下，行政机关从前置审批向事中事后监管转型的实质，是从政府"管理"走向政府"治理"的深刻变革。因此，政府就不能再沿用传统的长官意志和单向的权力控制思维来行使监管权力，而必须根据四中全会《决定》要求，按照法治思维和法治方式，"推进协商民主广泛多层制度化发展，构建程序合理、环节完整的协商民主体系"。这就既要动员和支持社会团体、社区组织等建立横向协调、自主发展、自律管理的民间治理平台，又要强化政府治理平台的开放性、参与性、协商性、规制性，从而建立起官民互动、理性平衡、多元合作的治理体系，实现在治理中监管，在监管中治理。这样，就能建立起普遍的、即时性的民主参与和监督机制，防止政府监管权力的滥用，并促进政府治理能力的提升和治理秩序的形成。

最后，应努力推动权力运行的阳光化。三中全会《决定》明确指出，"坚持用制度管权管事管人，让人民监督权力，让权力在阳光下运行，是把权力关进制度笼子的根本之策"。而四中全会《决定》则进一步宣示，要"坚持以公开为常态、不公开为例外原则，推进决策公开、执行公开、管理公开、服务公开、结果公开"。因此，政府对市场和社会的监管权力与监管活动，都必须在民主监督、法律监督、舆论监督、网络监督、公民监督下阳光化运行。这就需要建立完善的行政公开制度、官员财产公开制度、第三方评估机制、人大、政协的制度性监督机制、社会组织和公民监督机制等。只有行政权力得到了有效的制约监督和制度化控制，法治政府才能真正建立起来，"法治中国"建设的目标也才能得以实现。

（四）强化人权保障和法律权威，构建独立公正的司法体制机制

党的十八届三中、四中全会都对司法改革、司法公正和司法人权保障提出了明确要求。在"全面推进依法治国"的新形势下，就需对司法改革做出更大幅度、更深层次的战略举措。

其一，加强和改善党对司法的领导。党的核心领导地位既是历史的必然，也是人民的选择，对此毋庸置疑。但对党的领导方式，却有很大的加强和改善空间。特别是在大力"法治中国"建设的进程中，面对日益成熟的市场经济和多元复杂的利益诉求，法律必将成为最根本、最经常、最有效的治国理政方式和途径。因此，从传统的政治性、政策性领导，转向依宪依法执政，就不仅是时代的必然要求，也是长治久安的根本保证。为此，加强和改善党的领导，

就应按照四中全会《决定》关于"三统一、四善于"的总体要求和部署，通过把充分反映人民整体意志而形成的政策主张上升为法律的方式，建立更具合法性权威、更具稳定性的法治化领导机制和执政体系，并带头遵守法律、带领人民监督法律的执行和实施。这样，党对司法的领导，应该是宏观的而不是具体的，也即应以全程记录留痕等制度和程序，严格阻断领导干部对个案干预性的批示、决策或指挥；而其"领导"的着力点，更多地应体现在法律体系建设、法治理念建设、司法运行机制建设、司法队伍建设等这些整体性、战略性的指导与布局上，并尽可能地以法律规范或规范性文件的方式进行。从而既确保党的领导和法律权威，又确保司法机关依法独立公正行使审判权、检察权，防止法律"工具主义"和"周薄案"恶果的发生。

其二，强化审判独立和法官独立。长期以来，司法机关一直深钳于以党政为主导的体制系统之中，行政首长又是当地党委的"二把手"，其政治地位和权力都远高于司法机关首长。同时，在"服务大局"、"保驾护航"、"政法协调"的背景下，司法过程常常受到行政机关的不当干预、压力和影响，使司法机关不得不在法律之外、司法规律之上处理司法案件，从而出现了较重的行政化和地方化倾向，审判独立和司法公信力受到严重冲击，公平正义的社会秩序也难以有效建立起来。当前，我们要"全面推进依法治国"、实现"法治中国"建设的战略目标，就应将司法机关从以党政为主导的传统体制中"剥离"出来。一方面，将行政机关的抽象行政行为纳入行政诉讼的受案范围，使司法权能够对行政权产生必要的横向制约功能；另一方面，通过"省级统管"、设立巡回法庭等去行政化、去地方化的深度司法改革，消解司法机关对行政机关的物质依附和不当关联，建立稳定可靠的法官独立、审判独立的体制与机制，切断行政权对司法权的不当干预和影响。从表面看，这可能不利于司法机关与行政机关之间的"协调"，甚至会产生一定的"矛盾"，"阻碍"行政权的行使与运行；但从深层看，这种"剥离"

和制约则远比行政权的自我约束更重要、更关键，它不仅可以控制行政权的滥用，促进其依法行政，也能有效维护审判独立和法官独立，提升法律权威和增进司法公信力，进而有效地保障公民的权利和自由，建立公平正义的社会秩序。因此，这在根本上是确保审判独立和法治政府建设的需要，是国家长治久安的必要保障。

其三，促进司法过程的良性平衡。多年来，我国形成了既有的"公检法"关系格局，从宪法法律上看，"公检法"各司其职，但三者的实际地位与职能则差别较大。就其自身级别来讲，公安是行政机关的一个部门，检察院和法院要比公安"高半格"，但近十年来发生了较大变化。目前，公安部门的行政首长大多都兼任当地党委政法委书记，而政法委的职责则是统一组织、协调、监督、指导公检法各部门工作；检察院是具有审查起诉和抗诉权力的法律监督机关，而法院则是适用法律的审判机关。这样，在三者关系中，公安部门的政治地位实质上是最高的，法院的地位实际上是最低的。如此一来，审判职能的弱势，就导致无法有效落实宪法法律规定的三者之间的分工制约关系。而一旦三者关系失衡，就会破坏司法规律，危及审判独立和司法公信。从世界各国的法治建设经验来看，行政执法机关和检察机关是代表公权力和公共利益的一方，而当事人（被告人）和律师则代表着私权利和特殊利益的一方，法院则是适用法律的居中裁判者，具有平衡双方主张和依法裁决的功能，因此，法院才应该具有最高地位。这既能够有效制约公权力滥用和减少冤假错案的发生，也能够有效维护审判独立、法律权威和司法过程的平衡，更有利于强化司法过程中的人权保障，促进公平正义的实现。

其四，强化对司法的有效监督。建立独立公正的司法体制机制，一方面需要赋予足够的审判独立和法官独立地位，但另一方面，也需要建立和完善相应的司法监督机制。一是党纪监督。完善党委纪检部门的工作职责和机制，实现对司法机关的党员干部进行必要的党纪监督。二是专门监督。人财物"省级统管"、建立法官检察官遴选和惩戒委员会，是目前司法改革试点中的重要制度性探索。但如果人财物分别由省级以上法院、检察院在系统内来"统管"，法官、检察官遴选和惩戒委员会也依托省级以上法院、检察院在系统内设立运行，虽然有利于消除系统外的行政化、地方化倾向，却也很可能会强化系统内的行政化和地方化倾向。而这种系统内行政化、地方化所产生的后果，可能比系统外的后果更为严重，不当干预也更为经常和深入，甚至可能走向司法改革目标的反面，监督惩戒也会出现问题。因此，妥善的办法是，应借鉴大多数国家的做法，在省级以上人大建立有一定代表性、权威性的司法委员会，专门负责法官、检察官的遴选、任免和惩戒，实现专门监督。三是社会监督。促进司法民主化，确保社会公众、新闻媒体、公众舆论等能够对司法腐败行为进行举报和监督。四是强化分工制约与平衡监督。通过改革司法权配置与运行机制，强化司法过程中的分工制约与平衡监督功能，减少司法权滥用的机会和空间，促进司法公正、人权保障与司法公信力的提高。

（五）反映变革时代精神，培育符合法治建设要求的公民文化

规范体系、法治价值和公民文化是现代法治的三个核心要素，如果说规范体系是制度框架、法治价值是目标定位的话，那么，公民文化则是主体精神。它包括法律权威意识、自主自律意识、权利义务意识、民主参与意识、合理性意识、合法性意识等，对法治秩序发挥着深层支撑作用。为此，四中全会《决定》强调，要"增强全民法治观念"，"推动全社会树立法治意识"，这就意味着，推进"法治中国"建设，就要通过深度改革拓展民主参与和权利表达渠道，强化权利保障机制，培养社会成员的公民性品格和精神，以推进法治秩序的形成。

其一，公民文化展现的是法治生活逻辑。自晚清以来，我国开始了民主宪制的伟大变革，但一直缺少公民文化的传统。新中国成立后，宪法赋予了每个社会成员以法律上的公民身份，然而，由于改革开放前我们习惯于政治动员和行政集权管理的方式，因此，"人民群众"、"主人"等概念与角色的重要性远远超过"公民"。事实上，"人民群众"、"主人"等概念和角色固然十分重要，但它毕竟与"公民"有很多差别。其一，前者主要是政治性身份，后者则主要是法律性身份；其二，前者主要是整体性定位，后者则主要是个体性定位；其三，前者主要是相对封闭性的阶级（阶层）归属，后者则主要是相对开放的国民归属。因此，从总体来看，"人民群众"、"主人"等概念和角色更多地反映着政治生活逻辑，是整体性的、注重政治安排的、体现"当家做主"权力的价值取向和文化精神；而公民概念和角色则更多地反映着法治生活逻辑，是个体性的、注重法律设定的、体现权利义务一致性的价值取向和文化精神。在全面推进依法治国、努力建设"法治中国"的今天，法治思维、法治方式将成为国家和社会生活的主导，因此，除了在政治关系中要重视"人民群众"、"主人"等概念和角色外，在大量的法治生活中则应高度重视公民概念和角色，积极倡导公民文化精神。

其二，加强公民文化建设，是夯实法治根基的关键。一些发展中国家的法治建设经验表明，仅是简单移植成熟的法律制度，建立健全的司法机构等，并不能必然带来法治，如果没有形成全社会共同的法律信仰、公民文化和法治化生活方式，法治社会就难以真正到来。这诚如英格尔斯所言："如果一个国家的人民缺乏一种赋予这些制度以真实生命力的广泛的现代心理基础，如果执行和运用着这些现代制度的人，自身还没有从心理、思想、态度和行为方式上都经历一个向现代化的转变，失败和畸形发展的悲剧结局是不可避免的。再完美的现代制度和管理方式，再先进的技术工艺，也会在一群传统人的手中变成废纸一堆。"纵观30多年来的法治进程，我们是在借鉴国外经验与立足本土国情相结合的基础上建立起来的法律体系，司法体制也正处于深刻变革之中，但公民文化建设却一直没能得到足够的重视。这就很容易导致人们凭借"人民群众"、

"主人"等政治角色和逻辑，来面对和感受法治生活中的个案与问题。尤其是一些人习惯了"人民群众"和"主人"的身份地位，一旦在社会变革与利益调整中受到权益受损或者不能达到满意，在自身公民意识不足的状况下，就会形成从"主人"到"公民"的巨大心理落差，从而容易助长怨恨心理和缠访闹访、群体性事件等，危及社会稳定。面对这一复杂的中国现实，四中全会《决定》深刻指出："法律的权威源自人民的内心拥护和真诚信仰。人民权益要靠法律保障，法律权威要靠人民维护。"这就把法治精神、法治意识和公民文化建设提高到了应有的高度，也只有在全社会确立起普遍的公民文化和公民精神，人们才能按照法律意识、法治逻辑来面对矛盾纠纷和司法个案，法治的社会根基也才会牢固。

其三，反映时代变革精神，重塑公民文化。改革开放 30 多年来，我们一直致力于构筑适应社会主义市场经济的法律体系，但公民文化建设却没有得到应有的重视。这就导致了社会成员对法律制度体系的合理性评判与合法性认同不足，难以有效地把法律规则内化为自身的价值尺度和行为准则，法律权威信念、自主自律意识、权利义务观念、民主参与精神等也没能有效建立起来，因此，法律实施效果也就会大打折扣。在当前全面深化改革、推进国家治理能力现代化的时代背景下，一方面应修订完善现有法律体系，克服不合时宜的国家主义、法条主义、工具主义等问题，切实体现"深水区"改革和"法治中国"建设所展现的法治价值与权利诉求，"使每一项立法都符合宪法精神、反映人民意志、得到人民拥护"；另一方面，就需要紧跟时代变革步伐，按照四中全会《决定》要求来"保障公民经济、文化、社会等各方面权利得到落实，实现公民权利保障法治化。增强全社会尊重和保障人权意识，健全公民权利救济渠道和方式"。从而积极倡导民主法治、自由平等、公平正义、人权等价值观，并将其作为公民文化建设工程的重要目标，以时代精神重塑公民文化。这样，就能最大限度地弥合法律制度体系与主体意识之间的隔阂，使社会成员能够以"公民"身份和角色去理性评判、切身感知、自主参与法律生活，并促进法律的民主化变革与制度的合法性认同，从而为"法治中国"建设奠定坚实基础。

三　需要认真对待的问题

当前的"深水区"改革是一项伟大而艰巨的事业，很多问题的复杂性和改革阻力的顽固性都超过想象，也正因此，才考验着中华民族的智慧，也预示着民族复兴的希望。在全面推进依法治国、建设"法治中国"的进程中，有几个问题需要审慎考量、认真对待。

其一，顶层设计与民众参与。30 多年来的改革开放，一直是以国家为推动力，并在"摸着石头过河"中走过来的。然而，当改革进入"深水区"，问题越来越多、越来越复杂，风险也在不断加大。至此，再靠"摸着石头过河"的方式已经行不通了，同时，单一的国家动力也难免出现了局限。因此，这就一方面需要采取顶层设计的方式来驾驭全局、统筹规划、攻坚克难，也使得改革的强度大幅提高；另一方面，则需要实现从"管理"向"治理"的转型，开放并拓展治理空间，让更多的民众参与到改革发展和法治建设中来，为深度改革提供源源不断的鲜活动力。因此，在国家最高决策层的"顶层设计"之下，各项具体的改革方案与路线图都应向民间广泛问计、扩展民间参与渠道，从而使公共决策更加民主化、科学化，也更符合生活实际，几年前新"医改"方案的公众讨论与开门决策已提供了很好的范例。如此看来，新一轮司法改革纲要、各个改革试点方案等都秘而不宣（最多是摘要性新闻报道），这似乎是不合适的，并不利于司法改革的有效推进和法治建设。

其二，激情与理性、理想与现实。中国在改革开放之初，可谓一路凯歌，但从 20 世纪 90 年代开始，伴随着改革深入和持续的利益分化与重组，各种矛盾与问题随之出现。如今已步入所谓的"中等收入陷阱"或者"转型陷阱"，开始从快速的经济增长期过渡到了积聚矛盾的集中爆发期，这也恰是我们改革的"深水区"。于是，社会上就出现了巨大的思想分化，所谓"左派"（保守派）、"右派"（激进派）、"骑墙派"（中间派）纷纷出现，一些"公知"和"精英"在媒体、网络、微博上不乏相互争吵、攻击谩骂，乃至发泄极端情绪，带有某种"为了坚持而坚持、为了反对而反对"的倾向，导致了严重的价值撕裂。但如果理性观察就会发现，各派的争论并没有超过晚清以来的前人之见，但却有一个共同的致命问题，那就是：那些将西方视为完美"模板"的"极右"阵营，其实信奉的都只不过是一些皮毛和口号，并没有对西方的历史传统、文化根基、国民性格和制度环境有更加细致和深入的分析研究；而那些固守"革命"情怀的"极左"势力，也只是一种莫名的怀旧和失落，缺少对中国的本土国情、社会结构变迁、文化断裂、价值沦落等的实证考察。也就是说，目前社会思想意识的"左"、"右"纷争，既没能真正了解西方，也没能真正了解中国，而是处于激情发泄的情境之中，甚至还带有某种"民粹"精神，因而很难为中国的未来道路提供有效的理论资源和价值指引。而一旦决断失误出现巨大动荡甚至失控，中国很可能比一些政权突变国家的处境更加艰难、代价更加巨大，不仅民族复兴难以实现，甚至导致民族沦落而难以翻身。

事实上，在西化与本土、理想与现实的争议中，恰是西方学者比我们看得更清楚，亨廷顿就深刻指出，"世界正在从根本上变得较多现代化和较少西方化"；英国学者帕里瓦拉也在对第三世界国家的法律与危机进行充分研究后得出结论，"目前法律秩序所有使用的各种装备常常并不适合于不发达国家的社会、文化和法律传统"，"如果法律不是产生于特定的社会关系，那么向不发达社会形式中移植外国法律、政治和经济形式必然是不可能成功的"。当然，这些研究结论绝不意味着故步自封，而是要让人们放下对西方"样板"的激情和理想，放下没有本土根基的仿制情怀，回归到客观理性和现实国情。事实表明，世界历史绝不是一条线性的僵化逻辑，而是呈现出不确定性的多元进程。对中国而言，关键问题是如何找到恰当的自主型发展道路，形成自己的话语权和影响力。因而，就必须大力推进全面深化改革，走出一条既顺应世界发展主流，又具有民族根基的民主法治之路，民族崛起和复兴才更有希望。

其三，渐进平衡与法治底线。推进"法治中国"建设，无疑会面临一定的困难、挑战和风险，而采取渐进平衡策略，也许才是代价更小、成效更大的现实选择。首先，着力兼容"直通"，避免"另起炉灶"。众所周知，"中国特色社会主义"是目前不容置疑的前提，因此，对执政党地位与宪法权威、权力制约与党的领导、司法独立与党的领导等重大问题，如何妥善处理并予以民主化、法治化转型，将是"法治中国"建设成败的关键。总体而言，既要大力推进法治变革进程，又不宜采取"另起炉灶"式的激进策略，而应探索与现有体制能够兼容平衡的法治"直通车"，从而使"法治中国"建设能够得以渐进有序推进。其次，考量本土国情，培育法治根基。世界各国的法治进程都是"走在路上"的、不断加以修正完善的，也没有一个确定无疑的模式，"西方本身已经开始怀疑传统法律幻想的普遍有效性，尤其是它对非西方文化的有效性"。因此，"法治中国"建设也必然是"中国"的，其根基在于社会而不是国家。这就需要克服国家主义、法条主义、工具主义和拿来主义倾向，积极培育法治的本土根基、加强多元社会建设。只有基于本土国情和国际经验的平衡考量来构建"良法"体系，构筑适应国情的司法独立运行体制，建立起与"国家治理"相并立、相呼应的多元"民间治理"机制，塑造出自主自律的理性公民精神，"法治中国"才能在社会上扎根。最后，守住法治底线，融入世界主流。无论法治有多少地方性和多样性，但都必然具有共通性，都须坚守法治的核心要素和底线原则。如果丧失了这个世界法治共同的底线，就不仅使中国难以融入世界主流，也会使"法治中国"建设化为泡影，社会秩序将危在旦夕。因此，必须守住这个底线，这也是渐进平衡的法治策略的重要前提。

全面推进依法治国必须全面保障人权

——从十八届三中全会到十八届四中全会

付子堂*

从 2013 年十八届三中全会通过的《中共中央关于全面深化改革若干重大问题的决定》，到 2014 年十八届四中全会通过的《中共中央关于全面推进依法治国若干重大问题的决定》，可以看到，在不同的大主题之下，对人权的法治保障措施却越来越具体、越来越细化。

一 中国特色社会主义法治体系的人权关切

（一）关于宪法与人权

1997 年党的十五大正式提出"依法治国"与"尊重和保障人权"，使法治与人权同时正式成为执政党的价值观。"依法治国"和"尊重和保障人权"分别于 1999 年与 2004 年"入宪"，从而使得法治与人权先后正式成为国家的价值观。

在 2012 年 11 月召开的党的十八大确立的社会主义核心价值观

---

* 付子堂，西南政法大学教授，博士生导师。

中，尽管有"法治"无"人权"，但实际上已经把人权的两大核心要素即"自由"和"平等"纳入其中。从十八大报告所提出的"人权得到切实尊重和保障"来看，明显有别于党的十五大、十六大、十七大连续三次"尊重和保障人权"的提法，这已有通过全面推进法治来尊重和保障人权的先兆。

十八届三中全会和十八届四中全会两个《决定》对宪法与人权的紧密关联性阐释得也十分深刻。比较明显的变动在于，关于"宪法法律权威"的位置，从十八届三中全会《决定》的第九部分，提前到了十八届四中全会《决定》的第一、二部分。

十八届三中全会《决定》在第九章"推进法治中国建设"中，专节阐述"维护宪法法律权威"问题，强调了"坚持法律面前人人平等"这一重要的人权原则。

十八届四中全会《决定》的第一部分，在"坚持走中国特色社会主义法治道路，建设中国特色社会主义法治体系"这一总体框架下，强调"坚持法律面前人人平等……任何组织和个人都必须尊重宪法法律权威"；第二部分集中讨论"完善以宪法为核心的中国特色社会主义法律体系，加强宪法实施"问题，并将人权内容具体到公民政治权利和经济社会文化权利。十八届四中全会的《决定》中两次提到"人权"一词；在习近平对《决定》草案文本的说明中，曾四次提到"人权"。显然，《决定》对人权的法治保障进行了具体化和细化，从而将人权法治保障体系纳入了中国特色社会主义法治体系整体之中，贯穿到社会主义法治国家建设的各个方面，以及国家和社会生活的各个领域。

（二）关于公民权利保障法治化

在十八届四中全会《决定》文本中，有 16 处提到"权利"一词，尤其是强调要"实现公民权利保障法治化"。

人权是一种应然权利或道德权利，要转化为实然权利，必须通过法定权利这个桥梁。依据十八届四中全会对"公民权利"保障的规定，公民权利涵盖了大部分人权，即"保障公民人身权、财产权、基本政治权利等各项权利不受侵犯，保障公民经济、文化、社会等各方面权利得到落实"，可以说，契合了《公民权利和政治权利国际公约》、《经济、社会和文化权利国际公约》，越来越接近人权保护的国际标准。

（三）关于人权意识

人权意识即尊重和保障人权的意识，十八届四中全会《决定》在分别阐述了政治权利和经济权利问题之后，特别提出最终要"增强全社会尊重和保障人权意识，健全公民权利救济渠道和方式"。在全面推进依法治国的建设过程中，提升法治观念，增强人权意识，是同样重要的。

对法治的信仰必然要求对人权的信仰。人权意识、人权观念是法治意识、法治观念内涵的主要内容。而且，较之于宪法所规定的"国家"尊重与保障人权比较，四中全会对"全社会"作了强调，这应当可以理解为一种新的补充。

二　人权的立法保障的两个层面

（一）把完备的人权法律规范体系纳入法治体系建设

十八届四中全会《决定》专门设置了一节强调"加强重点领域立法"，其中首要重点即"实现公民权利保障法治化"。宪法奠定了政治权利与经济权利两大人权体系，因而，人权体系也正是沿袭了这两大体系的分类方式。

首先，关于政治权利。在十八届三中全会《决定》第八章"加强社会主义民主政治制度建设"部分，沿袭了传统的阐释方式，包括人民代表大会制度、协商民主制度化、基层民主，强调"制度"的宏观保障。而在十八届四中全会的《决定》中，政治权利与经济社会权利合为同一部分，作为并列的内容。其中不仅提示了制度层面的"制度化、规范化、程序化是社会主义民主政治的根本保障",在单独列明的民主政治权利这一部分强调"社会主义民主政治法治化",而且,还突出强调,依法保障公民权利应当遵循"加快完善体现权利公平、机会公平、规则公平的法律制度,保障公民人身权、财产权、基本政治权利等各项权利不受侵犯"。对法律制度进行"公平"这一理念上的限定,说明不仅要保障制度上的平等,更要保障权利的实质平等,从而使"良法善治"得到具体落实。

其次,关于经济社会权利。在十八届三中全会《决定》第二章"坚持和完善基本经济制度"中,强调要"完善产权保护制度",国家保护各种所有制经济产权和合法利益主要体现在产权制度保护中,并且在解决城乡问题时特别提示了农民的财产权利。这一精神在十八届四中全会《决定》中得以延续。而且,在此基础上还进一步要求"保障公民经济、文化、社会等各方面权利得到落实,实现公民权利保障法治化","健全以公平为核心原则的产权保护制度,加强对各种所有制经济组织和自然人财产权的保护","保障人民基本文化权益的文化法律制度";进一步具体化为各种社会保障权,特别提到"依法加强和规范公共服务,完善教育、就业、收入分配、社会保障、医疗卫生、食品安全、扶贫、慈善、社会救助"等民生方面;进一步特别关注特殊群体,包括妇女儿童、老年人、残疾人的权利保障,要求制定和完善"妇女儿童、老年人、残疾人合法权益保护等方面的法律法规"。同时,十八届四中全会《决定》还特别提出需要具体创制一系列法律,包括编纂民法典,制定公共文化服务保障法、社区矫正法,加强互联网领域立法,等等。在保持经济持续平稳、确保公权力规范行使的同时,改善民生、倡导社会关爱、保障弱势群体基本人权、促进社会公平正义、和谐发展等,也开始成为立法机关关注的方向。从以上这些规定可以看到,人权的立法保障将逐步、真正地落地生根。

（二）通过修法更好地改善人权状况，更好地保障人权实现

十八届四中全会《决定》要求："实现立法和改革决策相衔接，做到重大改革于法有据、立法主动适应改革和经济社会发展需要。实践证明行之有效的，要及时上升为法律。实践条件还不成熟、需要先行先试的，要按照法定程序作出授权。对不适应改革要求的法律法规，要及时修改和废止。"从十一届与十二届全国人大及其常委会的立法工作实际来看，法治建设新阶段立法工作的重心明显由法律创制转向法律修改，中国立法步入了引领、助推改革的新时代，从"创法时代"迈向"修法时代"。法律修改的基本轨迹实际上也吻合了立法与社会发展变革关系的基本轨迹。

截至 2014 年 11 月 1 日，包括宪法在内的现行有效法律共计 241 件，其中被修改的法律共计 138 件，总修改率为 57.26%。各部门历届修改总次数共计 241 次。法律修改涵盖社会关系的各个方面，国家的各项制度与公民的各项权利在法律修改中得到进一步完善和保障。法律修改涵盖了所有的法律部门，行政、经济仍继续成为重点修法领域，社会法、部门法修改幅度开始加大。

对于人权保障问题，法律修改越来越表现出更加深入的关切，最具有代表性的是对刑事诉讼法的大规模修改。该法于 1979 年 7 月五届全国人大二次会议通过，1996 年 3 月八届人大四次会议进行首次修正，2012 年 3 月十一届全国人大五次会议进行第二次修改。与上一次刑诉法修改相比，这件草案耗时 4 年，涉及条文修改 110 处、新增条文 65 条的修正案，将统筹处理惩治犯罪与保障人权的关系作为修改的基本思路。

法律修改还涉及人权保障的方方面面。在对未成年人的权益保护方面，修改后的刑诉法设专章规定了"未成年人刑事案件诉讼程序"，使得对未成年人犯罪处罚过程中"教育为主、惩罚为辅、特殊保护"的原则得以具体化；考虑到未成年人刑事案件的特殊性，还对办理未成年人刑事案件的总体要求、各个诉讼环节的特别程序

作出了全面规定。又如，2012 年 12 月 28 日修订的老年人权益保障法，对老年人精神慰藉、社会服务保障、社会优待平等化以及宜居环境建设等方面作出了特别规定。

关于对公民人身权的保护，2012 年 8 月 31 日修改的民诉法体现了近年来对于重大环境污染损害公众利益诉求的回应，明确规定对因破坏环境导致环境污染引发的纠纷，法律规定的机关和有关组织可以向人民法院提起诉讼。这一制度对于环境权的司法保障是一个重大突破，对于 2014 年对环境保护法的修改也无疑具有先导意义。

在保护劳动工作权利方面，2012 年 12 月 28 日修改的劳动合同法则体现了对劳务派遣工人工作权的保护，更加精细和严格地界定劳务派遣用工范围，给予劳务派遣更为有效的保护，尤其是保证他们享受同工同酬待遇的权利。

关于保护消费者权益，2013 年 10 月 25 日修订的消费者权益保护法以"新权益、新责任"为核心理念，扩大了消费者协会的公益性职责，突出了对消费者个人信息、人格、人身权益方面的保护，其内容更加体现了在消费过程中对公平和效率的维护，以及对经营者与消费者同等的善待和对消费者的合理与适度倾斜。

尤其是，2014 年 11 月 1 日，十二届全国人大常委会第十一次会议通过了修改行政诉讼法的决定，是行政诉讼法实施 24 年来作出的首次修改，也是国家立法机关在党的十八届四中全会后修改的第一部法律。新修改的行政诉讼法扩大受案范围，增加可诉行政行为的情形，尤其是将拆迁、社会保障等老百姓最迫切期待解决的争议纳入可诉范围，对公民权利的保护不再仅限于人身权和财产权。

总之，法律修改作为推进社会改革和依法治国的重要方式，在条文增删之间，在法律再造过程中，遵循了正当程序、人权保障、公权限制、生态文明保护等现代法治原则和理念。

三　关于人权的司法保障

2013 年十八届三中全会《决定》在"推进法治中国"一部分里，提示了"完善人权司法保障制度"，并非常醒目地强调了"国家尊重和保障人权"原则，要求"严禁刑讯逼供、体罚虐待，严格实行非法证据排除规则。逐步减少适用死刑罪名"。"废除劳动教养制度"，"发挥律师在依法维护公民和法人合法权益方面的重要作用"。显然，更多地强调了司法对人权的消极保障和间接保障。这与2013 年刑事诉讼法的这一修改密切相关。在这一年，废除劳教问题也成为司法领域的一个重大事件。

2014 年十八届四中全会《决定》对人权的司法保障具有全面性，主要体现为积极与消极相结合、直接与间接相结合。其第四部分"保证公正司法，提高司法公信力"，将人权司法保障具体归入司法公正问题之中，专列第五节"加强人权司法保障"，强调在诉讼过程中保护当事人和其他诉讼参与人的诉讼权利，具体提出"五权保障"，即"强化诉讼过程中当事人和其他诉讼参与人的知情权、陈述权、辩护辩论权、申请权、申诉权的制度保障"。这对人权既是一种积极的司法保障，也是一种直接的司法保障。其中，关于对"知情权"的保障，乃是对"构建开放、动态、透明、便民的阳光司法机制，推进审判公开"的具体的制度落实，有利于通过司法公开提升司法的公信和公正。

对人权的消极但同时又是直接的司法保障，主要体现为两个"司法监督"。一是"完善对涉及公民人身、财产权益的行政强制措施实行司法监督制度"；二是"完善对限制人身自由司法措施和侦查手段的司法监督，加强对刑讯逼供和非法取证的源头预防"。关于对人权间接的但同时又是积极的司法保障，例如"健全落实罪刑法定、疑罪从无、非法证据排除等法律原则的法律制度"。再如，"落实终审和诉讼终结制度，实行诉访分离，保障当事人依法行使申诉权利。对不服司法机关生效裁判、决定的申诉，逐步实行由律师代理制度。对聘不起律师的申诉人，纳入法律援助范围"。这也有利于完善诉权救济机制，畅通救济渠道。

而要求"切实解决执行难，制定强制执行法，规范查封、扣押、冻结、处理涉案财物的司法程序，加快建立失信被执行人信用监督、威慑和惩戒法律制度，依法保障胜诉当事人及时实现权益"，则体现了对人权间接的、消极的但同时又是十分重要的司法保障。

总而言之，党的十八届四中全会已经使得党的十八大所提出的"人权得到切实尊重和保障"的微言大义更加豁然开朗。在此意义上，十八届四中全会的《决定》既是一份法治宣言书，也是一份人权宣言书。这也同时预示着，中国全面推进法治的时代，必然是全面保障人权的时代。

法治建设的中国道路

——自地方法制视角的观察

葛洪义[*]

一 问题的提出

本文试图回答两个方面的问题：第一，中国的法治建设走的是什么道路？由于国情不同，不同国家的法治道路实际上肯定是不同的，那么，中国是沿着什么样的道路推进法治的？这个道路又如何历史地规定了中国法治建设的现状，乃至未来？第二，在中国法治建设的过程中，地方、基层、公众扮演了什么角色，发挥了什么作用？许多学者把中国法治理解为自上而下的"政府推动型"法治，那么事实究竟如何？所以，本文的主旨是从地方法制建设的角度出发，分析、探讨法治建设的中国道路。

这个视角的选择来自对我国法治现状的一个相互矛盾的评价。

一方面，从宏观的相对"硬"的条件方面看，人们倾向于认为中国法治建设成绩斐然。"依法治国，建设社会主义法治国家"已

---

* 葛洪义,华南理工大学法学院教授、博士生导师。

经写进我们国家的宪法，这一举措说明，至少在党和国家领导人的层面上，已经形成了大力推进法治建设的共识。如果把这 60 年分为两个 30 年，那么，现在领导干部的法治观念，比起前 30 年，应该说是发生了根本变化。① 从法律的数量与分布看，截至 2009 年 8 月底，我国现行有效的法律已经达到 229 件，涵盖宪法及与宪法相关的民商法、行政法、经济法、社会法、刑法、诉讼及非诉讼程序法 7 个法律部门，形成了有中国特色的社会主义法律体系②，从而结束了中国长期无法可依的状态；从国家机关和企事业单位的机构设置看，不仅建立了从中央到地方系统完整的国家司法机关系统，而且，几乎所有的国家机关以及有一定规模的企事业单位内部都设置了各种专门的法律工作机构，如法制办、法制处、政策法规处、法律顾问室等③；从法律职业从业人员的知识背景看，法官、检察官、律师中，法律专业学习背景的人员比例大幅度提高，特别是

---

①　60 年间，中国的法治建设经历了从"人治"到"法制"再到"法治"的观念转变。新中国成立之初，党和国家对法治建设的重要性估计不足，导致法律虚无主义蔓延，最终酿成了"文化大革命"的十年浩劫；十一届三中全会拨乱反正，并提出"加强社会主义民主，健全社会主义法制"的重大决策；1997 年，党的十五大报告把"依法治国"确立为执政党和人民治理国家的基本方略，并于 1999 年将其载入宪法。至此，至少从国家治理层面，完成了由人治向法制再向法治的观念转变。

②　这个数字是 2009 年 9 月 22 日上午国新办举行的新闻发布会上，由全国人大常委会法制工作委员会副主任信春鹰教授提供的，参见《法制日报》2009 年 9 月 23 日第 7 版"229 件法律　682 件行政法规　7000 余件地方性法规　中国特色社会主义法律体系基本形成"新闻稿。

③　1979 年 7 月 1 日，第五届全国人民代表大会第二次会议通过的"文化大革命"结束之后制定的第一批 7 部法律中，就包括了《中华人民共和国地方各级人民代表大会和地方各级人民政府组织法》、《中华人民共和国人民法院组织法》、《中华人民共和国人民检察院组织法》等国家机构组织法，重建了国家机构，包括司法机构。同时，新中国成立初，中央人民政府曾设立国务院法制局，但 1959 年 6 月被撤销。党的十一届三中全会以后，中央和地方各级政府法制工作机构也逐步得到恢复与加强。

2001 年国家司法考试制度的建立①，更是推动了法律工作的职业化与专业化。与此相关，我国举办法学教育的高等学校已近 640 所，法学专业学生占全国在校大学生的比例接近 5%②。这个数字，与澳大利亚等西方国家已经持平。就上述任何一种情况看，中国法治建设的成就都是不容低估的。

　　另一方面，从微观的、具体的、"软"的标准方面看，法治建设的现状似乎就不是那么令人满意了。法律增加了，社会矛盾却没有随之减少，在有些方面反而有所增加。许多社会矛盾还以十分尖锐，甚至暴力的方式表现出来了。各种群体性事件的大量发生③，不仅说明公民权利保护的水平还有待提高，而且也说明，至少部分群众、领导思想上还远没有形成通过体制内的各种制度依法解决分歧的法治观念；大量的领导干部被查处（包括司法机关的高级领导干部）的事实，表明国家的法律与制度不够健全，存在大量漏洞，权力缺乏有效的制约。没有形成依法办事的现实，以至于可以通过打通领导关节谋求个人利益，显示有法不依的现象还比较严重；更为严重的是，在不少地方，国家机关以及领导干部开始通过法律谋求部门利益或者为他人谋求不法利益，进一步加剧了社会矛盾、制造社会不公，严重影响公众对法律的信心。目前，中央政法委以及

---

　　①　1995 年 2 月 28 日第八届全国人大常委会第十二次会议通过《法官法》、《检察官法》，明确了法官、检察官的任职条件以及考试录用的原则。2001 年 6 月 30 日，九届全国人大常委会第二十二次会议通过了修改法官法和检察官法的决定，规定初任法官、检察官必须通过国家司法考试，建立了国家统一司法考试制度。12 月 29 日，九届全国人大常委会第二十五次会议通过修改律师法的决定，规定取得律师资格应当经过国家统一司法考试。至此，我国的国家统一司法考试制度正式建立。

　　②　据 2009 年中国法治蓝皮书《中国法治发展报告 No. 7（2009）》披露：截止到 2008 年 11 月全国共设立法学院系 634 所，30 年来增长了 105.67 倍；法学本科在校生 30 万人左右，法学专科在校生达 22 万多人，30 年增长了 200 多倍。

　　③　2008 年以来，全国群体性事件频发，究竟发生了多少群体性事件，官方尚未公布最新的数据。不过三年前的一组数据已经说明问题的严重性。根据 2005 年的《社会蓝皮书》披露，从 1993 年到 2003 年，中国群体性事件数量已由 1 万起增加到 6 万起，参与人数也由约 73 万增加到约 307 万，对抗也出现了暴力倾向。

最高人民法院领导一再强调司法的"人民性"①，也从另一个侧面反映出，消除法律、法律工作与公众之间的紧张关系，是当前的一项重要工作。凡此种种，不仅影响干部群众心目中的法律权威，而且已经导致严重的法律怀疑主义情绪。

这个相互矛盾的评价，似乎是在暗示：凡是中央、国家层面的工作，都是成绩显著的，而地方与基层则经常出现"歪嘴和尚乱念经"的情况。显然，这个说法是经不起推敲的。把存在的问题归结为法律的实施，客观上会分割中央与地方，成绩是中央的，错误是基层的，这种思维方法即使不是故意献媚，也会在客观上误导决策。毕竟，一个国家的法治是一个整体。出现矛盾并不奇怪，矛盾是普遍存在的，解决矛盾的过程，也许就是制造新的矛盾的过程。运用法律手段化解社会矛盾，解决各种争议，意味着一种新的国家治理方式的形成和旧的治理方式的衰退。只有深入这一新旧国家治理方式的替代过程，对法治建设的中国道路进行具体分析，我们才能够把握住中国法治建设的脉络，实事求是地评价中国的法治建设。

基于上述想法和认识，本文拟以我国推进法治建设过程中必须解决的经济建设中的计划与市场、政权建设中的制度化与非制度化、利益分配上的国家与社会这三个逻辑上相互关联的问题为线索，立足于地方法制建设的视角，梳理我国法治建设的具体路径，进而力图把握和展示中国法治建设所面临的特殊问题。需要说明的是，这三个问题，并不是法治建设中的普遍问题，而是在国家法治建设与地方法制建设互动下，决定着中国法治道路的问题。

---

① 最高人民法院院长王胜俊一再强调"人民性是中国特色社会主义司法制度的本质属性"、"人民法院为人民"，并把人民法院的司法权的属性概括为"源于人民、属于人民、服务人民、受人民监督"。

二 计划与市场——集权与分权

我国的法治建设道路与中共中央对中国社会主要矛盾的判断是分不开的。"加强社会主义民主，健全社会主义法制"，作为十一届三中全会诸多重大决策之一，开启了中国的法治建设之路。该次会议基于对当时中国社会基本矛盾的判断，即落后的生产力与人民群众日益增长的物质文化需要之间的矛盾已经代替阶级矛盾成为社会的主要矛盾，果断提出了以经济建设为中心的路线、方针、政策。"加强社会主义民主，健全社会主义法制"就是这一重大决策的重要组成部分。注意这一点是至关重要的。这意味着中国的法治建设是围绕着党中央高度重视的经济建设这一中心工作展开的。

现在我们已经无法判断当时的中央领导人是否已经认识到经济建设与法治建设的内在联系，但是，以经济建设为中心事实上已经成为推进法治国家建设的最强有力的支持。原因就在于，促进生产力的发展，必须发挥市场的因素，也就必须发挥法律的作用。而计划与市场，即采取计划经济体制还是市场经济体制，也就不再是一个单纯的经济问题，而同时是一个严肃的政治问题。这从当时与其后围绕计划与市场而展开的尖锐的党内斗争就可以看出。①

计划与市场的区别，从政治的角度看，首先是集权与分权的问题。在民主、法治、宪政等问题上，许多人往往比较重视多党制、分权制、普选制、司法独立、人权特别是个人政治权利和自由权保障、律师自治、新闻自由等，这些因素作为衡量一个国家和地区的

---

① 邓小平在 1992 年发表著名的南巡谈话中指出："计划多一点还是市场多一点，不是资本主义与社会主义的本质区别。计划经济不等于社会主义，资本主义也有计划；市场经济不等于资本主义，社会主义也有市场。计划和市场都是经济手段。"《邓小平文选》第 3 卷，人民出版社 1983 年版，第 373 页。邓小平的讲话从根本上解除了把计划经济和市场经济看作属于社会基本制度范畴的思想束缚，才基本解决了姓"资"姓"社"的公开争论。

民主法治发展水平的判断标准固然很重要，甚至对于有的国家来说是根本性的。但是，对于中国而言，中央与地方、国家和百姓之间的分权，比西方三权分立意义上的分权，具有更为紧迫的现实意义。如果说，分权是作为法治核心内容的权力制约的前提的话，那么，发生在中国 20 世纪末开始的中央与地方的分权，对于中国的法治建设也就具有不同寻常的含义。而这个分权，就是由经济建设的需要推动的。

以作为改革开放前沿的广东省和广州市为例。先看经济发展指标。改革开放之初，1979 年广东省的工农业总产值（当时以工农业总产值作为经济社会发展的统计指标，以后才改为国民生产总值）人均 526 元，低于全国 17.80%（全国人均 636 元）。从贡献情况看，1979 年广东全省财政收入 39 亿元，上缴国家 8 亿元；1980 年国家给广东确立 5 年内每年的上缴指标是 9 亿元。到 2008 年，广东省 GDP 已经超过 35696 亿元，来源于广东的财政收入 8470 亿元；而广州市 GDP 则达 8200 亿元，人均 81233 美元，源于广州地区的财政一般预算收入达到 2477 亿元，地方财政一般预算收入 621 亿元，给国家贡献税收 1800 多亿元。广东经济总量连续 24 年排名全国第一，广州经济总量仅仅低于北京、上海两个直辖市。由此可见，广东省、广州市经济发展已经发生了翻天覆地的变化。

广东、广州的经济发展当然得益于改革开放的政策。而改革，实质上就是市场化，就是逐步将原来由中央统一掌握的经济管理权力下放给地方、基层和市场主体。1979 年 6 月，当时的广东省委第一书记习仲勋到中央开会，要求邓小平批准特区，邓小平就讲了一句："中央没有钱，现在给你们一些政策，你们自己杀开一条血路来。"① 为什么要使用如此沉重的语言来预示特区建设的未来？关

---

① 参见《信息时报》记者对时任广东省委书记梁灵光同志的专访：《改革开放 25 年：大时代》，《信息时报》2003 年 12 月 17 日。

键就是中央所给的以及广东向中央争取的政策即将挑战"极左"的中央高度集权的计划体制。举个具体例子。过去，所有商品的价格都是由中央统一控制的，广州率先进行了价格改革。1978年广州市芳村率先放开河鲜、蔬菜、塘鱼价格。最初塘鱼的价格猛涨四五倍，外地产品也流向广州。许多干部群众都不满意，怨声载道，甚至到国务院去告状。中央领导亲自打电话过问。而广州市没有动摇，结果农民养鱼的积极性提高了，生产增加了，价格逐步回跌，3年以后，全国18个大中城市里，广州的鱼最便宜。这使广州建立起整个改革的信心，连带其他物价的放开，进一步放开流通领域价格。最终影响到全国的价格改革。

计划经济体制绝非单纯的经济体制，它是中国高度集权的政治体制的一个重要组成部分。一方面，它是国家权力完全集中于中央的基本保证；另一方面，它又是平均主义的分配原则的制度基础。现在，不打破计划经济体制、建立市场经济体制，就不可能提高人民群众的物质生活水平，已经成为常识。然而在当时，这却是一个充满政治风险的行动。其实质就是向中央要"权"。所谓经济特区、开发区、试点城市，都是建立在中央给予一定特殊权力的基础上。可见，中央与地方的分权，是中国改革开放能够取得成效的一个最基本的原因。毛泽东当年在《论十大关系》中曾经专门讲到"中央与地方的关系"，他认为，调动中央与地方两个方面的积极性，一定比仅仅依靠中央的一个积极性更有利于国家建设，但遗憾的是，他最终没能完成这个任务。

我国的法治建设和中央与地方合理分配权力的需要是联系在一起的。在强大的中央权力面前，无论是中央领导还是地方的领导，以及那些到内地投资的港商与外商、自主创业的个体劳动者、私人企业主都意识到，没有法律作为保障，改革开放的政策能否长期得到执行就是一个问题。当年，制定《广东省经济特区条例》时有个插曲。根据广东省前省委书记吴南生的回忆和有关文件记载，1979年7月15日中央决定建立特区之后，8月15日，他组织专家开始起草特区条例。8 月 21 日邀请 45 名港澳经济界及有关人士举行座谈会征求意见，许多人对政策的连续性表示担心。吴南生和广东的其他领导也不放心。同年 12 月 27 日，广东省人大常委会审议并原则通过了这个条例后，他们又前往北京，找到时任全国人大常委会委员长的叶剑英，提出"特区是中央的特区，不是广东的特区"，建议由全国人大常委会通过。1980 年 8 月 26 日，这个条例经由第五届全国人大常委会第十五次会议最终通过。由此可见，在中国改革开放的过程中，地方并不是一个简单的被动执行者，而是积极的推动者，尤其是法治建设的积极推动者。

如果说，政治权力的合理配置与相互制约是法治与宪政的核心内容，那么，在中国，政治权力制约体制并不仅仅是在传统意义上的立法权、司法权、行政权的分立基础上推进的，而且也是在中央层面的党政之间以及通过制度化中央与地方的关系来推进的。20世纪 80 年代，中央在政治体制改革方面，曾经出台了不少政策，但是最为稳定的推进法治建设的措施，大都是与经济体制改革直接或间接相关的，尤其是中央与地方在经济管理方面的政治权力的分配关系，如邓小平指出的："经济体制改革每前进一步，都深深感到政治体制改革的必要性。不改革政治体制，就不能保障经济体制改革的成果，不能使经济体制改革继续前进，就会阻碍生产力的发展，阻碍四个现代化的实现。"① 有发展经济的迫切需要，不去调动地方的积极性，很难想象会出现这个局面。

中央与地方的分权，对我国的法治建设具有广泛、深远的影响：建立了权力约束机制，包括干部任用、财税分配、事务管理，形成了分级管理的管理体制；激发了各地地方政权的改革积极性，形成了不同地方之间的竞争关系，从而创新了各种政权法治化的运行模式；各地为了发展经济，相继推出各种保护市场主体的措施，探索现代企业制度；权利保护的重心下移，地方政权在中央的监督

---

① 《邓小平文选》第 3 卷，人民出版社 1983 年版，第 176 页。

下，采取各种措施，提高民权保护水平等。当然，这个模式也带来了一些问题，导致一些新矛盾的产生。

三 制度化与非制度化——体制内与体制外

分权关系一旦确立，政权建设问题就摆在了面前。换句话说，各级各类国家机构，都需要在一定的职责范围内运行，履行各自职责，承担各自责任。政权建设是分权成功的保障。其中不仅包括中央与地方的分权，而且包括上级与下级的分权、同级之间的分权。所谓制度化，就是各级各类国家机构工作职能与程序的规则化、制度化，就是在国家体制范围内处理和解决问题；所谓非制度化，就是超越法定职权、违反工作程序办事，就是在体制外寻求问题解决办法。在体制内按照制度办事，属于依法治权，是我国法治建设的一大重要突破。

国家被霍布斯称为"利维坦"，这个词的字面意义为裂缝，在《圣经》中是象征邪恶的一种海怪，通常被描述为鲸鱼、海豚或鳄鱼的形状。霍布斯给自己的著作起了这么古怪的一个名字，就是想把国家这个庞然大物比喻为那个海洋怪兽。他的本意是，在指出国家是如何从一种自然状态中产生出来的同时，集中揭示基督教国家的种种丑行劣迹，进而强调国家起源于人们的生存需要和自然权利，以及基督教国家的统治并非天经地义的。① 然而客观上，他也说明了国家可能成为邪恶东西的事实。在马克思和恩格斯的思想中，国家和法律都是人类社会的暂时现象，是阶级斗争的产物。未来的共产主义社会，消灭了阶级差别和私有制，也就不再需要国家和法律了。列宁领导的苏联，正是在这个意义上建立了一个所谓"半国家"的社会主义时期。既然是半国家，

---

① ［英］霍布斯：《利维坦》，黎思复、黎廷弼译，商务印书馆 1985 年版，第 62 页。

当然也就不会重视政权建设。新中国成立以后，我们对于法律与国家，基本上沿袭了列宁主义的虚无主义态度，特别是到了"文化大革命"时期，这一思想态度达到了顶点。不仅砸烂"公检法"而且"踢开党委闹革命"，各级国家机关基本陷入瘫痪状态。这就是典型地用非制度化的方式寻求体制外的解决问题的做法。所以，"文化大革命"结束以后，民主法制建设起步的同时，恢复国家机关的正常工作，就是摆在全党全国人民面前的一个重要任务。①

人需要国家，"当人们需要在国家（但可能具有剥削性）与无政府间作出选择时，人们均选择了前者。几乎任何一套规则都好于无规则"②。无可否认，国家的确曾经给人带来了种种祸害和灾难。如果要避免国家成为"利维坦"，最大限度地使国家服务于人类文明的发展，使国家成为人民利益的保障，只能通过制度化的方式。邓小平曾经说过："我们过去发生的各种错误，固然与某些领导人的思想、作风有关，但是组织制度、工作制度方面的问题更重要。这些方面的制度好可以使坏人无法任意横行，制度不好可以使好人无法充分做好事，甚至会走向反面。即使像毛泽东同志这样的伟大的人物，也受到一些不好的制度的严重影响，以致对党对国家对他个人都造成了很大的不幸。我们今天再不健全社会主义法制，人们就会说，为什么资本主义制度所能解决的一些问题，社会主义制度反而不能解决呢？……斯大林严重破坏社会主义法制，毛泽东同志

---

① 十一届三中全会后，《全国人民代表大会和地方各级人民代表大会选举法》、《全国人民代表大会组织法》、《地方各级人民代表大会和地方各级人民政府组织法》、《国务院组织法》等一系列法律相继出台，国家政权建设进一步完善和制度化。1978年3月，检察机关恢复设置。1979年通过的《人民法院组织法》、《人民检察院组织法》以及《刑法》、《刑事诉讼法》等，明确规定了法院和检察院的地位、职能分工、主管范围、机构设置等问题，为加强法院和检察院建设提供了法律依据。

② ［美］D. C. 诺思：《经济史中的结构与变迁》，陈郁、罗华平等译，上海三联书店、上海人民出版社1994年版，第24页。

说过，这样的事件在英法美这样的西方国家不可能发生。"① 美国著名政治学家亨廷顿说："从现代化发展的价值取向来讲，现代化的过程就是社会全面制度化的过程。"② 制度是理解我们这个社会及其法律的一种重要进路。

按照法律与制度办事是法治国家最基本的要求。在政治层面上，所谓法治，就是要求所有的国家机关、组织、企业、武装力量和公民个人都必须服从法律规则的治理，尊重法律的最高权威。这一要求体现在政权建设方面，就是要求各级各类国家机关都必须有明确的职责要求，各种问题都必须通过国家机关在制度的框架范围内解决。公安机关的事情不能通过检察机关解决，人大的工作也不能由政府包办；上下级之间有明确的职能分工，下级不能行使上级的权力，上级同样不能行使下级的权力。各级国家机关都必须照章办事。例如法院系统，应该由基层人民法院一审审理的案件，中级人民法院不能直接审理；应该由高级人民法院一审审理的案件，不能由最高人民法院直接受理。法院院长、庭长、审判委员会不能代替审判员审理、裁决案件。案件分配给哪个法官，审理它的权力和责任也都归这个法官。这就是体制。

我国的法治建设实际上一直是在与非制度化的方式进行斗争的过程中推进的。过去，由党委书记审批案件是非制度化的；公检法联合办案是非制度化；现在通过信访、上访、跳楼、群体性事件、舆论等干预审判过程也是非制度化的，都是借助体制外的力量维护自己的利益。当然，这并不等于说法院以及其他国家机关可以任意处理问题，更不是说这些国家机关的工作无懈可击，而是说，我们必须通过加强政权建设的方式来推进法治，而不能在国家机关出现问题的时候，破坏已经建立起来的制度和规则，越过或者绕过这些机关解决眼前的问题。我国法治建设所取得的

① 《邓小平文选》第 3 卷，人民出版社 1983 年版，第 333 页。

② ［美］塞谬尔·亨廷顿：《变动社会中的政治秩序》，李盛平译，华夏出版社 1988 年版，第 12 页。

成就、所遇到的难题，迄今为止，其实很多还是与我们对政权建设的态度有关。

在改革开放以来的30年，我们基本恢复和建立了一个系统的国家机构体系，初步形成了照章办事的工作制度和工作程序。但是，毋庸讳言，我们的制度还很不健全，国家机关、地方政府、基层政府与民争利，存在大量腐败现象，近年来司法机关的法官、检察官违法犯罪问题尤其突出。面对这些问题，如果我们借助人民斗争、人民运动的方式来解决，我们就回到了"文化大革命"的老路上。吸取这一教训，就要求我们必须尊重体制，尊重地方与基层官员的职权，尽可能通过制度的方式约束权力，而不是动辄指责、批评、处分、撤换下级官员，甚至收回下级官员的权力。例如，我们已经建立了法院的审级制，司法机关依法独立行使职权是宪法和法院组织法明确规定的，① 但是，上级人民法院依然经常通过司法解释、批示等方式指导下级法院的工作，明显削弱了基层法院的权力，加剧了当事人对基层法院的不信任情绪；再如，哪个省份出现矿难或者重大事故，只要死亡人数达到一定数量，省、市、县及以下有关领导就要问责、辞职或者被免职，这种做法导致许多人不敢去山西、河南等地以及安监局等部门任职。这些做法都是很荒诞的。如果这些地方与基层的领导干部已经履行了职责，怎么能够单纯依据死亡人数追究责任呢？这些做法，都是非制度化的，势必导致下级穷于应付上级，使地方与基层干部无法照章办事。类似例子还有很多，这说明我国政权建设还需要做许多工作。

通过建立和完善各种规章制度推进政权建设，就是建立一个上下左右分工明确、尊重下级职权、可以充分依靠地方与基层国家机关办事的各级各类国家机关各尽其责的工作机制。

---

① 《宪法》第126条、《人民法院组织法》第4条都明确规定："人民法院依照法律规定独立行使审判权，不受行政机关、社会团体和个人的干涉。"

四　国家与社会——公权与私权

对国家机关和地方政权的不信任，缺乏依靠制度办事的信心，与经济建设中出现的国家与社会的紧张关系直接相关。

推动经济体制改革的直接原因，就是计划体制显而易见的弊端导致人民群众生活水平急遽下降，国民经济陷入崩溃的边缘，从而影响人民群众对党的领导能力的信任，影响到政权的巩固。所以，"文化大革命"结束之后，针对"文化大革命"的拨乱反正工作在两个方向迅速展开：一方面是政治上正本清源，另一方面则是迅速提高人民群众的生活水平。而解决后一个问题，就必须打破计划经济体制的束缚，将社会的权利还给社会。所谓改革，在改革不合理的政治权力分配结构的时候，不仅要把原来属于中央的权力下放到地方，而且要把部分属于市场的权力交还给社会，承认和保障个人、企业追求自身利益的权利，以市场作为资源配置的基础，促进生产力的提高，同时切实提高人民群众生活水平。而这个需求和动力，首先也是来自基层的。还以广州为例。1978 年十一届三中全会前后，广州附近农民就出现了包产到户以及承包土地搞果园等现象，而十一届三中全会文件当时并不赞成，甚至依然坚决制止包产到户等。1979 年，兼任广州市委第一书记和革命委员会主任的杨尚昆到任不久，强调在加强对农民领导的同时不能瞎指挥，要让农民休养生息、恢复生产，并指出，"凡是决定了的东西都不能改，不能随着情况变化而变化，那是'两个凡是'思想"，并且对农民说出"恭喜发财"的话，鼓励农民发财致富。作为这个级别的领导，公开鼓励农民致富①，在当时的影响是相当大的；同时，也反映出当时的广东、广州人思想比较开放，已经有了与广泛存在的个体经济相适应的比较强的私权观念。获得 1984 年文化部优秀故事片二

---

① 苏维民：《改革开放之初杨尚昆在广东》，《百年潮》2008 年第 2 期。

等奖的电影《雅马哈鱼档》就是反映当时广州人积极转向个体劳动的影片，肯定了通过劳动致富的行为，也从侧面反映了广州人的私权观念。改革开放之初广州人解放思想、投入市场经济潮流的积极性，由此可见一斑。

法治建设的中国道路，与对公民政治权利、民事权利和企业经营自主权以及各项财产权利的保护是分不开的。① 2008 年广东省经济总量中，民营经济已经占到一半。② 企业已经全部转制，成为独立或相对独立的市场主体。这也就同时意味着，改革开放以来，社会的力量迅速发展起来。在近年来广东、广州的两会上，企业家代表和委员已经十分活跃，这在 2008 年全国两会上，来自广东的企业家政协委员公开批评《劳动合同法》新闻中可以略见一斑。这说明，我国 30 年来所制定的法律法规，已经推动了社会力量的成长，促使利益各方围绕法律法规维护和争取自己的利益。而社会权力的增加，不仅意味着国家权力的缩小，而且还推动了国家与社会的分化与对立。③

国家与社会的对立，要求约束国家机关手中掌握的公共权力。一方面，要求国家机关必须退出市场，保持作为凌驾于社会之上的公共权力的属性，不得与民争利，参与竞争；另一个方面，则是要求国家机关必须也只能谨慎地在法律范围内基于真正的公共理由使

---

① 十一届三中全会后，一系列涉及公民权利与企业经营自主权的法律法规、政策措施相继制定出台，如 1982 年《宪法》、1986 年《民法通则》、1986 年《关于深化企业改革增强企业活力的若干规定》、1993 年《公司法》以及 2007 年《物权法》等。

② 经初步核算，2008 年广东省地区生产总值为 35696.46 亿元，其中民营经济实现增加值 15133.33 亿元。数据来源于广东省统计信息网。

③ 为规范国家公权力的行使，从 20 世纪 80 年代末开始，诸如《行政许可法》、《行政处罚法》、《行政诉讼法》、《行政复议法》、《国家赔偿法》等相关行政法律法规相继制定出台，为全面推进依法行政工作奠定了基础。1999 年《国务院关于全面推进依法行政的决定》与 2008 年《国务院关于加强市县政府依法行政的决定》都对依法行政工作作出了更为具体的要求，提出建立法治政府。

用权力。而这两个方面的要求，对于我们的国家机关来说，都是一个新的问题。由于未能及时完成政府职能的转变，公共权力壮大的同时，也就出现了大量的政府与民争利的现象，一方面公权力介入市场竞争，限制了市场主体的发展；另一方面公权力以公共利益为由，通过财政税收手段，无节制地掠取财富。在国家财力空前增强的同时，人民群众的收入水平并没有得到相应提高，这加剧了国家与社会之间的紧张。反映在法律领域，就出现了国家机关利用制定与实施法律的权力，巩固自身的垄断地位，谋求垄断利益，压迫市场主体和公众的生存空间，导致市场主体、公众与地方政府的对抗。近年来，轰动一时的征地、拆迁、出租车等领域出现的群体性事件，中石油、中石化、电信、金融等企业激起民愤的垄断行为，以及高企的房价、学费、医疗费用等，其实都是国家与社会关系紧张的结果与表现，都与国家有关。

在国家权力未能得到充分有效的规范时，有关部门还出现了利用手中掌握的权力，直接为本部门或政府攫取收益的行为。例如给交警下达罚款指标导致的"公路三乱"、"钓鱼执法"、"秘密执法"等，公安局办保安公司、法院办法律服务中心、工商局办工商登记与年检的代理公司等。几乎每个国务院有关部委，都有自己的有一定自收自支权力的事业单位，甚至企业，例如国家体育总局与各个单项运动管理中心，这些中心与有关自己出资成立的各种公司的关系。由此可见国家机关在国家推进市场进程的过程中对市场利益的关切和觊觎。

我国的法治建设一直努力试图规范国家行为。尽管目前依然存在许多问题，但是，国家与社会的关系问题始终是我国法治建设亟待攻克的一个重要难题。

五　结束语

法治建设的中国道路不同于其他国家。我国的法治建设与其他各项工作一样，同样是以经济建设为中心而展开的。因为推动经济发展的需要，中央与地方之间建立了权力分工体制，为法治与宪政奠定了一个初步的基础；进而推动了国家政权正规化的建设，建立了系统而完整的国家机构以及国家机构权力运行的法律框架；市场化的经济体制改革促使市场主体与市民社会的发育，与逐渐强大的国家机构体系发生了激烈碰撞。国家一方面面临进一步保护市场主体权利的问题，另一方面面临着国家权力行为的艰巨任务。

这个法治道路提出了两个问题：第一，以民生问题的解决为依归的法治发展道路，能否在脱离公民基本政治权利充分发展以及国家政治生活进一步民主化的背景下继续深入推进？第二，以民生为根本的经济建设与法治建设价值取向，在促进经济高速发展的同时，如何避免封建专制主义的复辟？如何真正解决权力过于向上集中的问题？当前我国法治建设过程中所面临的主要矛盾和主要问题，与上述两个问题存在直接或间接的密切关系。由于国情本身的特殊性，解决上述问题的任务，应该说并不轻松。60年的法治建设的中国道路，在解决了许多问题的同时，也留下了很多的问题。

法治与改革的关系及改革顶层设计

陈金钊[*]

随着十八届三中全会确立"全面深化改革"以及"全面推进法治中国建设"的治国方略以来，改革与法治成了当代中国社会发展的两大主题。与之相随，人们却很少思索，在这两种促进国家发展、社会稳定的主要手段之间，存在着思维倾向上的差异或者矛盾。法治在总体上是一种趋于保守的思维倾向，它要维护现行法律所确定的秩序，捍卫现行法律所倡导的价值，而改革则是要突破现行法律的约束，改变现有的秩序、改造传统的价值，通过创设新的制度、塑造公平价值来实现社会制度和观念的变迁。这种思维倾向上的悖论，导致了改革与法治的关系在很多方面难以兼容，如果不顾及两者之间思维倾向的冲突，就难以形成促进社会发展的合力，就会使各自具有的正能量相互抵消。从逻辑的角度推论，改革与法治似乎不能同时发力，但历史上确实存着在同一个时期既重点抓法治又侧重抓改革的现象。然而那种"两手都要抓，两手都要硬"的情况也只能存在于中国改革开放的初期。因为，那时的中国既不是法治国家，也没有法治社会。当时的国家只有很少的法律，众多领域的管理主要是依靠政策。在政策治国的情况下，可以做到一手抓改革，一手抓法治。改革的对象主要不是现行法律的规定，而是治

---

* 陈金钊，华东政法大学教授、博士生导师。

理国家的各种政策。因而改革开放初期的法治建设，主要是创设能满足改革发展要求的法律。可是在当今已经有了中国特色的社会主义法律体系，社会发展与转型的改革还是要突破法律的规定，这就与同时强化的法治建设发生了冲突。① 特别是在当代中国深化改革的总体目标中，实现法治中国还是最重要的目标之一。法治与改革的矛盾就成了必须解决的问题。

　　在深化改革与法治建设并行难以避免的情况下，我们需要搞清楚法治与改革的关系，然后才能做好改革的顶层设计。法治中国目标的设定以及法治原则的实施，决定了改革措施的出台必须遵循法治的精神、原则、规则和程序等。法治要求人们不能持续过去的以"良性"为标准所进行的"违法"改革。所有的改革都应该于法有据，应该成为处理改革与法治关系的准则。这意味着法治改革观应成为今后改革的指导思想。在未来社会发展或制定改革措施的顶层设计中，法治应该成为维护稳定秩序的基本手段，所有的改革都应该考虑到法治的存在，要充分运用法治方式。当然，在法治中国建设过程中，改革还是促进社会进步的基本推手。稳定的秩序和持续的发展是中国屹立于世界最不可缺少的因素。法治与改革在中国社会发展与稳定中的重要性，决定了我们必须认真对待改革与法治的关系。然而，我们能明显地感觉到，学界对这一问题的研究不够重视，研究成果不多，仅有的一些只言片语也没有澄清法治对改革顶层设计的决定作用。反而是习近平总书记所强调指出的"任何改革都应该于法有据"开启了人们对法治与改革关系的重新阐释热潮。

---

　　①　从历史发展的阶段性来看，改革与法治发生在同一个阶段也有其正当性。因为社会在不断地发展，而社会的发展一般都离不开改革。只是在不同历史时空中，在改革的烈度上有所不同，因而社会关系相对稳定的时候，我们难以称其为改革的时代。但是从历史的眼光来看，发展与变革是社会的常态。

一　多角度探寻改革与法治关系

　　法治是国家的常态治理方式。为了能够实现法治，法律必须保持稳定。在稳定的法律之下，一般不要求改革，而是要求法治经常性地发挥作用。与法治的稳定性、保守性不同，改革要求打破法律的稳定性，改变法律的意义。一般认为改革是社会历史长河中的阶段性现象。然而，关于法治与改革交错发展的阶段性划分并不具有绝对性，甚至可以说是一种错觉。因为改革是社会的自我发展，不断进行的改革是社会发展的常态。古今中外各个国家都在不停地改革。改革是一种普遍的社会存在。既然法治与改革都是社会历史发展的常态，这就意味着我们不能孤立地研究或者言说改革或法治问题，应该把两者结合起来，当作一种共生现象来研究。对于法治与改革的关系我们不能一概而论，应该按照改革的烈度来区分改革，在不同的层面来言说法治与改革的关系。"社会改革的战略存在着激进主义战略和渐进主义战略，即亨廷顿所言说的'闪电式'战略和'费边式'战略。所谓'闪电式'战略，是指改革者制定全面的改革计划并公之于众，并且在其改革的最初阶段就全面铺开，齐头并进地加以推开的战略。这种战略往往又被称作'休克疗法'或'震荡疗法'，是一种爆炸式的、跳跃性的制度变迁方式，在较短时间内完成大规模的整体性制度变革。所谓'费边式'战略，是指改革者确定其最终的和总体的目标后，将改革内容分成相对独立的若干项，分期分批加以实施的方式。这种战略实质上是一种演进式的分步走的制度变迁方式，具有在时间、速度和次序选择上的渐进特征。"① 由于渐进的改革可能把改革拖入漫长的延续，甚至是无果而终，所以，社会上总有一批学者主张激进式改革，特别是在中

---

　　① 　高信奇：《社会改革的实践范例及其方式选择》，《重庆社会科学》2009 年第2 期。

国，在传统的革命理论支配之下，许多人主张动用立法手段实施国家与社会制度的全面改革。但是，如果我们对立法手段不加节制地使用，不仅会出现法律之间的更多矛盾，而且也会带来管理者和公民之间的对立。从俄罗斯的经验看，剧烈的改革导致稳定的社会难以承受。而中国的渐进性改革得到了官民较为普遍的认同，也收获了经济发展的奇迹。因而，主张渐进式改革占了上风。渐进式改革可以分为主动的建设性改革和被动性的适应社会发展要求的维护性改革。无论是建设性改革还是适应社会发展的维护性改革，都需要与法治结合起来。建设性的改革需要立法，而维护性的改革需要修法。这注定了无论哪种法治方式，必定是伴随改革而存在的一个矛盾现象。法治与改革本来在一定意义上是相剋的，但矛盾的社会存在决定了两者必须是相伴而生。因而我们需要从多个角度处理好这两者之间的关系。

（一）在历史经验中沉思法治与改革的关系

在中国历史上，与"改革"一词比较接近的是"变法"，近代以来相近的词语是"改良"。从商鞅变法、王安石变法、戊戌变法等事件的描述来看，都是强调对法律制度的突破或创新。一般来说变法的阻力很大，变法者没有好下场几乎是历史经验的总结。然而，在我们这一代人的印象中，由于所学的历史是在革命理论支配下编写的，所以历史上所有变法都被说成是正确的因而是值得肯定的事情。这就使革命、改革、变法等具有"天然"的正当性。可是，我们很少思索，在变法的过程中，应该如何处理对传统秩序或者说法治的关系。对于法律说变就变是和平时期的正常思维吗？这实际上牵涉对法治的权威问题。如果法律说改就改，那么法治中国建设便难以开展。也许在皇权之下，只要最高权力的掌握者能够肯定变法的内容，即使毁坏传统的秩序也是可以忽略不计的。当然，我们所学的历史只是历史学家编辑而成的历史，并不是历史的"真相"。历史真相确实难以还原。但在革命理论支配下，我们已经接受变法或改革的正当性。在今天，我们再也不用托古改制，而可以直言改革。由变法到改革的演进，以及改革正当性的获取，是一百多年激荡的革命理论所衍生的副产品。但是我们必须思考，在改革时代我们该如何尊重法律和法治的权威？

现在法治还没有绝对权威，法治还只是政治言辞中的合法性。在行动中，改革似乎比法治更能打动人们的心理。这当然不是说改革在行动没有阻力，而只是说改革与法治比较似乎具有更大的可接受性。这主要是因为在近一百多年的政治话语中，革命、改革、法治表征着三个历史阶段，革命时代已经过去，改革已经开启30多年，但今天依然要深化改革，同时又必须开启法治，在中国特定的语境中，法治与改革比较属于后来者，因而，法治在人们心目中欠缺正当性是历史造成的。这一点如同过去的革命与改良的关系。在过去的革命理论中，对于改革或者改良，一般是当成机会主义来反对的。"改良"一词在历史唯物主义中，是作为批判"革命立场"不坚定时经常使用的术语。在革命者眼中，"改良"是一个贬义词。当然，这种思想观念是特定历史语境的产物，我们应该客观地对待。如果我们今天还是这么认识改革，那就会抹杀改革的独立意义和价值。从历史发展的眼光来看，社会改革和社会革命一样是可以独立存在的，并且我们还必须认识到，社会革命并不时常爆发，社会改革则是贯穿于社会形态的漫长过程。① "在社会主义制度确立之后，仍然是只强调革命导致了一系列错误。党的十一届三中全会纠正了这种错误，把工作重点转到改革开放、实现四个现代化的社会主义自身建设上来。把改革作为推动社会主义发展的重要动力。"② 我们需要注意到，在中国社会已经发生巨大变化的今天，已经不适宜用革命的眼光来看待改革与法治的关系。革命与法治是根本对立的，要革命就不能讲法治。这是老一辈无产阶级革命家早

---

① 参见康文斌《社会革命、社会改良与社会改革》，《晋阳学刊》1995 年第 5 期。

② 康文斌：《社会革命、社会改良与社会改革》，《晋阳学刊》1995 年第 5 期。

就看到的真理。所以，我们不能再用革命的眼光来打量今天的法治建设，而需要在法治与改革的关系中，以法治为目标、以法治改革观来确定改革发展的顶层设计。

　　历史的经验值得注意，万万不可粗心大意。然而，我们近些年所学的历史是一个农民起义不断发生的历史。在历史教科书中，我们常看到对李自成、洪秀全等农民起义失败的惋惜，但是，这种基于阶级身份的同情，其实对社会关系的演变或者说社会转型来说意义并不大。因为在历史的长河之中，无论这些起义失败与否，社会结构和社会关系都不会发生根本的变迁。我们对历史的选取，往往只注意总结斗争史、革命史，而没有注意到改革与法治并存的历史。在中国几千年封建专制的超稳定结构中，不断的改革与法治之间的并行关系是一种常态。虽然在历史发展的过程中，农民起义会周期性地爆发，但在多数时候，法治与改革的博弈经常发生，只是我们缺乏对这一历史的深入研究。人们发现，在改朝换代的历史中，中国的政治体制结构和基本的社会制度并没有发生大的变化，基本是在专制体制内进行修补。以至于我们学了这样的历史以后，满脑子都是革命斗争。特别是人们对中国近一百多年的历史的观察与思索，革命、战争，以及为防止革命、战争而进行的思维，占据了我们思维的主流，而对法治的思索显然少了一些。但近些年来，人们的思想发生了很大的变化。有人总结这段历史后得出结论，新中国成立以后，我国思想史的发展阶段大体上可以概括为：革命思维的思想根据、改革思维的思想根据和法治思维的思想根据三个时期。① 从历史的眼光来看，中国人基于法治观念来思考国家与社会治理问题，把政治体制改革与法治勾连起来考察，可能比单独的经济成效有更深远的意义。很多政治体制改革的呼吁者只注意到政治体制格局的大变化，要结束一党专政，实现三权分立，但这种没有

---

　　① 参见魏建国《我国立法精神发展的思想根据与价值向度》，《社会科学辑刊》2014 年第 1 期。

法治作为基础的幻想性思考基本是没有出路的。西方的经验由其自身的历史和文化所决定，在中国不能完全复制。从总体上看，这是一种简单对比、直接照搬的产物。我们看到，即使那些已经实现"民主"的泰国、菲律宾，稳定与发展的问题不仅没有解决，反而引发出更多的难以解决的社会问题。这是需要我们认真研究的。中国特色的社会主义制度有很多可取之处。在中国不适于激进的改革。只要中国做好自己的事情，外部势力奈何不了中国。但做好自己事情的重要前提是在改革的基础上，实现社会转型建成法治中国。

在中华人民共和国成立以后，虽然经过了"文化大革命"等一系列运动，然而相对于战争来说，总体上仍属于和平发展的社会。但对这种相对稳定的可持续性，人们还是表现出了很多的担心，因为现在还存在很多难以协调的社会矛盾。值得注意的是，在新中国成立后的 30 年内，虽然没有建成像样的法治，但却形成了基于苏联经验和自身传统的僵化体制，如计划经济体制。因而，我们需要改革。在"文化大革命"后经过 30 多年的改革开放，形成了改革具有正当性的意识形态，改革具有合法性源自改革的成功使社会发生的变化。有人总结经济体制改革的成功经验的时候，讲到了五个方面的经验：一是较好地处理了经济体制改革与政治体制改革的关系；二是较好地处理了计划经济与市场经济的关系；三是较好地处理了市场发展与所有制结构调整之间的关系；四是较好地处理了激进改革与渐进改革的关系；五是较好地处理了借鉴外国经验与从本国国情出发的关系。[1] 也有人总结我国改革理论的八大误区，包括在改革目的上的唯改革论，即随着改革的深入，人们对改革的目的淡漠了，进而把改革当成了目的；在改革内容上的泛改革论，不是从实际出发进行改革，而是盲目模仿他人；不了解改革的风险，盲目相信改革一定会成功，毕其功于一役的改革论；只要是改，怎么

---

① 杨启龙：《中国经济体制改革的成功经验》，《理论前沿》1998 年第 2 期。

改都行的无原则改革论等。① 尽管存在有如此多的问题，但是改革
的正当性已为实践所证实。改革的成绩是巨大的。30 年来中国进
行了三大制度改革：产权制度改革、吏治改革、对外开放，三大举
措解决了穷人和精英两个群体有事干的问题。但随着改革从生产领
域向流通领域、经济领域向社会领域的转变，公共权力的结构发生
了很大变化。而无论是对成功经验的总结，还是失败教训的梳理，
法治与改革的关系问题都没有被当成重要的因素，这不能不说是我
们思考当代中国社会发展问题的缺项。有人概括说："从中国的改
革历程以及执政党的改革思路来看，中国特色的社会转型呈'三步
走'的发展态势：经济改革—社会改革—政治改革。这'三步走'
并非绝对的先后秩序，而是蕴指在某一阶段改革的重心所在。"②
同时，我们发现了在经济体制改革中市场经济就是法治经济；在社
会改革中旨在调动社会组织对国家治理的积极意义，法治社会成了
法治中国的组成部分。但我们今天必须意识到，改革与法治的关系
在过去并没有处理好，基本的冲突依然存在。政治改革应该以法治
中国建设作为目标进行社会转型。因而我们应该重视法治与改革关
系的梳理，在法治改革观中筹划改革的顶层设计。

在过去的改革方案中，我们没有从法治与改革关系的角度设计
社会发展。以往的改革有这样一些特点：如先破后立、从下到上、
先易后难、先试点再立制、先经济后政治，改革是渐进性。但如今
如此这般的改革难以开展下去了，改革进入了深水区。因而应该转
变方向，比如经济体制改革与政治体制改革并举、从上到下、由难
带易、任何改革都要于法有据，不能边改革边破坏法治。人们已经
看到，在政府、市场、思想三位一体的整体性国家中，虽然政府有
很强的组织动员力，但过于强大的政府吞噬了社会，在大政府小社
会的结构中行为和决策机制较为僵硬，形成了难以管控、矛盾不断

---

① 许琳：《我国改革的八大误区》，《理论前沿》1999 年第 2 期。

② 李永忠：《中国社会改革与"整体性"国家破解》，《理论与现代化》2008
年第 6 期。

激化的社会。"每个国家都有一部社会改革的历史，而每个国家社会改革的宏旨都在于促进社会的向善化。即扩大统治基础，实现经济条件和机会的趋向平等，保证社会的繁荣发展和现存社会制度的巩固。但每个国家的社会改革又因其历史和文化独特而独特。"①历史经验中法治与改革的关系决定了必须在改革的顶层设计中确立法治目标。在美国，推崇法治所造就的刚性宪法在社会改革中呈现出连续性、应急性、超越性、借鉴性、试验性等特点，法治保障了美国的改革道路遵循的是一条稳健渐进的改良主义道路。"值得重视的是美国在向外国学习教育经验的过程中，不计邦交敌友、社会制度异同、经济落后与否，结合本国实际，破除禁区、博采众长，切实加工、勇于创新。总之，美国的众多制度无一不是拿来的，而又无一不是经过加工改造的，很少见到生吞活剥。"② 美国因其较短的历史以及"杂交"文化，导致没有沉重的历史包袱，能够轻装上阵。虽然在改革中也有争论，但争论使所要借鉴的制度更加完善，更能适应美国社会的需求。国外在处理法治与改革关系上有很多值得我们学习的地方，其中，法治改革观所确定的法治优先、改革附随就是最重要的经验。

（二）从现实社会的角度观察法治与改革的关系

虽然人们在探讨社会转型问题的时候也分别牵涉改革、法治问题，但从理论重点关注来说，我们缺乏对法治与改革的关系进行专门的研究。然而，自从党的十八大以及十八届三中全会上确立了全面深化改革和全面推进法治中国建设以后，法治与改革就成了时代的两大主题，因而就不能不研究法治与改革的关系问题。社会发展的这两个措施不能孤立地前行，我们必须在深刻洞悉改革与法治两者关系的基础上进行顶层设计。对于此前邓小平所倡导的改革思

① 钱澄、孙港波：《美国社会改革的历史特点》，《南京大学学报》（哲学·人文·社会科学版）1995 年第 3 期。

② 同上。

想，很多人把其概括为整体改革论。① 现在，根据习近平总书记一系列讲话中的论述，我们是否也应该把他深化改革的思想表述为法治改革论？习近平在新的历史时期关于改革与法治关系的思考，实际上是在法治理念之下，对完善国家治理体系的思考。完善国家治理体系既离不开改革，也离不开法治目标。没有对现行的管理体制的改革，就不可能有国家治理体系的完善；没有法治目标的设定也不会有治理体制的现代化。由于治理与传统的管理不同，在治理体系中，"治理既包括一定的强制力，也包含一定的非强制力，是介于统治与管理之间的一种行为或活动"②。法治与治理在这一意义上具有一致性。法治既是阶级统治的工具，也是一种存在着广泛选择空间的治理工具。它不像统治、管理那样强调服从，把统治阶级的意志放到第一位，而是把自身置于与被管理者平等的地位，把法律视为契约，把权力放到法律的牢笼之中，共同遵守法律规则与程序。对完善国家治理来说，法治既是工具也是目标。从这个角度，我们可以看到，虽然改革者都有价值追求，但是改革本身是纯工具性的。这一点是改革与法治的不同点，法治兼具工具与目标的双重属性。因此，我们始终不能把改革作为立国之本，在这一点上法治虽然也是方法，但却可以作为立国之本。

　　过去的几十年，我们在哲学思维倾向上出了问题，主要是在我们意识的深层出现了用认识论代替方法论问题，过度强调了具体问题具体分析，使得法律的地位一直处在被具体的语境消解之中。在具体的语境之中，虽然个别的、特殊的要求被尊重，但是，法律对人行为的约束作用没有得到充分发挥。这是因为我们没有搞清楚认识论与方法论的区别。认识论讲的是对象内部的关系，而方法论讲的是人与对象的关系。建立在辩证法基础上的认识论虽然很重要，但在现实社会中，人们对对立统一的认识带有很大的选择性。虽然

① 参见乔法容《善于把握整体链条和特殊环节》，《中州学科》1994 年第 6 期。
② 丁志刚：《如何理解国家治理与国家治理体系》，《学术界》2014 年第 2 期。

我们有整体性的思维方式，但在强调某一方面重要性的时候，并不能真的做到对立与统一，反而是要么绝对的对立，要么就是无条件统一。对立与统一成了一些人贯彻片面意图、玩弄辩证法的障眼法。我们发现，"1978 年以前，中国社会由于深受儒家思想与苏联集权主义思想的影响，形成了政府、市场、社会三者高度合一的'整体性'国家，既使政府面对纷繁复杂的经济和社会压力，又使市场与社会得不到充分发展。1978 年后中国社会开始从传统向现代转型，其根本目的就是要将市场和社会从国家的笼罩下分离出来。30 年的改革开放已使市场成长为一支独立的力量，并与政府一道共同掌握了中国政策的话语权。但是，在政府与市场的双重挤压下，社会显得愈加弱小而失去了其应有的自治功能，使社会领域在万能市场失灵、全能政府失效之后问题迭出"①。在整体性思维方式之下，我们并没有看到协调与平衡，反而是顾此失彼的改革又衍生出很多新的矛盾。这当然不是说改革没有必要，而是说，很多口头上的辩证统一，难以掩盖思维决策的片面性。这主要是因为我们在整体主义思维模式之下，抓大放小，缺乏对决策方案的细化研究，没有在整体之下对局部进行逻辑的推敲。与此同时，我们常说没有顶层设计，其实情况也并非如此，因为摸着石头过河也很难说不是一种顶层设计。按照有些学者的设计，在这一转型中"国家必须有序退出自己所挤占的社会空间。退出太急，社会会陷入无政府的混乱状态；退出太慢，社会会逐渐丧失自主、自治与自律能力，形成无赖社会的习性，一切只好仰赖国家事无巨细、面面俱到的照顾，而这是任何国家都无法承受的沉重任务"②。我们有顶层设计，但缺乏设计推进治理体制改革的细致的具体方案。只有在设计方案的时候，我们才会发现具体的难题，才能知道顶层设计中哪些东西

---

① 李永忠：《中国社会改革与"整体性"国家破解》，《理论与现代化》2008 年第 6 期。

② 任剑涛：《国家释放社会是社会善治的前提》，《社会科学报》2014 年 5 月 15 日。

是理想化的需要缓行的、哪些东西是需要进一步修正的提法。很多的顶层设计只有空泛的语词，而没有具体操作和执行方案。如果我们不注意顶层设计和操作方案之间的互动关系，顶层设计就成了空中楼阁。过去我们犯过这样的错误，现在还在重复着这样的错误。目前进行的国家和社会管理体制的改革，试图从传统的管理转向治理，这是社会转型的标志性工作。然而，对行动方案的设计还是不够细致。政府想指望专家设计方案，但所谓的理论专家大多缺少对社会信息的把握。

　　现实的社会转型需要塑造与社会治理相匹配的法治意识形态，用法治约束国家的权力和社会的权利（社会组织和成员）。如果没有法治，急促的转型有可能出现社会分裂、社会崩溃和社会堕落。社会有社会的逻辑，强调自主、自治与自律，认为国家权力应该退出，政党的归政党、国家的归国家、商会的归商会、学会的归学会，等等。总而言之，社会组织各归其位、各尽其能。刘军宁在《关于改革的顶层设计》的博文中说："中国的改革是危机累计和危机推进的改革"，每一项改革都想解决一个已经存在的社会危机。旧的矛盾没有得到解决，反而产生出很多新的矛盾。中国的改革并没有完成历史使命，改革旧制度、旧意识形态的改革还没有发生。"① 改革的原因来自两个方面：一是现行制度与某种价值目标不一致，因而需要根据理念进行改革；二是现行制度与社会现实关系不吻合，因而需要根据现实的社会关系进行改革。基于这两种原因的改革都有必要性，但却存在着是改造社会还是适应社会的思维矛盾。要改造社会就不能完全迁就社会现实，要全面照顾现实的社会关系就需要把改造社会当成重要的任务。然而，笔者的观察是，很多人面对改革和复杂的社会矛盾，考虑更多的是个人的利益，维持现状是很多人的选择。面对复杂的社会矛盾，一部分人已经灰心

① 参见刘军宁《关于改革的顶层设计》，http://blog.sina.com.cn/s/blog_492d06fb0102dwgz.html，2014年6月17日访问。

丧气，安于现状，社会的主流已经没有了理想主义的色彩和对发展目标的追求，适应社会就成了改革的原动力。这是很值得注意的动向。国学热、民间法热、国情论、特色论成了一些人不假思索就否定法治理想的理由，就是法治、法律必须适应社会思潮的体现。从法治中国建设需要法治意识形态的角度看，改革的顶层设计需要法治改革观的指导。

（三）从改革理论中窥视法治与改革的关系

自改革开放以来，人们就已经意识到改革与法治的矛盾，并为解决这一矛盾提出了很多的想法。其中，邓小平同志提出的"改革开放与法治建设两手抓，两手都要硬的思想"影响深远。在这一思想的指导之下，中国的改革事业和法治建设都取得了骄人的成绩。然而，当改革开放进入需要进一步深化的阶段以后，法治与改革的关系问题又重新成了需要思考的问题。有学者提出了基于"法治"立场的改革陷阱论。即当以前的改革措施在改革过程中法律化以后，既得利益者打出了"法治"的旗号，要用捍卫法治的名义维持现状，不愿意进行进一步的改革。所谓陷阱就是要法治就不能轻言改革，害怕出现在法治名义之下停滞改革。这样，改革与法治关系的对立就再一次凸显出来。一般来说，所有的改革举措都要求冲破现有法律的限制，而法治的核心意义则是要捍卫现有的秩序，似乎法治与改革是对立的。然而，现在全面推进的法治中国建设并不是要停滞改革，走类似于西方保守主义的路径。推进法治中国建设不是一般意义上的改革，而是包含着政治体制、社会转型在内促进法治的改革。所以，主张在中国建设现代化法治，本质上是对政治保守势力和既得利益者的又一次改革。在中国，主张现代化法治是一种"激进主义"的观点。这里的激进，并不是主张革命的激进主义，而是指面对中国特有"保守主义"（主要指僵化地要捍卫现有体制或者恢复苏联模式、带有极"左"思潮的保守主义）的激进。在中国，基于特定政治立场上的"保守主义"，不仅反对改革，而且也反对建构现代法治。因而，在中国法治建设带有"激进"的成分，这是由中国的特殊国情所决定的。如果把现有法律制度不可改变称为"法治"，那么，改革与法治之间的矛盾是不可协调的。为克服法治陷阱论对法治的偏执"忠诚"，我们也需要倡导法治改革论。

中国的经济体制改革理论，深受新自由主义理论的影响，而自由主义恰恰是支持法治的理论。新自由主义批判的对象是集权主义，而我们的改革在很大程度上是瓦解集权主义。在新自由主义看来，"集权主义思想的悲剧在于：它把理性推到了至高无上的地位，却以毁灭理性而告终。因为它误解了理性成长所依据的那个过程"①。因此集权主义是一条通向奴役之路。深受自由主义理论影响的中国改革理论，对法治建设来说是一个好的征兆。因为，西方的法治理论主要是建立在自由主义理论基础上的。这样，在改革思想的骨子里面就包含有法治的因素。可以使经济体制改革的总体走向在朝着市场经济迈进的同时，也在理论上支持法治的进步。随着中国市场经济的逐步完善，人们正在呼唤法治的进步。"市场经济就是法治经济"虽然没有经过细致的论证，但已经被很多人所接受。在我国，很多学者根据新自由主义的立场，主张经济自由、反对国家干预，认为市场具有内在的稳定性并能有效地配置资源。在此基础上，他们研究了很多的问题，诸如，个人与国家，自由与民主，放任与约束，效率与公平以及改革、发展和稳定三位一体的关系等。然而，我们在研究法治与改革关系的时候发现，西方学者的理论更多的是在谈论法治与市场、法治与政府的关系，而对法治与改革的关系探讨得不是很多。这当然不是说，西方不存在改革与法治的矛盾，而是因为他们的所谓改革，就是法治框架内的修法。修法与改革可以互相替代。在西方法治是"正在进行时"，而不像我

---

① ［英］哈耶克：《通向奴役之路》，王明毅等译，中国社会科学出版社 1997 年版，第 157 页。

们，法治还是"将来时"。西方法治国家基本没有经历改革与法治同步发展的历史阶段。因为很多西方国家的管理方式是接近法治的体制，因而他们所讲的改革，就是在法治语境下的修法。也许西方已经走过了改革与法治并举的岁月。目前好像只有中国在一边进行改革，一边进行法治建设。只不过我们需要注意，中国的改革道路并没有完全走新自由主义的路线。在很多场景下，我们所讲的法治还只是有限的法治，经济也并不是完全自由的市场经济，政府还在很大程度上左右着市场。完全实行新自由主义理论未必能够带动中国走出现在的困境。因为中国的法治才刚刚起步，还没有形成与市场经济相匹配的成熟法治。从这一角度说，基于市场经济的改革与配合市场经济的法治都还要持续下去。虽然我们需要看到法治与改革的对立，但在新的历史时期，处理改革与法治关系的时候，没有必要只在两者的对立上做文章。我们需要找到两者的契合与兼容点，把改革与法治两篇大文章都做好。

我们一定要注意，现在要建设法治并不是说过去没有任何意义上的法治。只不过，我国已有的法律已经形成了集权的制度或体制。过去的法制虽然与现代市场经济的法治，或者说限权意义上的法治有很大距离，但基本的法律制度还是存在的。只是与市场经济相匹配的法治还没有搞好，所以，现在全面推进的要建成的法治是指现代化的法治。如果不明白这一点，就可能对现在要开启的法治中国建设产生误解。对中国今天的很多人来说，拥护法治的恰恰不是保守派，而是改革派。法治与改革在很多人的心目中是一回事，很多人既主张改革也要求实现法治。因为我们今天所讲的法治属于现代法治，这种法治在中国历史上还不曾有过，而社会转型的目标之一就是实现法治中国。人们发现，现代法治可以兼容渐进性社会变革，法治与改革可以共同塑造社会的发展。改革并不一定非要破坏社会秩序的稳定，稳定与改革的关系关键是需要有法治机制问题，稳定与改革的关系是法治内部的运行机制问题。法治作为一种促成秩序的结构，自身具有修复秩序的能力。这种能力来自法律所具有的规则和程序。缺少法治的权力维稳或用金钱换取的稳定，只能具有短期的效果，其负面效应可能会引发更大的矛盾，而法治属于促进社会稳定、发展与公平实现的长效机制。

总之，由于我们所要全面推进的法治是现代法治，这就使得法治与改革之间有了共同点，从而使得用法治方式凝聚改革共识有了可能。法治与社会转型的一致性，使得法治与改革可以享有共同的话语系统。如果现有的法律不能改变，又要求用法治方式凝聚改革共识，推进改革是不可能的。在某些情况下，有些人思考法治与改革的关系过于强调了两者的对立性，而忽视它们之间的兼容性。在历史上，由于改革与法治的对立给人们留下了深刻的印象，以至于经常有人根据对改革与法治的姿态来对政治历史人物进行排队。很多人相信，法治是保守的，它要捍卫传统法律价值，维护现有的秩序，因而是反对改革的。但实际情况并非如此，在中国法治与改革都是要改变现状，以求达到理想的社会发展目标。改革与现实之间的距离，在人们的联想中总是与激进相连。当然，这种标签式的划分确实存在很多问题。把主张改革的人士称为激进派，而主张法治的人士则被称为保守派，在目前进行此类划分不管逻辑上如何清晰，但用到哪一个具体人身上都可能是不合适的。这种划分可能有贴标签的嫌疑，但对历史人物进行简单分析的时候，还是经常会运用这个标签。当然这种标签式的划分在中国历史上也出现过。战国时期的法家，有两个元素作为标签，一是主张诸如法莫如一而固、法不阿贵、一断于法；二是法家之所以称为法家，不仅仅在于对法治原则的揭示，更主要的在于反对旧秩序，主张顺应时代潮流，改革旧的不适应社会发展的政治经济制度，变法图强。从这个角度看，今天的法治论者与古代的法家一脉相承，都是社会变革的支持者。即他们不仅主张法治，而且主张改革。上述论述旨在说明，法治改革观在中国是有现实需求的。

二 社会转型需要在法治改革观
指导下进行顶层设计

在法治改革观指导之下进行顶层设计，实际上就是要正确处理改革与法治的关系，把改革统摄到法治的框架之内。中国在前一阶段所做的各项改革，虽然取得了巨大的成就，但也暴露出不少问题。其中，在改革之路上，没有把法治作为目标定位法治与改革的关系，从而使改革与法治之间的矛盾难以解决。在改革与法治两手都要抓的思维指导之下，违法改革与法治建设并行，致使国家制定的法律没有得到很好的执行。法律得不到执行的原因之一是法律没有改变但对其的改革已经开启。这对法律或法治权威造成很大的伤害。这种现象需要对改革与法治的关系加以改变，以便发挥改革对社会进步的推动作用和法治对维护社会稳定、促进社会公平正义的积极意义。在改革与法治的关系中所确定的顶层设计就是重大改革需要于法有据，细小改革需要运用法治思维和法律方法。之所以要把法治作为改革的"紧箍咒"，就是要为稳定、公平正义的社会提供法治基础。就现阶段来说，法治中国建设是一切改革措施出台的顶层理念之一。从社会长远发展的角度看，离开法治目标，社会主义核心价值的实现找不到其他切实可行的路径。自从十五大以后，我们开始注意了对改革与发展的顶层设计，虽然当时也意识到了法治的重要性，但并没有特别关注改革与法治之间的相互矛盾。十八届三中全会以后，中央在法治与改革问题上的思路越来越清楚。习近平总书记提出，任何改革都要于法有据，不能违法改革、要用法治方式凝聚改革共识等，都给我们重新认识改革提供了重要的指导。因而我们需要认真研究改革与法治关系对中国未来发展的重要性，需要在法治与改革的关系中筹划未来中国国家的发展和社会的转型。这种筹划的指导思想就是法治改革观所倡导的法治优先、改革附随，所使用的方法包括立法、修法、解释等法治方式。

研究国外法治国家的改革经验，我们发现了一条与中国改革不同的做法，在那里改革形式就是指修法。西方法治国家在描述改革的时候更多运用的是修法。但在我国，修法与改革是两套不同的话语系统，指称的是不同的行为。修法是立法机构的事情，改革是行政部门的事情。虽然改革与修法也可能有重合的地方，但修法基本是对改革胜利成果的巩固。立法机关在改革事业上只能充当事后诸葛亮的角色。这就使得改革与法治能够兼容的主要渠道堵塞了，使得改革的事业只能"违法"而为。我们发现，虽然改革会涉及社会生活的各个方面（比如现在需要深化改革的领域，不仅包括公共权力领域，还包括公民自治、自律的社会组织领域），但是，好像这些事情只是行政机关的事情。行政机关确实需要制定改革方案，但法治原则要求涉及国家政治经济文化体制，特别是事关民生和税收的改革，需要纳入立法机关的审视范围。这不仅是民主的要求，更主要的是法治的审慎。对改革的立法方式的不重视，表明我们现在主要还是代表国家的行政机关在全面管理国家和社会，行政权力的运用还是我国基本的组织动员方式，社会权利、公民权利还没有得到权力的尊重，社会组织的作用还没有得到公众的自我认同。所以，法治中国建设和全面深化的改革都需要用"推进"的方式。这说明，国家与社会之间还没有建立起良好的互动关系，实现国家管理与社会治理和谐还是社会转型或者说改革的目标。即使是法治方式中最简单易行的立法方式，也没有发挥应有的作用，除立法方式外，其他的法治方式更没有发挥其该有的作用。什么都讲法律、法治这多少带有法治主义的倾向，好像法治什么问题都能解决，其实法治只能解决有限的问题。但是，我们却不能因此而冷落法治能够解决的重要问题。

　　为什么中国的改革设计需要奉行法治改革观？原因可能是多方面的，一方面是大家没有意识到法治问题的重要性，另一方面可能是决策者对法治的需求不是很旺盛，所以研究者很少。再加上社会科学研究片面地强调了为政治服务，当研究者找不到政治需求的时候，就放弃了这种研究。其实关于法治与改革的关系，30 年前就已经开始，只是没有深入下去。我们的思想基本上停留在"改革与法治两手都要抓，两手都要硬"的框架内，而没有展开多方面、多角度的认识。研究法治的人找不到需求市场。例如当前法学领域的智库建设，"令智库的研究者苦恼的是，无法及时把握政策制定者动态的知识消费偏好，或者待价而沽的研究成果总是得不到决策者的青睐。为应对这一矛盾，智库需要及时回收、合成思想，把高深的学术成果重新演绎成简洁明了的'话语片段'，有时甚至不惜采用媒体化的表达方式，以普及思想并吸引眼球"①。作为智库消费者的政府应该把法治当成改革顶层设计的目标之一。现在，政府和社会的法治需求已经发生了变化，法治中国成了社会转型的目标，所以法治改革理论应该成为法理学研究的重要课题。"社会治理作为当代中国社会建设的根本战略，离不开法治的保障。而法治方略如何在社会治理中深入推进与切实保障'党委领导、政府负责、社会协同、公共参与'，在实践中并无既定的模式，需要进一步探讨。"② 在过去有一段时间，我们过于强调主义，但现在又过分囿于经验，致使研究出现了很多的偏差。我们需要意识到，改革与法治的目标是一致的，就是要建立现代化国家与社会治理体系。"在这个制度环境中，有统一，有分工，有法制，有问责，每一个地方政府和独特的部门，都有一定的法规体系、自由度、

---

① 唐磊：《当代智库的知识生产功能》，《中国社会科学报》2014 年 4 月 11 日第 A05 版。

② 汪习根、武小川：《社会治理的法治实践模式构建》，《法学论坛》2014 年第 3 期。

灵活应对的空间，在面对复杂问题时可以自动调节。"① 现代化治理体系的"形式是法理化、制度化、规范化、专业化、透明化。它的运行目标是张弛有度、灵活有序、协调合理、高效、公平和正义"②。现代化治理体系的目标就是实现法治中国。"最终形成的结构形态：上是政治共同体，下是公民社会，宪政民主体系与政府治理体系立于中间，以公民社会为基础，支撑现代政治共同体。"③ 然而，在现实社会中，对于建立完善的国家治理体系和提升治理能力的做法，还有大量的狭隘的民族主义、盲目的历史主义、片面的理解、庸俗的辩证思想在左右着我们的思维。以"法治改革观"为指导的理论研究还会遇到不少的问题，原因有以下几点：

一是近些年来出现了一股厌恶理论的心理。这种心理是随着苏东剧变在学术界的思想发生的变化。苏联推进改革的结果是发生了社会的巨变，"这场巨变带来了语境的巨变：从激进主义转向保守主义，从西方转向了本土，从启蒙转向了传统，在这种语境下，所谓思想淡出凸显的主张出现了"④。在这种情况下出现了普遍的对"理论"的厌倦，虽然这种厌倦主要是对来自苏联的那种僵化、教条理论的厌倦，但波及对其他理论的认识。在一些人看来，一切理论都是说教，都是苍白无力的自言自语。特别是在实践是检验真理的唯一标准成了不证自明的"真理"以后，实践优越论已经大量充斥人们的头脑之中。摸着石头过河的经验主义信条成了一些人敢冒敢闯的最大理论支撑点。

---

① 蓝志勇、魏明：《现代国家治理体系：顶层设计、实践经验与复杂性》，《公共管理学报》2014 年第 1 期。

② 同上。

③ 林尚立、赵宇峰：《政治建设的中国范式：论党建在中国发展中的重要政治作用》，《社会科学战线》2014 年第 1 期。

④ 王学典：《中国崛起进程中的史学变迁》，《澳门理工大学学报》（人文社会科学版）2014 年第 1 期。

二是传统文化中，在昭示"天下人惟懵懂足以成事"的一些成功经验。① 这些经验使很多人相信，克服风险和困难，不取决于规划是否完善，有时取决于做事者的态度，跟着感觉走在很多情况下也能取得成功。因为有些时候过于强调风险，就会无形之中给自己预设下风险带来的不利后果，从而使自己的行动变得畏手畏脚。但是"懵懂"的气度、心态，再加上难得糊涂的心理，成就了一种跟着感觉走的思维决策模式——懵懂思维的决策方式，影响了很多人的决策方式，敢于闯、敢于冒险、超常规就成了很多人决策的座右铭。我们必须注意到，尽管有很多成功的经验是重要的，但这还只是局部的问题，最多属于战役方面的经验，并不能代替理论研究的重要性。最近30年经济体制改革所收获的没有设计的奇迹，在很大程度上也属于跟着感觉走的懵懂思维。这一成就对人们不重视法治的心理影响很大。

三是没有认真研究改革与法治的关系，无法在法治改革观的指导下进行顶层设计。经过30年的改革，"改革"一词已经被意识形态化了，公共话语空间关于改革的看法更加僵化了。更明显的是，改革所取得的话语权已经使改革获取了不证自明的合法性，成了政治正确的标签。其实，改革本来是一个中性词，并不具有天然的合法性，其正面的含义要靠给人民带来福祉来获取。② 在改革进展到一定程度，尤其是和市场经济联系起来的时候，改革与法治共进的呼声也在强化，在全面推进法治中国建设和全面深化改革战略实施以后，法治与改革成了时代最鲜明的两个主题。这时候，改革的绝

---

① 这是胡林翼当年劝说曾国荃的一个寓言。曾国荃在去攻打南京的路上犹豫不决，胡林翼便给他讲了这个寓言。昔有兄弟二人，兄不谈阴阳，弟多迷信，频年兄弟均未逢凶宿。弟拘禁时日，颇以为苦，思效其兄，以自疏放。不择日径出，果遇黑煞神于途，责其不循帮辙。弟曰：吾从吾兄，奈何独挡其咎？神曰：汝兄懵懂，阴阳怕懵懂，不得不避之。汝畏服我者也，胡可违命。其实这种思想在很多人心中存在。在经验中一次次的成功，就造就了跟着感觉走的思维定式。

② 李北方：《改革，现在是一个中性词》，《南风窗》2006年第12期（下）。

对正当性与法治自身天然的合法性的预设之间就会发生冲突。在法治优先还是改革优位之间我们必须做出选择。在这种情况下，用法治方式凝聚改革共识、所有改革都要于法有据等观点，表明了对法治优位的确定。因此所谓深化改革就意味着需要根据法治的要求从头做起，按照法治的原则寻找起点并重新制定措施。因而，法治绝不是否定改革或改革的停滞，而是在法治框架内深化改革。在这里的法治和中国当下的语境结合起来考察是意味深长的。因为当下中国既需要改革，也需要法治，尽管法治与改革在人们的思维活动中找不到顺畅的逻辑关系。从总体上说，法治与改革在思维方向和所捍卫的价值方面存在着很多的矛盾，这一矛盾不解决无法就改革与法治问题进行顶层设计。

三　如何用法治方式进行改革的顶层设计

在法治与改革的关系中进行顶层设计实际上就是确立法治中国作为社会转型的目标，以法治方式进行改革的顶层设计。顶层设计的概念在中共十七届五中全会上通过的《中共中央关于制定国民经济和社会发展的第十二个五年规划的建议》中提出以后，得到了更广泛的使用。在对经济体制改革的呼声中，顶层设计的重心落到了政治体制改革与经济体制改革应该同步跟进上。在本文中，顶层设计的概念虽然也包含此种含义，但是，这里的政治体制改革已经有了较为明确的目标，这就是法治中国的建设。政治体制改革和社会转型已经不完全是空泛的概念或心目中的西方政治体制，而是有了法治中国这样一个更加具体的目标。法治目标的设置使政治体制改革具有了可操作的标准、可推进的目标。这在某种程度上结束了"摸着石头过河"的改革历史。我们看到，十八届三中全会确立了法治中国建设的顶层设计，使中国法治建设从微观转向了整体。在这个顶层设计中，"坚持和完善党的领导，是法治中国的逻辑基点。法治中国至少包含了六层战略：法治的市场经济、民主政治、理性文化、和谐社会、生态文明和政党领导。前五项属于建设内容，党的领导属于实施机制。法治化的执政机制建设居于逻辑基点的首要地位，没有党的领导决策机制的不断优化，就很难确保法治中国的科学设计和正确实施。全面深化改革，必须加强和改善党的领导，充分发挥党总揽全局、协调各方的领导核心作用，提高党的领导水平和执政能力，确保改革取得成功"①。

　　当然，这只是一个尚需要继续完善的顶层设计，各角度论证还在继续。例如，季卫东谈到了法制改革顶层设计的三个维度：一是主权学说和政治决断力，应该避免被放任的"自由"所产生的问题，诸如，上有政策下有对策，制度之中有土制度，规则之中有潜规则等；二是规范体系和法律共同体，以解决权力过度集中的问题；三是操作技术和制度合理化的问题。② "但是进入20世纪90年代以后，随着改革从生产领域转到流通领域，从经济领域转到社会领域，从一般部门向垄断部门和公共权力部门推进，改革的受益群体开始从农民、工人转向了精英群体，随后又从精英群体转向了核心精英群体。随着实践的推移，改革越深入，精英群体特别是那些核心的精英群体从改革中获得的利益越多，农民、工人则被边缘化，获得的利益非常少。因为他们没有掌握公共权力，也没有掌握公共资源。"③ 也有人提出，法治中国建设要在全面落实政治、经济、文化、社会和生态五位一体的总体布局上做文章。"毫无疑问，要建设法治中国，不能离开这'五位一体'的总体布局，必须将法治贯穿于经济建设、政治建设、文化

---

① 参见廖奕《法治中国的顶层设计》，http：//www. qstheory. cn/zz/fzjs/201311/t20131129_ 297145. htm，2014 年 5 月 14 日访问，原载《中国教育报》2013 年 11 月 29 日。

② 季卫东：《法制改革的逻辑》，http：//jwd. fyfz. cn/b/806118，2014 年 5 月 14 日访问，原载《财经》2014 年第 5 期。

③ 马晓河：《中国下一步改革需要顶层设计　要有大智慧》，http：//blog. sina. com. cn/s/blog_ 4d917a080100nr1n. html，2014 年 5 月 14 日访问。

建设、社会建设、生态文明建设之中。"① 在这些论述中我们可以发现，法治与改革已经不是平行关系，今后中国将会出现法治引领改革的思维方式。

在法治目标下进行顶层设计离不开对政治体制改革的思索。改革对体制变革的依赖性，近些年来，我们已经考虑很多，但是，对于体制已经改革的情况下，改革效果不显著的问题我们考虑不多。在现实社会中，改革与法治的边界在哪里，或者说改革应该朝着哪个方向发展，对于这些具体的问题研究还不够深入。新自由主义提出弱化国家的作用，认为市场能够更优地组织资源，面对市场的强大作用出现了政府失灵的问题。美国极力向第三世界国家推销这种观点，这是维护美国霸权地位的需要。在中国，虽然也存在着政府的权威不如以前的情况，但是中国的国情以及国际环境决定了必须有一个强有力的政府来推进改革与法治中国的建设。因而法治改革观要求在顶层设计中应该注意三个方面的问题。

一是改革应该从政策导向转向法治导向，同时不能忽视价值层面的引导。长期以来，我们重视政策对改革的引导，基本是先有政策，法律附随政策而进行改变。很显然，这与任何改革都必须于法有据的法治改革观差距很大，实际上等于说是政策可以代替法律。很显然，政策优先的做法很难适应法治中国的建设。在改革的顶层设计中法治优先，改革需要运用法治方式，而不是改革的政策优先。由于法治存在着比较强的工具属性，所以改革措施的出台，还必须与社会主义核心价值观联系起来，使具体的改革措施与核心价值相衔接，使这些远见变为顶层设计能够执行的法律。在建构国家与社会和谐体制中，共同的价值追求比普遍获得利益的政策更容易制定，也具有更广泛的可接受性。"改良与改革既是同一的，可以通用，又是有差别的。就词义来说，改革是对自身变革的指称，是

---

① 姜明安：《论法治中国的全方位建设》，《行政法研究》2013 年第 4 期。

改掉和革除，而改良则是就变革的目的和效果等价值评价方面来表达的。"① 法治优先再加上社会主义核心价值的引导，是做好改革的顶层设计的先决条件。

二是在法治与改革的关系中，把法治既当成改革的手段，也当成改革的目标。"现在的经济体制改革变得异常困难，因为每一体制背后都是庞大无比的既得利益。"② 在打破既得利益的改革过程中，法治可以作为手段，但在国家和社会管理体制创新方面，法治是目标。没有法治中国可能会陷入乱象丛生的危险。"在法制建设、社会管理等方面，当前和未来都面临着巨大的挑战。"③ 解决这种挑战可供选择的方式方法并不是很多，从世界已有的统治经验来说，法治是最好的选择。"社会的稳定和结构要由法律来维持，如果违法行为成了'合法的或者值得赞扬的'行为，社会就危在旦夕。"④ 从各种关系的角度看法治，法治需要处理好国家与社会、政府与市场、国家与政党之间的关系。几乎所有的改革目标，无非就是要用法律约束这些关系，从而达到法治社会、法治政府和法治国家的目标。从这一角度看，法治不仅仅是工具，还是改革的目标。任剑涛在描述善治的治理模式时，讲到了有两个鲜明对比的状态需要我们认知："一是国家捕获社会，一方面将立体的社会压扁，强行使之服从国家的权力意志，使社会完全缺乏活力；另一方面造成国家对国家权力的负担，而国家被这样的社会拖垮。二是国家权力与社会自治分流而行，党政机构依照法律行使国家权力，社会公众依照各种机缘自己组织起来，有效自治，结果党政机构的权力绩效令人满意，社会公众的自主、自治与自律能力高企，国家的发展

---

① 康文斌：《社会革命、社会改良与社会改革》，《晋阳学刊》1995 年第 5 期。

② 郑永年：《中国如何赢得新一波开放政策》，《领导文萃》2014 年第 5 期（下）。

③ 蔡如鹏：《傅高义：中国在续写"改革时代"》，《领导文萃》2014 年第 5 期（下）。

④ 林怡：《自由与法治的意义——读休谟》，《领导文萃》2014 年第 5 期（下）；

就此得到强大保障。"① 因而，我们只有对法治与改革的关系进行准确定位，把法治中国作为目标，才能做好社会发展的顶层设计。不然就会出现更多的不协调。

三是建构自主法治意识形态，避免跟着西方的话语系统，陷入"被和平演变"的角色。这些年执政党选择法治方式治国理政有其特定道理。面对官吏贪腐、权贵资本的贪婪、环境污染、贫富差距、日益恶化的社会治安，再加上民族分裂主义的恐怖活动，不是简单地运用民主方式就能够解决的，只有强化法治、民主、改革才能在一定程度上得到解决。虽然和平演变的势力依然存在，但只要我们能够解决自身存在的问题，和平演变这种借力而产生效果就难以发酵。所以我们应该以攻为守化解西方意识形态的渗透，不能仅仅被动地接受西方的政治言辞。所谓攻就是做好自己的事情，全面推进法治中国建设，找出恰当的意识形态以法治言辞进行引导。近些年来，"中国已经明确表示要捍卫'意识形态安全'，抵御西方实施'意识形态和文化渗透'"②。西方对中国意识形态的渗透构成了长期的威胁。强调安全不是封闭自我的理由，我们还是需要进一步向西方学习。

法治中国建设需要在法治改革观指导之下进行顶层设计。这意味着在改革的顶层设计中需要注意运用法治方式，用法治方式凝聚改革共识：用法治方式推进改革；做到任何改革措施的出台都应该于法有据。这些法治方式主要包括以下几点。

第一，法治改革观就是要构建法治意识形态，形成法律话语权，并把法治中国建设作为改革的目标。对促进社会进步与发展来说，法治与改革都是手段，但就社会转型来说，法治不仅是手段，而且是目标。"国家需要顶层设计，但是顶层设计只能是社会竞争

---

① 任剑涛：《国家释放社会是社会善治的前提》，《社会科学报》2014 年 5 月 15 日。

② 参见尼古拉·戴农《中国以攻为守迎接意识形态的"软战"》，《领导文萃》2014 年第 5 期（下）。

性设计。国家的所有成员都可以对国家进行顶层设计，这样的竞争性社会就可以推陈出新、劣中选优。不释放国家道路探讨的社会能量，国家高层领导的眼光就打不开，国家发展所获得的社会支持力度就不够，国家发展的智力资源就处在短缺的状态，国家的发展也就可遇而不可求。"① 法治中国建设是中国当下政治体制改革的组成部分，建成法治中国意味着我们的政治文明的巨大进步。法治意识形态是重要的，形成法律话语权，树立法律至上观念具有重要的意义。没有法律至上的态度就难以摆正法治与改革的关系。法治与自治相连，"在一个高度自治的社会中，国家才有可能获取持续发展的不竭动力"②。李泽厚认为，我们既不能生搬硬套欧美现有的政治体制的自由派之路，也不能走新"左"派和国学派之路，他强调应该建立起"权利优先于善"的现代社会性道德。③ 现代社会性道德中的"权利优先于善"，实际上是与法治精神相合拍的，是法治并不排斥道德的表现。法治并非专断于法，法律与最低意义上的道德是一致的。

第二，在牵涉社会关系的重大变化中，需要运用立法方式为改革开辟道路。这是在法治旗帜下进行改革的必为之路。运用法治方式进行改革虽然费时费力，但却可以减少改革的任意性和随机性，增大改革的理性成分，而且还可以树立法律、法治的权威。法治方式对法治中国建设无疑具有重要意义。改革必须于法有据意味着立法手段是改革的必经程序。而面对改革的立法争论，尽管可能会延缓改革的步伐，但这是实施法治所必须付出的成本或代价。当然，属于行政机关自身的权限范围内的改革，不一定非得经过立法机关的程序。只要遵循行政法治原则，一些细

① 任剑涛：《国家释放社会是社会善治的前提》，《社会科学报》2014 年 5 月 15 日。

② 同上。

③ 参见程洁《李泽厚：没有过时，未被超越》，《社会科学报》2014 年 5 月 15 日。

小的改革完全可以由行政机关自己做主，没有必要事无巨细都经过立法程序。全国人大常委会应该对纳入立法程序决定的改革立法明示。改革需要于法有据千万不能成为一部分人不愿推进改革的托词。

第三，大量改革涉及的只是社会关系的微观变化，因而可以运用法律方法调适法治与改革的紧张关系。一般来说，立法是在社会发生革命性变革的时候才采用的方法。立法在程序上的难度很可能促进人们对法律发现、法律解释、法律论证方法的重视。我们必须注意到，法治方式不仅包括立法方式的重立和修改，还包括法治思维和法律方法在思维决策中的运用。很多改革仅仅是制度的微观完善，在细小问题上的改革可以运用法律解释等方法，使制度适应社会的进步。毕竟立法是需要审慎使用的方法，一般来说，为了保持法律的稳定性不能轻易使用立法手段。在法治与改革关系中进行顶层设计，需要我们重视法治思维（建立在法律方法基础上）的作用。这样才能造就法律的稳定性，进一步可以起到稳定社会关系的作用。

第四，如果只是牵涉社会关系的局部变化，那么只需要运用修法的方式进行改革。在西方法治社会的改革主要不是重新创设法律，修法是其主要形式。这是因为，改革与革命不一样的地方在于它不是社会关系的根本改变，社会关系的重大变化需要立法，而一般关系的改变只要通过法律修改就可以达到目的。常态中的改革方式主要就是修法，没有必要在任何改革过程中都使用立法方式。对于修法与改革的关系笔者已进行了专门论述。①

当然，上述对法治方式促进改革的描述过于简单，还需要更充分的论证和深入研究。在顶层设计中需要看到用法治方式促进改革

---

① 参见陈金钊《改革与修法的意义阐释》，《河南大学学报》（哲学社会科学版）2014 年第 5 期。

的艰巨性和复杂性。"'法治中国'建设是一个庞大的系统工程，也是一项伟大而艰巨的社会事业，很多问题远比这些理论设计和分析更加复杂。"① 除了技术方法的运用外，法治中国的顶层设计还需要注意四个环节：一是重建价值体系，培育社会共识与合法性认同；二是重塑体制与机制，实现国家与社会之间的对流循环；三是重组社会结构，实现社会治理和多元互控平衡；四是塑造公民品格，促进理性规则秩序。在很大程度上，改革与法治都属于政治权力话语。虽然我们常说，改革的动力来自社会，来自民间，但实际上这只是一种修辞，因为来自民间、社会的改革主张与愿望很多，但是哪些主张和愿望能进入改革的范围，因而需要修法的举措，都是由权力来决定的。国家权力与社会权利需要共同遵守法律。现在，不仅这样的法治意识形态没有最终形成，而且，我们还缺乏很多这样的法律程序。所以我们的改革不仅表现为修法，还应该注意对新制度的创建，以新的制度来推动社会的转型。在深化改革的过程中，用法治方式凝聚改革共识中的法治，不仅是要尊重已有的法律，还要创建与善治相适应的新法律制度。在修法和创设法律的过程中推进深化改革和法治中国建设，这是法治与改革一致的地方。在这一领域中能够实现法治与改革的兼容，这意味着用法治凝聚改革共识是有条件的。这个条件就是立法、修法领域以及法律解释的场合。在其他地方则需要消除法治与改革的矛盾才有可能凝成共识。

四 结语

"要推进'法治中国'建设，就需要以培育法治的社会根基

---

① 马长山：《"法治中国"建设的问题与出路》，《法制与社会发展》2014 年第3 期。

为立足点，重建价值体系、重塑体制机制、重组社会结构和塑造公民良性品格，以此推动'法治中国'的早日实现。"① 法治与改革是解决社会矛盾冲突的两种手段。对社会发展与进步来说都属于大手笔。里面包含着很多具体的诉求和理想的指向。改革与法治在中国已经穿行了近 50 年，但直到如今，我们一直很欣赏在经济上取得的"没有设计奇迹"，陶醉在"摸着石头过河"的经验主义之中，几乎成了一种关于国家与社会发展的战略思考。因而笔者想说的是，法治与改革作为促进社会发展与进步的最主要手段应该有战略意义上的行动纲领和信念，需要对它的理论进行论证和辩护。一般来说，改革通常的意义表达的是一种激进主义思想，而法治则代表了保守主义倾向。然而在中国语境下，改革与法治实际上都涉及权力和权利的重新分配。在这些问题上，学者和政府官员都是模糊不清的，因而会出现违法改革论和法治陷阱论。在"告别革命"以后，人们的思想已经开始多元化，并且法治与改革面对革命理论都不属于过度激进的理论，即使是具有保守倾向的法治，与中国现有的权力格局比较，也还是带有激进的成分。对于改革我们有过对全社会的总体动员，但对于法治我们强调政府的推动与推进，缺乏社会动员。由于法治不仅与权力相关，要制约权力的任意行使，而且还与公民的权利有关，所以即使是没有进行社会动员，只要统治者倡导法治，各种各样的法治方式自然会来到统治者眼前，致使统治方式不能仅仅依靠权力的压服来运作。今后法治建设中官民、公民、政府与社会组织、执政党与参政党之间追求平等，叫能会随着国家治理体系的完善以及法治走向深入而成为重要的问题。法治倡导平等，平等是构建现代人际关系的原则，但是，"政治关系中的人总是有社会地位

---

① 马长山：《"法治中国"建设的问题与出路》，《法制与社会发展》2014 年第 3 期。

的不同，因而现实的社会关系总是包含着等级差异"①。平等可能是法治永恒追求的目标，法治改革观将成为今后法治中国建设和改革事业共同的指导思想。

---

① 高瑞泉：《革命世纪与哲学激进主义的兴起》，《华东师范大学学报》2013 年第 6 期。

关于我国政治体制改革的法理思路

魏　宏[*]

序　言

中共十八届三中全会提出："紧紧围绕坚持党的领导、人民当家自主、依法治国有机统一深化政治体制改革，加快推进社会主义民主政治制度化、规范化、程序化，建设社会主义法治国家，发展更加广泛、更加充分、更加健全的人民民主。"这是在新的历史条件下，作为执政党的中国共产党对我国政治体制改革提出的一种宣示。

这种宣示首先表明，政治体制改革，作为邓小平生前所提出的我国改革开放总体方略的一个重要组成部分，作为自中共十三大以来历届党的全国代表大会报告中所重申的重要议题，作为我国社会科学诸多领域内的学者多年以来所持续关注和讨论的一个重要话题，也是当今中国共产党人对历史、对现实、对未来所肩负的重要使命。换言之，在要不要进行政治体制改革的问题上，执政党与社会各方面是有共识的，这就是：改。

无可回避，这种宣示同时也表明，我国的政治体制改革需要立

＊　魏宏，国家行政学院法学部教授。

足国情，坚守改革的政治原则和政治底线，要以民主和法治相统一的建设性思路来设定改革的目标和改革的具体路径，不能影响国家的政治稳定、经济发展和社会和谐。换言之，在怎样改的问题上，需要消除极端思维，求同存异，凝聚共识。

这进一步表明，在如何进行政治体制改革的问题上，过去30多年来，共识一直没有真正形成。执政者更看重社会稳定、政令畅通和执政地位的重要性，强调在现有体制大框架内的调整和完善；而学界则更看重权力制约、民权保障和对执政党监督的重要性，强调对现有体制的突破和变革。由于此，我国的政治体制改革虽然也取得一定的成就，但几十年来在总体上讲则是左右摇摆、进进退退，要么"只听楼梯响，不见人下来"，曾长期处于一种徘徊、观望、不知所措和相对停滞的状态，要么只在外围发力，把精力投到经济体制、社会体制、行政体制、司法体制的改革上，希望以此"替代性"的方案来回应社会对政治体制的诉求，回避和延缓一些实质性问题的解决。正由于此，笔者以为，我国政体改革所面临的困境，不是仅靠激情洋溢地空喊几个理念性的口号，强调其必要性、重要性、紧迫性就能克服、摆脱和前行的，而是需要冷静地、理性地、深入地面对我国政治制度和政治生态的现实去思考、去探索、去寻找，尽可能地换位思维、相互理解，以找到能最大限度地为社会各方面所接受的方案，方可获得希望、转机和进展。

在这种思维路径的约束之下，除了偏执的左右两极型观念的定势之外，执政者与学界在政改问题的认识上其实是有很大交集的。这不仅表现在执政者多年以来（特别是中共十八届三中全会）对来自学界的各种思想和建议的不断吸收，也表现在学界相当一些人开始软化先定的制度模式的理想标准，转换视角，立足我国的现实国情，从改革和完善两个方面而不仅仅是改革一个方面来思考我国的政改问题。不难预见，只要抱着建设性而不仅仅是批评性的态度，只要从经验理性而不仅仅是观念理性出发，政改方案的共识就是可能的。

　　诚然，由于政治体制在整个国家体制中的中枢地位，每一步改革都涉及较多的人和事，在一定程度上甚至可以说是牵一发而动全身的，因而政改是一项复杂的工程，其方案的形成很难一蹴而就。在实践中，它极有可能是一个又一个在解决具体问题的探索过程中所形成的一个又一个具体方案在时间序列上的不断试错、修正和累进，而不是一个预设的大而全的宏观蓝图。

　　但是，这并不是说，对我国政治体制在宏观上的思考、研究和设计没有必要。在一定程度上甚至恰恰相反。正由于政治体制改革涉及较多人和事的复杂性，正由于它具有"牵一发而动全身"的整体性，因而对政治体制改革的宏观研究，就有助于站在一个制高点上，理清政治体制改革的宏观思路，把握政治体制改革的整体协调机制，缩短探索的路径，减少失败的次数，增加试错的成功概率，提高及时修正错误、避免重大损失的机会，使我国的政治体制改革在稳定、和谐、有序的环境中进行。

　　基于以上考虑，本文拟结合笔者既往的研究成果，以"坚持党的领导、人民当家做主、依法治国有机统一"为政治原则，在我国现行宪法所确定的人民代表大会制度的前提之下，从法理的角度，就我国政治体制改革的宏观思路从以下三个方面作简要的介绍，在供学界批评的同时，以期抛砖引玉，为推动我国政治体制改革共谋出路、共绘蓝图、共寻切实可行的方案。

一　制约机制的塑造

　　建设社会主义法治国家，是十八届三中全会所强调的我国政治体制改革在治国方式上的制度目标。尽管法治的概念可能有不同的侧面，但从制度目标上看，其核心点则在于建立权力的分立与制约机制。无此，就不可能有法治型的国家。在这方面，我国的分权制约机制其实在宪法层面已具雏形。问题不在于创建，而在于塑造。

（一）国家机关的分权体制

政治体制改革的首要动因，是治理权力、规范其运行、防止其腐败和滥用。无疑，在如何治理权力的问题上，教育、惩罚和制度都各有其意义，不能相互替代：教育解决"不愿为"问题，惩罚解决"不敢为"问题，而制度则解决"不能为"的问题。显然，政治体制改革要解决的是制度问题，而不是教育和惩罚问题。

制度包括两个方面：一是制约，即将公共权力划分成不同的权能，分别交给不同的机关去行使，使这些机关之间形成一种相互牵制的链条和平衡的机制，以防止集权所带来的专制；二是监督，即将掌管某一类型（或具体事项）的公共权力，交给某个特定机关、部门或者个人独立去行使，再设定一个专门机关，或者建立一些必要的机制，让其他机关、媒体和普通百姓来观察其是否按照授权的既定目的、精神和具体规定合法、合规、合理地在履行着其职责。因此，分权是制约的前提，也是监督有效性的前提。

谈到分权体制，人们常将其等同于西方国家，尤其是美国的"三权分立"体制。其实，这种理解是片面的。作为共性，分权体制都是将政体职能划分为几种基本形式，分别赋予不同的机关去履行，以防止权力的过于集中；但作为个性，由于历史和文化背景的不同，分权体制并没有固定的模式。即同样是分权体制，可以侧重于分立，也可以侧重于制约。

我国的人民代表大会制度，由于人大代表不可能直接行使国家的日常治理权，也由于人大常委会、人民政府、人民法院和人民检察院在人事上不能相互兼任、职能上相互分开，因而并非学界主流观点所认为的那样，是"议行合一"的体制，而是人民代表大会之下的立法、行政、审判和检察四种权力的分立和制约体制。所不同的是，人大常委会的性质定位还不十分清楚。为此，需要首先在理论上划清人民主权与国家治理权的界限。在此基础上，建议将人民代表大会明确定位为人民行使主权的机关，将人大常委会与一府两院定位为行使国家日常治理权的机关。这样，人民代表大会制度下的分权与制约体制就会完善起来。

（二）立法权的制约与监督

立法权的制约与监督不为人们所关注。其实，它是权力治理问题的一个源头。在这方面，主要应解决以下几个问题。

其一，根据现行宪法的规定，宪法和基本法律的制定、修改和废止都是由全国人大来行使。这样，制宪主体与立法主体就混同在一起了。为此，建议要么将国家层面的所有立法权都交全国人大常委会来行使，要么提高制宪的门槛，比如在全国人大通过修宪案之后，增加一个全国政协的参与机制，或者增加一个由地方人大会议审议的机制，再或者增加一个全民公决的机制。当然，就现实国情来讲，全民公决成本太高，而其他机制则具有现实的可选择性。

其二，现行宪法中关于基本法律与其他法律的概念不清，在立法实践中难以区别。为此建议：一是根据下级机关不能给上级机关设定职权与职责的法理原则，凡宪法规定全国人大职权范围的立法事项，只能由全国人大制定；二是根据自己不能给自己授权的法理原则，凡授权全国人大常委会职权的法律，只能由全国人民代表大会来制定；三是根据同级机关不得相互制定法律的法理原则，再按照人民代表大会制度下的四权分立制衡体制，凡涉及人大常委会和一府两院之间职权关系的法律，就只能由全国人大制定。此外，应全部交全国人大常委会制定。即将宪法性法律交全国人大制定，将非宪法性法律交全国人大常委会制定。

其三，立法议案的提出、审议和签署。具体包括：一是全国人大会议主席团作为临时机构、全国人大委员长会议作为内部议事协调机构、全国人大各专业委员会作为内部业务机构，都不具有法律上的独立人格，故建议修改《立法法》，取消其立法提案权。二是全国政协由各方面的代表人物组成，不赋予其立法参与权，确实是资源的巨大浪费。故建议在全国和省级这两个层级上，在人大常委会立法的范围之内，在涉及民族宗教问题以及国家主权、领土完整和对外事务的立法方面，赋予人民政协一定程度的立法审议权。三是法案签署是法律生效的必要条件。为保持签署文本与表决文本之间的绝对一致性，并避免签署环节的纯仪式化，建议对于全国人大通过的法律，应由国家主席当场签署生效；而全国人大常委会通过的法律，则应由全国人大常委会委员长当场签名后交国家主席签署，并赋予国家主席有限度的否决权。省级和较大市级人大及其常委会制定的地方性法规，也应分别照此进行规定。

（三）行政权的制约与监督

什么是行政权？相对于人民主权而言，它是国家的一种治理权；相对于国家的议事权而言，它是国家的一种管理权；相对于国家的立法权而言，它是国家的一种执法权；相对于国家的决策权而言，它是国家的一种执行权。

在这样的法律定位之下，建议如下：一是用"政府立规"代替"行政立法"来统称行政法规、行政规章和其他行政规范性文件的制定，以维护全国人大及其常委会独享国家立法权的宪政地位；二是修改《立法法》，删除其赋予国务院在法律之外依职权立法的规定，以维护行政法规只能根据宪法和法律制定的宪政原则；三是修改《立法法》，明确赋予各级人民政府根据上位法制定行政规章的职权，以改变现在的无序状态，使其规范化。

此外，就重大事项的决策而言，赋予人民政府参与性、执行性和应急性的决策权，是很必要的。然而，由于宪法和法律上的漏洞，在实践中，这种决策参与权却变成了决策享有权，执行性决策权变成了创制性决策权，应急性决策权成了终极性决策权，进而使人大和人大常委会的实际决策权旁落，而人民政府则成为实际上的决策机关。比如，各级人民政府的国民经济和社会发展计划、国家预算以及政府工作报告，在未经人大常委会预审的条件下，就直接提交人民代表大会审议，而人民代表大会由于人数多、会期短以及代表兼职等特征，又不可能对这些议案进行实质性的深入审议，故建议修改宪法和地方组织法，明确规定上述议案应在提交本级人大审议之前，先提交本级人大常委会预审，并规定人民政府的其他日常重大决策事项也应提交本级人大常委会审议通过之后再执行。

（四）司法权的制约和监督

相对于立法权和行政权而言，司法权是国家权力结构中较弱的一个分支。由于历史和现实国情的不同，司法权的概念也不尽相同。在我国，从内涵上看，它是贯穿于解决具体案件的整个诉讼过程中的国家权力；从外延上看，它以审判权为中心，以审判权和检察权为主体，向两端扩展到侦查权和司法执行权，从而构成司法权的完整链条；在价值目标上，它是在立法机关的造法、行政机关的执法（管理性）职能之外，设定的一个以守护法律为己任的国家职能，以维护社会的正义。

1. 审判权

审判权作为一种在具体案件的争议中居中判断是非的权力，决定了法官只能服从法律、案件事实和自己的职业良知，而不能受其他非法律、非理性因素的干扰。因此，恢复1954年宪法关于"人民法院独立进行审判，只服从法律"的规定、确立审判权独立的原则就非常必要。具体地说，审判权的独立包括三个方面：一是人民法院相对于其他国家机关，尤其是行政机关的独立。为此，应将法院的财政权由同级政府转交同级人大来决定。二是下级法院对上级法院的独立。为此，应禁止上级法院在任何具体案件审理终结之前，对下级法院提供任何有关该案如何判决的意见。三是法官本人的独立。为此，应保障法官的职业身份，除非因违反法律或职业道德之外，不得因为法官对案件认知的不同而给法官任何处分。与此同时，尽管每一个案件都应以多数法官的意见作出判决，但应将少数法官的不同意见记录在案，并在判决书中写明对判决意见赞成和反对的票数。

当然，审判权的独立不意味不要制约与监督。但应注意四个问题：一是要规范最高人民法院的审判解释权，建立对审判解释涉嫌违反宪法和法律的有效的审查启动机制；二是应规范人大及其常委会的监督权，不得将人大机关的监督变成人大代表或人大常委会委员个人的监督；三是应完善人民检察院的抗诉制度，而不是轻易否定其合理性，进而取消它；四是应将审判权与司法执行权相分离，将后者交由司法行政部门去行使。

此外，在审判体制改革问题上，学界关于建立法院系统内部的垂直领导体制、建立与行政管辖区相分离的司法管辖区，以及建立独立的行政法院系统的设想，都是得不偿失的。作为替代方案，可考虑在现有司法管辖体制基础上，按照由对争议双方所在地均有管辖权的法院来受理二审案件的原则确定一审法院的级别；或者由最高法院派出审判庭受理跨省区的除死刑复核之外的普通案件；再或者按照方便双方当事人诉讼的原则，指定与争议双方距离大体接近的第三地法院来受理，以克服审判中的地方保护主义。

2. 检察权

检察权，是一种专门的法律监督权，即由专门的国家机关作为主体所享有的、依据法律的规定和程序，追究国家机关及其公务人员违法犯罪行为的具有司法性质的一种公权力。由于检察的对象是公权力，因而检察权地位的独立性就是十分必要和重要的。这同时又表明，学界一些人关于取消检察机关独立设置、将其职能纳入司法行政部门之内的设想，就是肤浅的、有害的、不应当采纳的。不仅如此，检察权的独立性和职能还需要进一步强化。比如，应对同级人大负责，但不对同级人大常委会负责；执行上级检察机关督办案件的指令，但不执行上级检察机关不让承办某一案件的禁令；建立主检检察官独立办案的制度，服从检察长的行政领导，但不服从其业务干涉；强化对行政案件的抗诉职能；建立代表公益诉讼的制度等。

检察权不是司法环节链条的终端，其检察结论要提交法院审理后，才能有定论，因而其扩张、滥用的可能性相对来讲较小。尽管如此，在防止刑讯逼供、侵犯犯罪嫌疑人的人权，防止包庇犯罪、为嫌疑人开脱罪责，防止滥用监督权、侵犯其他国家的职权方面，也需要在制度上作一些具体的防范。

（五）我国的违宪审查制度

建立并完善我国的违宪审查制度，追究"一切违反宪法和法律的行为"，确保我国整个法律制度的根基不被动摇，对于维护国家的政治生活秩序、规范国家权力的规则运行，具有十分重要的意义。

在这方面，尽管宪法授予全国人大及其常委会行使"监督宪法的实施"的职权，但由于全国人大每年只召开一次会议，且违宪审查是一项专业性很强的工作，需要具体的承办机构、专业人员和操作程序来保障，作为民意机关的全国人大及其常委会实际上是力不从心的。由于此种原因，我国的违宪审查制度还处于事实上的探索阶段，并没有真正建立起来。

根据我国的国情，在坚持人民代表大会制度的前提之下，借鉴国外违宪审查的长处，建议取消全国人大及其常委会宪法实施的法律监督权，但保留各级人大及其常委会宪法和法律实施的政治监督权，并保留上级行政机关对下一级行政机关的行政监督权。在此基础上，授予各级人民法院以宪法判案的职权，并授予人民检察院宪法实施的法律监督权。这样，我国的违宪审查制度就是一种将违宪审查与违法审查相结合，将各级人大和人大常委会的政治性民意审查、各级政府的行政性工作审查、各级法院的个案随附审查和各级检察机关的专门性法律审查结合在一起的多元、多级的立体型、网络型的体系。它的好处在于，既坚守了违宪审查的专业性，又照顾到了它的政治性，具有普通法院、宪法法院、宪法委员会和人民代表机构审查的综合性特点。

二　选举制度的重构

政治体制改革的根本目标，是建立基于中华和谐文化基础上的社会主义的民主体制，而民主体制的基石就是民主选举。应当承认，我国的选举制度在形式上已经比较完备。但由于在选举原则、人民代表选举、政务类公务员选举等方面所存在的一些实质性问题还没有解决，因而，需要通过重构才能完善起来。

（一）选举原则

虽然选举原则可有不同归类，但最重要的是平等性、竞争性和公正性三个原则。其中，平等性是一个前提。它包括选举权与被选举权两个方面，并具体展现为选举资格、选举票数和选举票价三个层面。在这方面，我国目前存在两个主要问题：一是由于公民不能自荐争取成为候选人，从而使公民的被选举权普遍受到限制；二是由于户籍制度的限制，上亿流动人口，特别是在异地打工的农民工的选举权不能落实。此外，就选举票价而言，很长时间以来，由于人民代表名额分配比例在城市人口与农村人口中的差距，使得农民的选举票价降低，构成了选举权上的歧视，好在这个问题现已解决。

竞争性是选举的本质，没有竞争，就没有真正意义上的选举。为此建议：一是应向具有被选举权的所有人开放参选登记，除推荐之外，允许个人自由报名；二是无论人大代表还是常委会委员，或者行政首长，应一律实行差额选举；三是解除不许拉票的禁令，允许自我宣传，并组织候选人就竞选纲领进行介绍和辩论。

公正性是选举的目标。所有选举制度设计的价值目标最终都是为了选举的公正。但选举中的公正是指选举过程的公正，不是指选举结果的公正；是以选举程序是否公开透明、是否有利于选举人自由真实地表达自己的意愿、是否有利于参选人之间的平等竞争为标准，而不是以哪一个德才兼备的人是否当选为标准。为此，需要着重解决权力的不当干预和候选人之间的不正当竞争两个方面的问题。

（二）人民代表的选举

许多人对人民代表大会的会议形式多有微词，他们将其与外国的议会相比较，认为代表人数太多、文化素质不高、没有职业化。殊不知，人民代表大会作为人民行使主权的制度化形式之一，是介于全民公决与西方议会之间的一种过渡形式：一方面代替全民公决，行使制宪权、选举权；另一方面代表人民诉求，监督政府。因而，不具一定规模就不具合法性；不具平民性，就难以准确代表人民，特别是底层民众的意愿；不保持非职业化，就会脱离选民，形成特殊的利益群体。

在人民代表名额的分配中，如何处理地域之间和社会界别之间的关系是个很复杂的问题。相对而言，由于不具界别之间那种较多的利益连带性，地域间的不同利益诉求，只有各地自己的代表才能表达；也由于不像界别之间的矛盾那样容易化解，地域间的不同利益诉求得不到满足时，对国家安全的潜在威胁更容易变为现实；更由于政协会议就是不同社会界别表达心声的场所，而地域间的不同利益诉求只有依赖人大这样一个制度化的平台。因此，我国在各级人大代表名额的分配中，实行以地域为主、以社会界别为辅的做法，在原则上没有太大的问题。但不可避免带来的问题则是：代表候选人的权力操作。为此建议：社会界别的划分应按照性别和职业身份，各社会界别名额之间的平衡应在各界别人口实际比例的基础上按照保底线高的原则确定，并在正式选举的基础上通过逐级复选进行淘汰和补选的办法来自动解决。

（三）政务类公务员的选举

在我国现行的法律制度中，没有政务类公务员的概念。与此相近的提法，是《公务员法》中所提出的"领导职务"类公务员。但是，领导职务类公务员的外延很宽泛，而政务类公务员则是专指那些通过选举或者通过民意机关决定任命的官员。因此，讨论选举问题，使用政务类公务员的概念就比较准确。在我国现阶段，这包括各级人大常委会组成人员、各级人民政府组成人员，以及各级人民法院正副院长与各级人民检察院正副检察长。

（1）虽然可以将人大常委会定位为行使国家治理权的机关，但它毕竟是建立在人民代表大会基础上的常设性民意机关，因而，人大常委会组成人员之间就应当是平等的民意代表，其名额的分配就应当照顾地域之间的平衡，且由各下一级人民代表大会选举产生。具体来说，应当改变现在这种将人大常委会组成人员分成正副委员长（或正副主任）、秘书长、委员三个不同类别，由本级人民代表大会直接选举的方式；而代之以将本级人大常委会全体组成人员名额全部作为无差别的委员名额，按照地域之间平衡的原则分配到各下一级人民代表大会，由其在选举出席本级人大会议代表时一并选出的方法，以避免在本级人大会议直接选举时因候选人太多，人大代表对其难以了解而投糊涂票的问题。

（2）在我国现行的宪政体制中，国家元首与中央人民政府首长是分开的。前者由全国人大代表大会选举产生，而后者也是在同一次全国人民代表大会上由国家主席提名、经人大会议决定的。由于每次全国人民代表大会会期就半个月左右，要求国家主席在自己还没当选之前或者刚刚当选之后，就考虑好谁是合适的总理人选，显然是不现实的。故建议，国家正副主席的选举应当在上一届全国人大常委会的主持下，由各省级人大会议在选举出席全国人大会议的代表时一并选出。这样，不仅为考虑总理人选提供了必要的时间差，更重要的是增加了国家正副元首的民意合法性。

我们国家是一个大国，各地情况千差万别，加上没有民主的历史传统，如果盲目照搬西方那种由国民直选国家元首的做法，一些不测因素所导致的选举争议，就有可能使国家陷入内乱，进而将老百姓裹挟进去，成为盲目的牺牲品。而这种由省级人民代表大会选举国家正副元首的方式，就有利于形成一种有序的、分级的、理性的民主制度，防止民粹主义所带来的危害。按照此种理由，省级人民政府正副首长的选举也可以采取这种方式，比如由县区一级人民代表大会来选举。至于县级人民政府正副首长，则应当逐步向直选的方向过渡。

（3）与以上不同，人民法院正副院长、人民检察院正副检察长，由于其工作的特殊性，需要将政治性（获得民意的尊重）、行政性（优秀的管理才能）和专业性（扎实的法律专业知识）结合，故现行关于人民法院院长和人民检察院检察长直接由人民代表大会选举的规定，由于忽视了候选人的行政和专业素质，就是很不妥当的。建议采取以下方式产生：一是分别规定各级人民法院正副院长和各级人民检察院正副检察长基本的专业技术资格，以确保其专业性标准；二是仿照竞争上岗的模式，采取由符合条件者自愿报名、组织专家委员会答辩、本级人民政府行政首长提名（其中检察长要通过上级人民检察院检察长审查认可）的方式确定候选名单，以确保其行政素质；三是提交人民代表大会选举的正职候选人名单应是差额的，以确保其政治上的民意性；四是由人民法院和人民检察院正职提名、提交同级人大常委会任命的法院和检察院的副职人员名单，应保留现有的等额制度，如被否决，可以另提他人。

三　政党制度的完善

在现代社会，民主政治大都表现为政党政治，但反过来讲，政党政治则不见得一定就是民主政治，有时候甚至恰恰相反。因此，政治体制改革的重要方面就是完善政党制度。在当代中国，就是在保障中国共产党执政地位的前提下，处理好以下三个问题。

（一）执政党与国家机关的关系

执政党掌握着国家权力，但它本身又不是国家机关。这样，如果不理清执政党执政的合法机制，就容易发生以党代国、以党代政、以党代法的问题。在这方面，由于我国人民民主专政的政权是1949年在国民党"以党治国"模式的影响还未消尽的条件下建立的，同时又盲目借鉴了苏联的党政制度模式，因而，尽管几代社会主义的领导者进行了曲折的探索，但执政党与国家机关的关系还是一个有待继续讨论的话题。

为此，需要从理念上首先区分中国共产党的"领导地位"和其"执政地位"这两个概念的适用对象。依据宪法，中国共产党的领导地位主要体现在多党合作制度和统一战线之中，不是对国家机关的直接领导；而中国共产党的执政地位，虽然宪法没有明确规定，但其在多党合作制中的领导地位已逻辑地表明了它的执政地位。

拥有执政地位，又不能直接领导，其解决的法理思路就是通过在国家机关中的党员来实现党的执政地位。换句话说，所谓执政党并非党的机关直接掌握国家权力，而是国家权力由其党的党员掌握着。基于此种理由，由于宪法已经规定了全国人大"最高国家权力机关"的地位，也规定了人民政府对同级人大负责和报告工作的义务，更规定了人民法院和人民检察院依照法律规定独立行使审判权和检察权的职责，因而为避免许多不能自圆其说的逻辑悖论，建议不宜再简单地提执政党对人大、政府和司法那种外在的直接领导了。作为替代方案，执政党可借鉴国外有些国家的议会党团形式，通过人大内部的党组织来实现党的主张。对于人民政府、人民法院、人民检察院，可以通过选举机制，确保其领导权由执政党的党员来担任。

（二）执政党与其他政党的关系

政党，只要称为政党，那就姓"党"而不姓"国"，那就优先代表支持它的那些社会群体的利益和愿望，而不可能不偏不倚地代表全民的利益和愿望，否则，政党本身也就归于消亡了。因此，要平衡不同社会群体之间的利益，防止执政党走向专权、走向极端、走向腐败，政党之间的监督就是必不可少的。从这个意义上讲，多党政治就是民主政治发展之需要。

根据宪法，我国实行的是多党合作制度。就是说，我国的政党制度也是一种多党制。所不同的是，它是一种多党合作制，不是多党竞争制。应当说，合作的理念对于政党政治的良性发展是有益的，它可以避免内耗，防止政党恶斗带来的危害。但也正是如此，我国的政党制度还存在着有待改进的问题和需要完善的空间。这表现在，更多地强调合作的一面，而回避竞争的一面；更多地看重参政党的建言与献策，而不是其对执政党的批评和监督；更多地强调执政党的领导地位，而忽视参政党自身的独立性；更多地注意政党结构的稳定性，而忽视政党本身也有一个因应社会需要而新陈代谢、自生自灭的过程。一句话，更多地体现统战的思维，而不是监督的理念。

为此，建议制定政党法，从法律上确认政党的地位，政党之间的关系，政党与国家的关系，政党的行为准则，执政、参政和监督的途径、方式等。其中，有两个问题尤其重要：一是各政党在法律地位上的独立性，既是政党存在的前提，也是政党之间监督的前提，更是政党之间竞争与合作的前提，需要切实加以保障；二是为保障宪法所确认的中国共产党在多党合作制度中的领导地位，可以通过立法确立中国共产党党员人数在各级中国人民政治协商会议中占多数比例；在此基础上，通过修宪规定所有党派提出的议案都应首先经过政协会议的讨论，并在表决通过之后，再提交同级人民代表大会讨论。

（三）执政党内部的制约与监督

政党内部的事务本不在法律讨论的范围之内，但由于中国共产党长期处在执政地位，权力腐败与滥用现象也就主要发生在党员干部身上。因而，抓好作为执政党内的权力监督，我国权力监督问题也就会较好地得到解决。为此，应关注以下三个问题。

1. 尊重党员权利

尽管党员的权利和义务应当统一，但这种统一在不同的时代环境中则应当有不同的特征。战争时期，由于随时面临着牺牲，以誓约为特征，乃至以生命为担当的义务就是必要的；而在和平年代，这样一些要求在很大程度上就不仅是无的放矢、没有太大意义的，而且在有些方面还是有害的。换言之，随着历史环境的转变，随着执政地位的确立，普通党员在党内的地位就应当从义务本位向权利本位转变。这样，就可以增加党组织的活力，增加对社会的吸引力，也有利于对掌握实权的党内干部的监督。为此，建议修改党章和相关党内文件，删除战争年代对党员所提出的一些苛刻要求的痕迹，并赋予普通党员较多的发表见解、批评时弊、向党组织建言献策的权利。

2. 拓展党内民主

尊重党员权利，就要建立起以党员为本位的民主的党内权力的产生、运行和监督机制，即党内权力的民主授予、党内决策的民主参与、党员干部的民主监督。具体地说，一是要完善竞争选举和竞争上岗的制度，从根本上消除用人制度上的腐败现象；二是党的理论、路线、方针、政策，以及每次党代会的文件，在正式作出决策或决定之前应在党内先行公布，组织党员进行讨论；三是修改党内有关文件，删除对党员行使批评权的一些不当限制，为党员提供更为充分的、多种形式的，且有保障的监督途径。

3. 健全党内法治

尊重党员权利、拓展党内民主，需要通过健全党内法治来保障。因此，党内法治的价值目标是保护党员权利，给他们营造一个自由的政治上的精神环境；重点对象是党的各级领导机关和各级领导干部，而不是普通党员，这就需要规范党内的权力运行机制，防止其腐败和滥用。

（1）建立党内权力的分立与制约机制。这有两个问题：第一，关于党代表大会常任制问题。党的十七大报告关于"实行党的代表大会代表任期制"的新提法，已经为党代会常任制的试行提供了可能。无疑，实行党代会常任制，有利于发挥党代表的监督作用，但问题在于，在我国民主机制还不健全、执政党与国家之间的关系还没有完全理清之前，如果仓促实行党代会常任制，那党代会就很可能在实质上替代人代会，从而使每年一次的人代会变成党代会的橡皮图章。因此，要实行党代会常任制，就必须将其议题严格限定在党自身的事务上，放在党的路线、方针、政策等宏观问题上，不可以讨论每年由政府向人大提出的报告。第二，关于党的纪律检查委员会的独立性问题。既然党内法治的重点对象是党的领导机关与领导干部，那纪检委就必须独立于同级党委，才能有效履行其职责。故建议修改党章，规定由党的代表大会直接选举同级党的委员会和党的纪律检查委员会，并规定党委会和纪检委两套班子互不隶属、人员互不兼职、业务互不混同，并分别对党代表负责。

（2）确定党内文件制定与修改的章法与程序。党内法治，就是依党章、党规和党纪来治党。因而，确立制定和修改党章、党规、党纪和党内其他规范性文件的主体资格、基本原则和必要程序，就是十分重要的。为此，建议修改党章，将全国和各级党代会、党委会、常委会和纪检委制定和发布规范性文件的权力边界界定清楚，并就制定原则、程序，以及冲突解决机制作以规范。这样，就可以明确相应文件的效力阶位，有利于化解文件之间的冲突，并提高党内文件在党员心目中的严肃性，有利于增进贯彻执行的实际效力。

（3）修订党纪处分的职权界限与程序规范。党组织不是国家权力机关，而是党员的精神家园，因而对党员的纪律处分应当以爱为前提。但同时，党员也是公民，党组织不应当成为其党员逃避违法或犯罪责任的庇护所。因此建议：第一，取消以行政纪律监察为名，由纪检委责令涉嫌违纪的党员到"指定的时间、地点就调查事项涉及的问题作出解释和说明”这种变相拘禁的强制措施；第二，避免党政处分一体化，既不能用党内处分代替行政，甚至刑事处分，也不宜将党内处分作为影响其行政业绩考评和行政晋级的依据；第三，在处分权限、规则与程序的设定方面，应着重防止上级领导指示处分、违反规则处分，以及违反程序处分这三种情况。

结　语

以上从法理角度，分三个方面简要介绍了笔者对我国政治体制改革在宏观层面上的思考与设想。如序言中所示，政治体制改革是一项复杂的工程，它绝不是以上三个方面所能包括无遗的。同时，由于笔者的个人能力所限，对这样宏大、复杂的改革工程的思考，难免在研究的视角上有失全面、有所盲点，在研究的广度上有失周延、有所疏漏，在研究的深度上有失深邃、有所肤浅，进而难免在理论价值上存在瑕疵、错误，乃至荒谬，并导致在应用价值上的操作困难、体制障碍，以及观念与利益的现实阻力。

学术研究旨在探索，虽然获得“正确”比获得“错误”更使人期望，但探索中的“错误”总比期待“正确”从天而降更有价值。所以，哪怕是一根稻草，甚至一把秕糠，作为既往一段时间的探索结果，笔者还是乐意把它提纲挈领地奉献出来，作为思想上的一种交流，作为大家批评的靶子，以期更多的人从制度的实际操作层面而不仅仅从观念转化的理想层面来关注我国政治体制改革的实际进程问题。

司法改革四问

郑成良[*]

这一轮司法改革与以前的司法改革不同。以前的司法改革基本上是由最高人民法院和最高人民检察院分别发动和主导的，因而在改革的力度、深度和系统性方面存在许多难以逾越的限制，这就使得过去的改革更多地具有战术性而非战略性特点，改革举措往往是零敲碎打式和头痛医头脚痛医脚式的，主要表现为运作方式、方法的改革和对现行法律所确立的司法制度予以进一步的贯彻落实，而非司法制度层面的改革创新。而这一轮司法改革是由中央层面直接发动和主导的，因此，自然会令人抱有更高的期待，人们有理由把它理解为一次与推进国家治理现代化目标相配套，在司法制度、体制层面全面贯彻法治原则的全局性、系统性改革。不过，从目前全国六个试点单位的改革方案看，似乎还存在一些值得关注的问题。在此，笔者只谈其中的四个问题。

首先谈谈试点方案层面的两个微观问题。

第一，法官员额制如何确定。首先公布的上海改革方案把法官员额定为法院编制数的33%。有的试点单位所拟订的上报方案还提出了比上海更高的比例，而且在法院内部，主张把法官员额比例确定得更高一些的意见也得到不少人的认同，但是，依笔者之见，

---

* 郑成良，上海交通大学凯原法学院教授、博士生导师。

33%已经是过高的比例。法官员额高比例的好处是可以让更多有法官资格的人继续担任法官，从而减少改革的阻力，不过，这种好处是以偏离司法规律为代价的。尽管世界各法治发达国家的经验不一定能够照搬过来，但是，这种高得翻倍的比例必然要大大降低法官助理、书记员和司法警察的比例。以上海方案为例，这三种人员的比例分别为：法官助理26%、书记员16%、司法警察10%。而在一个合理设置的员额制度中，这三种司法辅助人员的比例都不应当低于法官的比例，尤其是法官助理，要明显甚至成倍数高于法官比例才行，因为只有这样，才能保证每位法官都能够配备一名以上的法官助理、书记员和司法警察。这样做的好处有很多，例如，法官员额比例大幅降低，才更有助于使法官队伍实现精英化，更有助于提高法官的待遇，更有助于提高法官的职业尊荣感，等等；其最大的好处，是能够实现符合司法规律的法官职业定位。几十年来，我们的司法制度安排一直存在一个很大的问题，就是对法官的职业定位有违司法规律。这有多重表现，其中之一就是没有让法官只做法官该做的事情。如果我们以尊重司法规律为前提来讨论问题，那么，就典型的情况而论，法官的职责主要就是两个层面的五件事情。第一个层面是法官独立做的三件事情，即开庭、合议和签发司法文书；第二个层面是在其他人员的辅助下做的两件事情，一是在法官助理系统阅卷并且对案件事实问题和法律问题作出梳理之后有重点地阅卷，二是对法官助理撰写的裁判文书初稿进行阅改定稿。反观现在的试点方案，显然还不足以实现这种目标。

第二，法官责任制如何确定。本轮司法改革的一个重点内容是力图形成"让审理者裁判，让裁判者负责"的可操作的制度。我不知道这两句话原始出处是哪里，但这两句话，前一句符合司法规律，后一句似乎违反司法规律。试图建立让裁判者负责，而且终身负责的制度，这恐怕是把政治话语和逻辑机械地套到司法领域来了。不是说政治话语和逻辑不对，而是说它们不可以在无视司法规律的情况下直接在司法领域主宰一切，如果这样，司法过程就变成了纯粹的政治过程，司法所珍视的价值就可以轻易地被政治需要所排除，几十年来，我们在这方面的教训已经太多了。从政治话语和逻辑看，建立法官责任制的目的是加强对法官的监督，从而增加法官枉法裁判的成本。这种目的是合理的，但是，合理的目的必须借助符合而不是偏离司法规律的制度安排来实现。法官需要对自己审理的案件负责甚至终身负责吗？既需要也不需要。说需要，是指法官必须对自己在审判过程中的违纪、违法、犯罪行为，例如接受请托的行为、渎受贿赂的行为、渎职行为等负责；说不需要，指的是法官在审理案件时，如果在事实问题的判断和法律问题的判断上发生了错误，应当实行司法免责原则，除非有证据证明这种错误的发生与法官的违纪、违法或者犯罪行为有关联。当然，在运作机制上，完全可以把错案作为线索，来调查法官的违纪、违法和犯罪行为，但是不能反过来，盯住法官的错案，只要他错了，就让其承担责任。换言之，加强对法官的监督是合理和必要的，但是，不是监督法官在具体案件中作出了什么判断，而是监督他实施了什么违纪、违法和犯罪行为。所谓智者千虑必有一失，一个职业道德和业务素养都很过硬的法官，也不能保证他的判断永远都正确，不然要二审程序、三审程序①和审监程序做什么呢？令人担心的是，某些地方的所谓改革举措，正是以监督法官对案件的判断是否错误为着力点来推进"让裁判者负责"的制度建构的，如此"改革"下去，会越来越偏离司法规律。

接下来谈谈司法改革宏观理论层面的两个问题。

第一，如何确立司法改革的立足点和参照系。笔者觉得，司法改革的战略目标应当是经过持续的努力为当代中国建立一个与国家治理现代化相匹配的、全面体现法治原则的司法制度。毋庸讳言，我国现行司法制度还保留了许多苏联司法制度的痕迹，人治的色彩也还远远没有消退干净。与当今世界其他政治、经济大国相比，我

① 我国司法改革应以实行二审制为目标，尽管这需要时间。

们所面临的与司法制度不健全相关的问题，恐怕是最突出的。如果用冤假错案的数量、司法腐败行为的频率、司法公信力的高低、司法机构定纷止争能力的强弱、制约公共权力的力度、公民权利保护的可靠性等指标来检测，我国现行的司法制度很难交出一份令人满意的成绩单。这其中的根本原因，就是我们的司法制度在建立之初就不是根据法治国家①的司法规律来设计的，已经远远滞后于全面建设法治中国的时代需要。过去，在司法领域，我们一直强调中国国情，一切从国情出发，这本身没有什么不妥，但是，这只是问题的一个方面。另一个方面是司法制度的建构必须尊重和服从司法规律，不能在强调国情的同时忽略了这另一个至关重要的方面。也正是由于在这个方面有所忽略，才使我们的司法制度在回应时代发展需要时显得力不从心。因此，本次司法改革应该确立以尊重和服从司法规律为立足点、以中国国情为参照的改革战略。以尊重和服从司法规律为立足点，就是要尽可能地按照司法规律去考虑司法制度层面的设计规划，否则，今天的改革举措很快就会成为明天的改革对象，这种情形如果发生在经济领域，问题也许不大，但是，发生在国家政治制度领域，就可能蕴含很大风险。以中国国情为参照，就是一切改革举措和制度安排都必须以社会承受力允许为限度，哪怕是符合司法规律的事情，超过了这个限度，也是走不通的，而且还可能削弱公众支持改革的热情。

第二，如何确立司法改革的推进策略。这次司法改革的一大进步，是由过去法院系统的单兵突进和各地法院各自为战、遍地开花，发展到现今的中央统一领导、组织、协调的改革。前面讲过，司法制度层面的改革不同于经济领域的改革，它应当是以先谋而后动为主，以分散试错为辅，推进改革的最佳策略是统筹全局、顶层设计、以点带面、分步实施。这就需要在司法规律和中国国情的双

---

① 新中国成立初的几十年间"法治"曾经一直被当作需要全盘否定的政治对立物。

重限制条件下设定改革的近期、中期和长期目标，然后再通过试点经验来校正方向，并且在比较长的时间尺度内一步一步地达成最终目标。但是，从目前已知的改革试点方案来看，似乎战术性考虑较多而战略性谋划很少，照顾中国国情、本区域法院所处的实际情况的考虑比较充分而对如何更好地向法治国家的司法规律靠近考虑得较少，而对顶层设计和中期目标、长期目标的谋划基本上还看不出来。各改革试点单位所拟定的改革方案中所存在的问题，似乎也对此有所印证。

司法改革应设定阶段性目标

沈国明[*]

一 司法改革不能脱离我国司法现状

司法改革必须立足于我国仍处于社会主义初级阶段的基本国情。正如习近平总书记所指出的那样："就是要求按照实际情况决定工作方针，不提不切实际的口号，不提超越阶段的目标，不做不切实际的事情。"[①] "两个不提、一个不做"要求我们在推进司法改革的当下，一定要将中国司法改革的现状搞清楚，司法改革的实践必须结合我们自身的能力和条件。

首先，司法改革不能回避当前我国诉讼高发的态势。当前，随着社会矛盾高发、多发，案件数量持续增长，人民法院办案压力越来越大。据最高人民法院统计："最高人民法院受理案件11016件，审结9716件，比2012年分别上升3.2%和1.6%；地方各级人民法院受理案件1421.7万件，审结、执结1294.7万件，同比分别上升7.4%和4.4%。"[②] 上海法院系统同样面临着这样的压力。上海

* 沈国明，上海社会科学界联合会党组书记、专职副主席。

① 习近平：《不提不切实际的口号　不提超越阶段的目标》，《学习时报》2012年5月26日。

② 《2014年最高人民法院工作报告》。

2013 年"全年共受理案件 48.6 万件，审结 47.54 万件，同比分别上升 8.3% 和 5.9%"①。

在社会转型时期，社会矛盾高发、多发，本身的诉讼量就很大。诉访分离后，一部分原先走信访路径的案件又会流向法院，因此，诉讼的高发态势不会改变。带出的问题是：法院的审判能力已经达到极限。以上海为例，市高级法院人均年办案 130 多件，普陀区法院一线法官月均 24 件。一线法官疲于奔命的现状，学术界要给予高度关注。在诉讼高发的现状不会发生很大变化的前提下，如何解决这些矛盾？有人主张扩大法官人员队伍，其实这要通过财政部门的预算这道关。事实上，在整个财政预算中，政法预算和开支占的比例已相当大，一味增加政法投入会越来越为社会所诟病，而且通过持续增加政法领域的投资并没有从根本上解决问题。

为此，笔者建议，在司法改革的宏观思路上，应该实事求是地客观承认这种现状，构建以司法为主干，发挥官方调解和民间调解、仲裁等多元化的矛盾化解体系，通过各种手段推进矛盾纠纷的化解能力。在舆论宣传导向上，要对通过司法解决纠纷的实际进行理性和客观的报道，要让群众理性诉讼，并考虑诉讼路径的经济和时间成本。在矛盾纠纷解决依据上，要发挥好正式成文法与非正式制度资源的优势或功能，在秉承公序良俗的基础上促进法治中国建设，培养公民的规则意识；在推进法治中国建设中弘扬公序良俗，培养现代公民美德。在司法公信力建设方面，面对社会矛盾高发多发，司法机关要有定力，法院和法官要保持中立，不要追求热闹，主动到社会上揽事、揽案件。积极参与社会建设和社会治理，不是要司法机关冲到第一线。因为在第一线就容易卷入矛盾，降低司法公信力。在法官队伍建设上，面对高发的诉讼量，要落实好并努力推进中央提出的法官员额制度。要通过制度设计来建立有别于普通公务员的法官队伍，根据司法职业自身的特点和规律，逐步扩大法

---

① 《2014 年上海市高级人民法院工作报告》。

官遴选范围，并逐步探索建立多元化、程序化和规范化的法官遴选机制，提高法官自身待遇和职业保障，提升自身专业技能，并着力保持中立裁判。而这些改革和工作都要根据我国现有的司法状况来进行逐步推进，并根据中央设定的总体目标，结合各地情况进行试点和推进。在此基础上准确设定司法改革的阶段性目标，并积极努力为阶段性目标的实现创造条件。

二　司法改革应设定阶段性目标

司法改革应设定阶段性的目标。我国的经济体制和政治体制改革具有明显的渐进性。作为政治体制改革中非常重要的一环，司法体制的改革也应当通过渐进的方式进行推进，并努力将顶层设计和实践探索有机结合起来，找到阶段性目标设定的最佳结合点。在司法领域中存在的问题需要从我国整个政治体制改革的背景下来解释。如作为社会正义的最后一道防线的司法本身并不是矛盾和纠纷的制造者，或者不是矛盾纠纷制造的来源。很多矛盾和纠纷来自司法之外，这其中有社会转型过程中大量的"是非之争"转化为"利益之争"的总体背景；也有立法领域中的体制机制障碍，如我国农村集体土地产权纠纷就有很多案件，因为立法原因而无法进入正式的法律程序中来；更有因行政主导的地方经济发展所带来的利益分配问题。行政权作为全面深化改革的一把"双刃剑"，其既是推动改革的主导力量和制度资源，也容易侵犯公民的权利和利益。作为最具有扩张性的行政权力如果得不到有效制约，其结果势必影响公民法人和其他组织行使权利。如果事情只是这样简单，那么，我们只要对行政权实行强有力的制约就是了。问题恰恰是，我国的改革是政府主导的，在引导中国走向现代化的过程中，行政权是宝贵的权力资源，所以在改革过程中，法律经常赋予政府很多权力。在限制与授权的二元悖论中，我们常常看到因行政权不恰当执法所引发的矛盾和纠纷。因此，从宏观上来审视司法改革，就必须将其放在全面深化改革的背景下来审视。否则，片面强调"司法独立"就有可能陷入孤立的困境之中。因此，从整个政治体制改革的大背景下来审视我国的司法体制改革，就必须要设定阶段性的目标。因为司法改革看似是司法自身存在的问题，但其本质上是司法体制之外存在的问题在司法领域中的表现。而司法体制改革的成功也必将和其他领域的改革同步规划、同步推进、同步落实，方能取得实效。

（一）在司法改革的阶段性目标的设定上，要兼顾我国现实的国情

司法改革阶段性目标的设定不能太低，也不能太高。设定得太低，无法通过司法程序来解决日益增长的大量的社会矛盾和纠纷，就会容易导致社会矛盾激化，社会整合无法有效达成，最终导致社会失控和无序。相反，也不能设定得太高，将司法改革目标设定脱离我国全面深化改革的过程中行政和立法主导改革的既有国情，孤立强调司法独立性和司法权的优化配置，最终会因为司法的单兵突进，而相关体制改革无法有序跟进，进而导致改革预期目标无法实现，最终丧失改革的信心和动力。以目前正在推进的诉访分离制度改革目标设定为例。笔者认为，推动依法终结涉法、涉诉信访，将其纳入法律程序解决问题的框架下是比较正确、明智的选择。因为信访功能本身具有双重性，即其能解决部分社会纠纷和矛盾，但是同时也能催生很多社会纠纷和矛盾。在改革目标设定的过程中，有人认为要进一步强化信访功能，并不恰当地将其定位于取代审判职能。笔者认为，这种改革思路并不可取。实践中不恰当地强化信访，尤其是通过信访对地方政府实行一票否决制，会使得信访人群向高层积压，最后不得不靠行政或政治方式来解决矛盾和纠纷。抛开法律去化解矛盾，只能解决眼前问题，会留给后人艰巨的重建法制权威的任务。机会主义的做法可能会化解某个个案，但是，所支付的社会成本会很高，法律的权威、政府和司法的公信力会随之下

降，更多的社会矛盾会由此诱发。这不仅导致正常的司法判决得不到有效遵守，而且最终会严重损害法律权威，这种改革的路径亟须纠正。另一种思路是逐步弱化信访功能，还原信访制度本来的功能。通过相应的制度设计，依法终结涉法涉诉信访，将其纳入相应的法律框架内来推动社会矛盾的解决，这与当前的法治中国建设方略是相吻合的。

对此，中央规定凡是经过法定诉讼程序（诉讼和申诉等）后已经作出生效判决的案件，一律不再作为信访案件受理。这是让信访制度回归，是釜底抽薪的办法。但是，应该看到，在司法改革方案实施初期，信访冲击波的惯性还在，真正形成终局性为特征的司法解决纠纷体系，还需假以时日。为此，在实施司法改革方案时，要顾及这个基本实际，可制定一些阶段性目标或措施，使方案更具有可操作性，如亟须采取相应的防范措施以破解诉访分离后法院立案难的问题。这是因为上访诉求法院一旦立案，责任归到了法院，相关职能部门丢掉了一个沉重的包袱，但法院为了拒收包袱，势必会提高立案的门槛，导致出现立案难的情形。还有对已有终结结论却仍没完没了的缠访、闹访者，必须有相应的制度跟进。否则，你终结，他不终结，社会不稳定因素仍没有得到消除。

（二）司法改革阶段性目标的设定还要考虑我国制度背后文化层面的困境

当前，通过深化改革的方式推动司法的阻力和障碍非常大。其背后的原因有法院裁断案件威权乏力以及法院二审终而不终等制度性的困境，更有制度背后的文化冲突及其博弈问题。我们现代司法制度背后的社会文化在很大程度上讲是对司法持不信任的立场。一方面，这与我们的文化对法律规则的尊重和信仰不够有关。如皮拉特认为，华人经济的共同特征是不具备西方人意识中的那种规范化、理性化的制度结构，非正式的行为规则和具体情况下的随机行为控制居于支配地位。① 这些评论虽然对中国人的评价有失偏颇，但也看到中国文化传统中重人情、重实质，轻规则、轻程序的因素，而这些传统在整个国家现代化过程中与司法强调重程序、重规则的要求存在悖论。另一方面，我国在法制现代化过程中，很多现行的法律制度是引进或移植其他国家或地区的法律制度，而这些法律制度很多并没有真正在我国社会中生根。虽然我国建立了现代意义的法律体系和司法制度，但是这种法律体系和司法制度需要其背后社会、文化加以接受才能具有生命力。否则，法律制度和制度背后的文化张力过大而导致现代意义上司法制度无法在实践中取得应有的实效。在这个意义上，现代司法背后要求的法律至上和程序正义等客观规则和理念仍需要民众通过客观化的实践加以主体化，并成为一种内心和行为上的自觉。但是，这种主张与实际生活还有很大的距离。

（三）在阶段性目标的推进过程中，应兼顾"让审理者裁判，由裁判者负责"与审判权管理

司法体制改革应当遵循"让审理者裁判，由裁判者负责"的思路，坚定不移地推进审判权依法独立行使。但是，也要坚定不移地加强对审判权的管理。两者不可偏废。设计"审判责任制"时，要把组织人事体制、审判委员会的职责等，作为制度设计的重点。相反，在设计管理和监督措施时，要充分顾及实现"审判责任制"的目标和步骤。在本轮司法改革中，一些法官对于片面强调法官的中立化和法院的独立化改革并不看好。这里不是说这些法官本人怕承担责任，而是在制度设计上无法保障这些法官的职业待遇。

其实，现有的司法人员素质整体上与以审判权为核心的审判权力运行体系要求还有一些差距。合议庭制度、审判委员会制度和审判管理制度，以及没有案件请示制度，都是以人民法院整体相对独立和法官高度职业化水平为条件的。现在的法官构成复杂多样，有

---

① 转引自沈国明《渐进的法治》，黑龙江人民出版社 2008 年版，第 33 页。

的虽有法官资格，但并不胜任审判工作。在实现人员分流之前，为保证审判工作质量，院长、庭长的管理权和监督权不要急于取消，审判委员会也如此。

在本轮司法改革中应加强对现有审判体系进行合理分工。目前，三级法院的分工值得探讨：一审法院化解纠纷，定纷止争；二审法院案结事了；三级法院纠错。于是，高级法院成了申诉法院。其实，高院应当办一些具有指导意义的案件。否则，业务水平会弱化，甚至会低于下级法院。最高法院当初为了死刑复核权上收，设立了五个刑庭，结果，地方上为了少被改判，减少了死刑判决，最高法院的扩容能量放空了。在法院分工方面，要吸取这个教训。

将法官任免、人员编制、人事管理提到省一级统管，经费保障纳入省级和国家财政预算，建立与行政区划相分离的司法管辖区，专门审理行政案件、跨地区商事纠纷案件以及环境保护案件，对于减少地方干预、提高司法公正性有好处，但是，需要修改《法院组织法》，并要恰当解决法官的来源问题。

三　应根据法官职业特点逐步建立法官职业保障制度

司法改革的成败与否与司法队伍建设具有非常紧密的联系。而如何推进法官队伍建设，笔者认为应根据法官职业特点和司法规律来建立相应的法官职业保障制度。据笔者了解，面对高发的诉讼量，诉访分离后，大量的涉法涉诉案件涌向法院，一线法官面临压力空前巨大，基层一线法官流失严重。据统计，北京法院近年流失的法官中，工作满 3 年的占 72%，满 5 年的占 20%，而且还包括各级法院正副庭长 30 余名。[①] 上海仅 2013 年就有 74 人

---

① 《人大代表：法官流失问题已严重影响法官队伍稳定》，《法制日报》2014 年3 月 10 日。

离职。① 这种状况引起了中央高层的高度关注，并成为2014 年"两会"重点议题。导致这种状况出现的主要原因在于我们的司法职业化制度存在缺陷。当前，我国法官队伍按照普通公务员来进行招录和管理，科层制体制下的普通公务员与法官队伍的管理有着重大差异。如科层制体制的公务员，一个部门或科室普遍为三人至五人，通过岗位交流和晋升渠道流动相对比较快；而作为法官一个审判庭少则十几人，多则几十人，上升职数的限制使得他们在行政级别上上升空间有限，再加上审判岗位专业化的要求使得他们换岗交流范围有限，这种情况，极易使他们离职从事其他高收入行业。从法官队伍来源及其流动来看，当前我国法官来源渠道过于封闭化和单一化，大都通过公务员招考高校法学专业毕业的本科生、硕士生或博士生，各层级法院法官缺少应有的流动性，也使得基层法院的法官缺少上升空间。这些年轻的法官群体虽然有法律上的专业知识，但是常常缺少审判实务技能和相应的人生及社会阅历等非法律知识，一般只经过短期培训就直接从事审判实践。再加上面临庞大的诉讼量，难免会犯这样或那样的问题，如判决书错别字或违反法律常识的裁判理由时常见于报端。而等到他们随着审判经验的累积和人生阅历的丰富，逐渐成为一线法官的骨干时，却因为行政级别晋升无望等原因而离职，并最终导致法院的人才大量流失，使得基层法院成为培养其他行业人才的"过渡地带"。如此的循环往复，最终导致高水平、高素养的法官队伍无法形成。在这方面，本轮司法改革应着重推进以下几个方面。

（一）吸引和留住人才

在目前的背景下如何留住司法人员，至少有以下几条措施可以考虑：①司法人员应当享有任期保障、人身安全保障，他们是由人

---

① 刘昕璐：《上海法院去年流失法官74 人大部分是业务骨干》，《青年报》2014 年3 月12 日。

大常委会任命的，所任职务法院不能随意变动，这样可以强化他们的责任心、荣誉感；②司法人员可以实行专业技术职务，建立有别于一般公务员的选任、培训、晋级和惩戒制度，提高待遇，取消工作30年可退休的规定；③司法人员应当有职业保障，有一定条件下职务行为豁免保障，不能所有案件都实行"终生追究"。事实上，实行过于严厉的追究措施，不利于纠正错案。

（二）努力推进法官员额制度建设

在已有的试点基础上，法官员额制度应当逐步确立。可以根据审判工作量和各地经济发展、人口数量等因素确定合理的法官数量。目前，各地应根据实际情况，结合中央对本轮司法改革的要求，根据《法官法》法官任职的条件严格确定法官职位，根据法院工作人员的政治素养、廉洁自律、职业操守和专业素质、办案能力、从业经验等综合因素来确立法官的职位，并在此基础上，逐步推进法院工作人员分类管理。

（三）应尊重司法规律，从制度层面保障法官严格按照法律程序进行裁判案件

从法官的职业规律来看，现代司法裁判的依据是法律事实，法官根据现有证据和法律进行裁判，只要能够根据已有证据和法律事实充分证明适用法律无误，就不应该按照时过境迁后新收集的证据重新对涉案司法人员进行追责，除非能够证明涉案司法人员在原判决时存在徇私舞弊或因故意或重大过失而导致枉法裁判等情形。司法对案件事实的还原需要一定的过程，而且在这个过程中因为各种主客观的原因不可能百分之百的正确。现代司法制度基于诉讼时效等要求，不可能对每一个案件进行反反复复、无休止的裁断，因此，法官职业保障制度的设立应该重点考虑到这些因素。

（四）　应建立法官职业待遇与职业技术职称相挂钩的制度

司法是一种具有非常强的实践性的职业，法官通过其职业生涯所积累的司法技艺和法律智慧来裁断纠纷和纷争，并在此过程中通过公平和客观适法以赢得世人的尊重和荣誉。法官的养成不仅需要专业的知识，而且需要人生的阅历和审判实践的积累，更需要专业化的职业生涯。而如何通过制度设计，建立法官职业待遇与职业技术职称相挂钩的制度，并凸显办案法官技术职称而不是行政级别，并保障他们凸显专业技术的优势，则成为本次司法改革的重中之重。按照党的十八届三中全会的会议精神，一些省市，如深圳市①、上海市和黑龙江省正在推进这方面的试点改革工作。

（五）　要进一步完善法院内部的各种考评制度

人民法院内部的各类考评指标和考评制度，必须以确保公正高效审判为目标，不能违背司法基本规律，也不能加剧法院内部的行政化，影响裁判的质量，降低司法的效率。现在的考核、评估、调研的指标共 100 多项，求多项数之和的"西格玛"符号也用上了，这种所谓过分的定量考核未必能反映真实情况，而且还会导致大家的精力用错地方，甚至出现造假现象，败坏司法机关的风气。

（六）　必须和司法教育相衔接

没有司法教育的改革，司法改革的各项举措实施起来困难会加大。日本的司法改革花了很大气力在司法教育改革上，这样的经验值得汲取。

---

① 杨维汉：《以司法改革促进公平正义》，《每日新华电讯》2014 年 6 月 3 日第1 版。

借助司法公开深化司法改革

王晨光[*]

公平正义是司法工作的最高价值和最终目标，而这种公平正义又应当是通过司法公开和使社会公众能够看得见的方式实现的公平正义。非公开不足以彰显正义，非公开不足以保障公平。因此，司法公开是法治国家司法机构活动本质属性和内在规律的要求，是实现公平正义的可靠制度保障。我国《宪法》第 125 条明确规定："人民法院审理案件，除法律规定的特别情况外，一律公开进行。"在当前深化我国司法体制改革的进程，司法公开的重大理论和实践意义应当得到充分的阐述和认识，即它不仅仅是为回应当事人需要而采取的一项具体程序要求，而且是按照司法内在规律，尊重司法特性，全面深化司法改革的一项重大举措和突破口，是推动司法改革的重要制度建构。

一 司法公开是司法活动的性质和内在规律的要求

司法是由依法独立行使国家审判权的司法机关通过审理具体案

---

* 王晨光，清华大学法学院教授、博士生导师。

件，实现定分止争、扬善抑恶、维护法治、昭显正义的活动。其目的是定分止争，维护良好的社会秩序，实现社会正义；其方式是依照法律规定的程序，以事实为基础，以法律为准绳来解决争议；其手段是国家宪法和法律所赋予的具有强制性的司法权的行使（包括审理、判决和执行等手段）；其主体是独立行使国家审判权的司法机关。司法的目的、方式、手段和主体决定了司法的性质，即独立的司法机关以国家的名义依法定分止争、实现正义的特殊活动。司法活动具有三项要素，即专属的国家司法权、定分止争的功能和实现正义的价值追求。而这三项要素都决定了司法活动必然要遵循司法公开的原则。

首先，司法不同于其他形式的纠纷解决途径，是运用国家司法权解决社会纠纷和宣扬正义的特殊场所。

国家司法权具有权威性、公共性、专属性、决断性和独立性。[①]权威性指国家司法权具有高于所有其他解决纠纷的人和机构的权威，由特殊的机构行使，具有法定性和强制性。公共性指司法场所对社会公众开放，国家司法权是社会公器并对公众负责。专属性指国家司法权只能够由宪法和法律授予的司法机关来行使，其他机构除法律特别规定外不得行使司法权。[②]决断性指司法权的主要功能是在纷繁复杂的利益纠葛和冲突中，明断是非，决疑断案。独立性指司法权依法行使不受其他任何机构、组织和个人的干预。司法权的所有这些特性都决定国家司法权必然是向全社会公开透明的权

---

① 国家司法权的特性还包括合法性、超然性、程序性和被动性，因为本文以司法公开为题进行讨论，故其他特性不在此一一列举。

② 我国《宪法》第126条明确规定："人民法院依照法律规定独立行使审判权，不受行政机关、社会团体和个人的干涉。"同时第123条还规定："中华人民共和国人民法院是国家的审判机关。"这就清楚地表明了国家审判权具有专属性，即由人民法院行使，即便是最高国家权力机构（全国人民代表大会）也只能根据《宪法》的规定组成司法体系、任命有关司法人员和监督司法工作，而不能行使审判权。参见王晨光《浅论法院的依法独立审判权和人大对法院的监督权——宪法框架内的权力冲突及其调整机制》，《法学》1999年第1期。

力，其运行方式必然是摆脱各种利益和权力干预在阳光下的运行，其作用不仅在于使当事人清楚地了解判决的来龙去脉和理由，而且还在于向社会所有人宣传法律和传播正义。除了公开，司法活动就没有其他方式能确保其自身的性质并维护其运行规律。也就是说，司法权只有在公众的注视和监督下，才能够摆脱所有利益、权力和团体的干预而独立依法运行，作为社会的公器，唯有公开才能够真正获得基于民心的公信力并得到当事人和全社会的尊重。

其次，定分止争是司法的主要内容、功能和目标。

司法平台上的定分止争不同于所谓"私力解决"或其他机构参与的调解或仲裁等纠纷解决模式，不能够采用私下或封闭的方式，而必须在特定公开的场所，按照法定的程序来解决纠纷。其他渠道已经处理过的纠纷也可以因当事人的不服而寻求司法的最终裁决，或是得到司法权的认可而具有法律的强制力。这是一个公开的竞技场，竞争者必须用法律规定的手段、形式和规则来进行理性的竞争，摆脱了各种利益纠缠和权势影响的独立司法权是公正的裁判，纠纷解决的全过程都要置于社会公众的注视和监督之下。唯有如此，司法的竞技场才是最公平的也是最高级别的竞技场。

最后，正义是社会共同追求的最高价值，实现正义是社会赋予司法的终极目的。

按照柏拉图的说法，"正义就是有自己的东西，干自己的事情"①，也就是各得其所、各守其分的良好社会秩序。正义是社会的价值，是社会中人与人之间关系的最高准则，是社会中每一个人和团体都追求的目的。作为社会化的价值，正义必须要通过公开的形式和渠道实现，即正义只能是公开的正义，而非遮蔽的正义。司法作为正义的化身，当然也必须通过公开的、宣示的方式来实现正义，而非通过遮蔽或掩盖的方式实现正义。况且遮蔽或掩盖的方式

---

① ［古希腊］柏拉图：《理想国》，郭斌和、张竹明译，商务印书馆 1986 年版，第 155 页。

也不可能真正实现正义，而只会损害正义。

上述司法的性质决定司法必须是公开的，司法活动的内在规律也进一步揭示了司法公开性的必然性。司法活动是去伪存真、查明真相的过程，是辨明是非、伸张正义的过程。而去伪存真最好的办法莫过于查证事实真相，使事实大白于天下；辨明是非的最好路径莫过于适用公开统一的法律规范决疑断案，让不同的诉求和主张在公开的程序中相互交锋，使曲直尽显，肌擘理分；伸张正义的最好场所莫过于公开扬善抑恶、弘扬正义的司法舞台。司法的规律决定：对事实的查证、对是非的分辨和对正义的昭示都必然要以公开的方式进行。正义只有在公开的程序中和方式下才能够昭示天下；司法机关只有在向全社会公开的制度框架下，才能够保证客观公正，不偏不倚，以理服人，依法断案，才能够成为正义的化身和社会的支柱。

反过来说，如果司法活动在暗箱中操作甚至"私相授受"，就会导致出现种种干预司法机关依法独立审判的现象，甚至徇私枉法等腐败现象；人们就有理由质疑审判的公正性和判决的合法性。当前我国司法中也确实存在种种对司法机关办案的不正当干预和司法腐败的现象，因此，在进一步深化司法改革的过程中，大力推进司法公开、建立和完善司法公开的各项制度，是具有强烈现实性和针对性的改革措施。最近，习近平总书记指出："要建立健全违反法定程序干预司法的登记备案通报制度和责任追究制度。"① 这从一个侧面说明司法公开对于排除对司法的违法干预的遏制作用。

综上，可以毫不夸张地说，司法公开是司法本质属性和内在规律的要求，是司法实际经验教训的总结，是法治国家的重要标志之一，也是具有强烈现实意义的改革举措。

---

① 《习近平出席中央政法工作会议：坚持执法公正司法》，新华网，2014 年 1 月 10 日访问。

二　司法公开的主体与对象

梳理司法公开的主体与对象有助于明确司法公开的内容、程序、作用和具体要求，从而有助于设计司法公开的具体制度，制定相应规则。

（一）司法公开的主体

司法公开的主体是负责审理案件的司法机关和法官。司法的性质和特殊规律决定司法必须公开，司法机关公开审理案件就不仅是其权力，而且是宪法和法律规定的司法机关的义务。也就是说司法公开不是可做可不做的选择动作，而是必须进行的规定动作，是司法机关和法官职责的要求。

司法机关和法官承担司法公开职责的目的包括：①通过审理个案，在社会中普及法律，树立法律的权威，提高全民的法治意识；②通过公开审判，提升司法公信力，树立司法权威，弘扬社会正义；③通过公开审判，把司法活动置于当事人和全社会的监督之下，排除种种私下交易的可能性和对司法的非法干预，确保司法的独立性和公正性。在上述意义上，司法公开不仅包括司法机关向当事人和公众发布信息层面上的公开，而且包括有效推动当事人和社会公众参与对司法活动和司法机关进行监督层面上的公开。也就是说，司法公开不是单向的信息输送或施与，而是"引火烧身"，邀请当事人和社会对司法活动和机关评头论足，是防范司法权滥用、确保司法廉洁公正的制度要求。这一意义上的公开并非一项一般的工作程序要求，而是具有更深远影响的制度建构，即开通了司法公开的双向通道。不论是开庭信息的公开还是宣判的公开，不论是庭审过程的公开还是判决执行的公开，在开通向社会普及法律意识和彰显正义的通道的同时，司法公开制度还把司法活动和司法机关纳入了公众的视野，开通了社会对司法监督和司法回应社会的通道。

这恰是司法公开所要建立的制度，即推动公众参与和监督对社会公众负责，同时又根植于社会、准确把握社会脉搏的回应型司法制度。①

（二）司法公开的对象

司法公开的对象包括案件当事人、社会公众、其他政府机构和社会组织，以及司法机关自身。

首先，案件当事人是司法公开的首要对象。对当事人公开是为了保证当事人能够获得全部的诉讼信息，即诉讼程序、相应权利、案件材料和证据、法庭组成、判决理由等信息。只有向当事人公开上述信息，才能够保障当事人的知情权，保障其诉讼权益；而也只有获得这些信息，当事人才能够有效地参与诉讼和行使权利，才能够了解并理解判决的根据和理由，接受和服从法院的判决。此外，向当事人公开还能够使当事人监督司法活动的合法性和司法人员的公正性。

司法公开的第二个对象是社会公众。司法既然是一个公开纠纷解决平台，也就包含了向公众公开的应然之意。随着法治发展，法律法规日趋繁多，法律程序日渐精巧。对于社会大多数公众而言，法律成为一个独特的职业化领地。如果法律与公众渐行渐远，法治也就失去了其应有的坚实社会基础。而现实又决定大多数民众不可能像法律职业者那样学习和熟知法律；即便知道了书面的法律规定，他们也往往不知如何解释和适用它们。因而在现代社会中，司法公开为大多数民众提供了解法律尤其是法律如何运行的活生生的案例，成为他们学习法律的最直观渠道。因此，司法公开对于现代法治社会而言具有越来越重要的作用，即具有向社会和公众普及法律和树立法治信念的作用，具有让公众了解如何运用法律处理社会

---

① ［美］诺内特·塞尔兹尼克：《转变中的法律与社会：迈向回应型法》，张志铭译，中国政法大学出版社 1994 年版，第 81—86 页。

纠纷和如何实现社会正义的作用，同时还具有鼓励公众对司法活动进行监督，从而参与司法和法治发展，确保阳光司法的作用。

　　司法公开的第三个对象是其他政府机构和社会组织。确定这一对象似乎有些不着边际，但实际上却具有重大的现实意义和明确的针对性。我国司法面临的一个重大难题是如何排除和避免其他政府机构和社会组织对司法机关和司法活动的非法干预。我国现行的行政体制决定了司法权在多个方面受制于地方政府机构，甚至可能受到其他社会组织的干预。司法公开包括司法全过程的公开，当然也包括在司法过程中，那些对司法机关和人员施加影响的人、组织和因素。由此而言，司法公开不应当仅仅是司法判决的公开，而且要包括除法律规定不公开的信息以外的所有司法信息。这种全过程的司法公开有助于向这些机构和组织昭示司法的独特程序和作用，使其明确国家审判权的唯一性和专属性，杜绝各种私下途径和交易对司法权和司法活动进行影响和干预。只有公开才能够挤压非公开的空间和渠道，才能够保障《宪法》所规定的审判权的依法独立行使，才能建立新型的社会主义法治国家。

　　司法公开的第四个对象是司法机关自身。自己向自己公开，这听上去似乎有些多此一举，不合逻辑。但实际上，司法机关和法官在向其他对象发布信息尤其是阐述其事实认定、法律适用和判决理由的时候，他们首先是在告诫自己要遵守规则和程序，是在说服自己事实认定和法律适用的准确性，是在宣布自身对判决公正性和正确性的确信。在这一意义上，司法公开要求司法机关和法官具有自我约束的意识和勇气，发挥自我审查的功能。如果审判人员对自己的判决都犹疑不决或将信将疑，那就要回过头来认真复查，切不可粗枝大叶，贸然处置；因为每一项判决都涉及当事人的切身利益甚至是身家性命。不论所处理的案件是大是小，国家审判权都重如泰山，司法人员都必须慎思慎行，行使好国家审判权。

　　综上，梳理司法公开的主体和对象使我们更加明确司法公开的意义，即它不仅是为了使当事人服判息讼、使公众了解法律而公开信息，而且是为了向当事人和社会公众提供参与对司法活动和司法机关的监督的条件和渠道，真正实现为民司法、对民负责。进而言之，司法公开对象的明确能够使国家审判权的唯一性、专属性和独立性得到彰显，杜绝其他国家、政府机构和社会组织对司法权的干预。如果说建设社会主义法治国家更多地要求政府自我约束、自我改革，甚至是自我革命，那么司法公开也意味着司法机关对司法权的高度珍视，在行使司法权过程中自我约束的勇气、对案件审理高度负责的法治责任感和深化司法体制改革的决心。

三　司法公开的理论和现实意义

由于历史和体制制约等诸多原因，我国司法机关的司法公信力和司法权威较为薄弱，履待提高；司法形象也亟待进一步改善。因此，对于我国现阶段司法改革和法治发展而言，推动司法公开尤其具有现实性和紧迫性，是保障司法公正、遏制司法腐败、取信于民和树立司法权威的有力制度保障，具有强烈的针对性和必要性。

（一）司法公开能够保证司法的公正性

俗话说"打开窗户说亮话"，"理不辩不明"。作为解决各种社会纠纷和维护公平正义的最权威的制度平台，只有公开才能够使当事人根据事实充分阐述其理由和主张，才能够使双方在论辩中分清是非曲直，才能够使法院和公众了解真相并实现正义。一个社会必然充满各种矛盾，在多元化的社会中尤为如此。这些矛盾的解决也必然有多种渠道和方法来应对，但是其最后和最高的渠道和方法则应当是通过国家设立的公开场所，即司法舞台来解决，形成"民勇于公战，怯于私斗"[①] 的氛围和环境，确立法律和司法在社会中的权威。

———————

① 《史记》卷六十八，《商君列传第八》。

（二） 司法公开能够确保司法机关依法独立行使国家审判权

审判独立是我国《宪法》赋予司法机关的独特权力，其他机构则不具有这一权力。审判独立是建立法治国家的基础。而司法公开却看似与审判独立有所矛盾，甚至构成对独立性的侵蚀。其实，这一质疑似是而非。因为审判独立不等于闭门擅断，更不等于"暗箱操作"。当前对于审判独立危害最大的莫过于对司法的种种违法干预，其中对司法的行政干预和金钱腐蚀尤为严重。而司法公开则恰恰是能够把司法活动的全过程置于阳光之下，有效抵制各种行政和金钱干预的手段，因此是审判独立的制度保障。如果切实落实2014年中央政法工作会议的要求，"建立健全违反法定程序干预司法的登记备案通报制度和责任追究制度"，就能够通过向社会曝光和通报批评乃至追究相关法律责任的制度，使得各种对司法工作的违法干预以及权钱交易的勾当置于众目睽睽之下，从而有效抵制和消除各种对司法的违法干预。此外，司法公开也具有建立"回应型司法"的制度建构意义，把法律适用和解释与社会发展的根本目的（社会公平正义）和社会发展的大趋势结合在一起，使司法与社会发展的根本规律相契合。可见，唯有司法公开才能确保国家司法审判权的独立。

（三） 司法公开能够取信于民

司法应当向当事人负责，向人民负责。这就要求司法机关依法、客观、公正地处理案件，使当事人了解法律规范，理解案件处理和判决的根据和理由。如果当事人了解了判决的根据和理由，就会信服判决并自觉地执行判决。任何案件都必然涉及多种权益的冲突，而司法判决也肯定会消减一方甚至是双方当事人的权益。要让当事人在权益消减的情况下对判决表示满意，确实是非常困难的事。但是，如果让当事人了解案件处理和判决的过程，理解判决的根据和理由，信任司法独立性和公正性，就会服气，并相信法律和司法机关，从而实现我国法院一直追求的"案结事了"、"服判息讼"。

（四）司法公开能够保证司法公信力和权威的树立

在法治社会中，司法公信力和权威不能仅仅靠国家强制力来树立，而应当主要靠公众的认可和信任来维持；就我国而言，党政机关对司法的信任和支持尤为重要。认可和信任源自对司法的了解，司法公开则是使当事人和社会公众了解司法的最佳途径。了解才有认可，理解才有信任；有了解和信任才有司法公信力和司法权威。荀子云：公生明，偏生暗。其理即在于此。

进而，从宏观制度层面上讲，现代代议制民主制度一般通过任命制来配备司法机构的人员（法官），其人员构成的民主性往往为人所诟病。[①] 为破解这一难题，陪审制（在我国为人民陪审员制度）成为对司法民主性欠缺的制度补救。此外，司法公开也是一种主要的对司法民主的制度补救。如前所述，双向的回应型司法制度能够激励民众关注、参与和监督司法，它所依托的恰恰是司法公开制度；只有司法公开才能够确保现代司法制度中的民主性质，即司法为民和司法向人民负责（judicial accountability）。每个国家在设立司法制度时，都必然考虑司法责任与司法民主之间，以及与司法独立之间的关系和制度安排。[②] 因此，司法公开是司法民主性和独立性的制度保障。

四　司法公开的制度设计思考

司法公开不是权宜之计，也不是一个具体程序安排，而是一项

---

① 西方国家中的法官任命制和终身制一直被视为司法缺乏民主性的表现。

② Randy J. Holland and Cynthia Gray, "Judicial Discipline: Independence with Accountability", *Widener Law Symposium*, Winter 2000, p. 118.

重大制度的构建，因此需要宏观顶层制度设计和微观操作规程设计的结合。鉴于篇幅限制和经验局限，本文仅提出司法公开制度的一些原则思路。

（一）司法信息公开的全面性

这是对公开的内容的要求，全部应当公开的司法信息都要公开，即除了法律规定不公开的信息以外的所有司法信息都应当如实公开。虽然司法判决的公开是司法公开的主要内容，也是当前司法公开的突破口，但不应是公开的唯一内容，更不能以判决书的公开为边界或终点。当前有些法院认为司法公开就是判决书的公开，这种认识具有很大的局限性。除了判决书，司法公开还包括依法应该公开的全部司法信息。最近，济南市中级人民法院公开薄熙来案件的庭审笔录在内容公开上起到了一个良好的带头和示范作用。应当公开的信息主要是以庭审为中心和以影响案件定性判决为线索的所有司法信息。它包括法律规定的有关信息，如合议庭的组成、回避事由、庭审时间和程序、公开审理案件的庭审纪录、法庭查明的案件事实、判决书等信息。有些信息可以是包括在判决书中的信息，有些信息是判决书包括不全或没有包括的信息。此外，有些信息并非法律要求的信息，但由于对案件的审理和判决具有或可能具有重大影响，也应当纳入应当公开的信息范围内，例如，司法过程中出现的不当干预的信息（如"批条子"、"打招呼"等信息）、私下向当事人以外的人或媒体披露的信息、向上级法院或有关机构询问的信息、非诉讼参加人（如"专家论证会"或"专家意见"）提供的咨询信息等。对法定信息的公开有助于当事人和公众对司法的理解，而法定程序或范围外的信息则有助于遏制对司法产生影响的不当或违法信息，有助于保证司法权的独立行使和消除司法腐败。

（二）司法信息公开的广泛性

审判公开是宪法规定的基本司法原则，其公开是指对全社会的公开。在司法实践中，有些法院在社会关注的重大案件中仅仅向当事人公布有关信息，而忽视向全社会的公开，从而难以解除公众心中的疑惑，导致司法公信力的下降。南京彭宇案是一个典型案件，一审判决中违背社会伦理规范的"推定"造成了公众的广泛质疑，而二审由于当事人的和解而被隐藏在公众视线之外，从而导致司法公信力的下降。虽然二审涉及的是法律规定可以不公开的当事人私了协议，但是二审认可私了协议的裁定也应当对一审判决中的错误给予纠正。否则此案中当事人虽然已经明了个中原委，公众却被置于无知的境地，造成巨大负面社会效果。

（三）司法信息公开的及时性

司法信息对于当事人和公众了解案件进行状况和理解判决公正性具有不可替代的作用；而信息公开的及时性则影响着当事人和公众的理解力和情绪。尤其是一些社会高度关注的案件，如药家鑫案、薄熙来案，信息是否及时公开对于社会情绪的形成和变化起着重要作用。有些法院常常因为主观上害怕引起社会反响或波动而延迟信息的发布，这种做法不仅不能够在社会上产生良好的影响，反而会使人感觉法院在隐藏着什么。山东省济南市中级人民法院及时公布薄熙来案件的庭审记录是一次非常大胆的尝试，也从实践角度说明了及时公开司法信息的必要性和正确性。在大量不引起社会关注的具体案件中，及时公开所有的司法信息也能够及时解决当事人的问题，保证司法的公开性和公正性，有利于案件的最终解决。

（四）司法公开的形式和路径

司法信息公开必然涉及公开的形式和路径问题，而形式和路径的设计则与要公开信息的内容和形式，以及公开的目的有关。比如在一般案件中，除了当事人几乎没有旁听者，这时当庭信息的公开主要是以当庭参与或旁听的形式公开，而不必事后浪费资源再公布到网络上，更不必召开新闻发布会来进行公布。而在具有重大社会影响的案件中，除了当事人和能够参加旁听的听众外，就要考虑如何向全社会公开的问题。再如对一些非法干预司法行为的公开，就需要通过新闻发布会或信息通报会的形式进行公开。而判决的公开则可以通过我国法院系统建立的判决文书网络平台进行公开。信息公开制度应当围绕确保司法独立、司法公正、案结事了和实现正义等目的和原则进行设计。公开的信息包括前面提到的法律规定应当公开的信息和影响审判的其他信息甚至违法情况的信息；公开的形式包括通过法院的网站、新闻发布会、通报会、工作汇报或法院领导讲话等。在司法信息公开制度建构方面，有大量的工作需要开展。简而言之，最高人民法院应当在广泛调研的基础上提出司法公开的宏观制度设计，各地和各级法院都应当在统一的司法公开制度下形成自己的工作机制。

需要注意的是，在现实中，没有任何国家的法院能够把所有的信息都公之于众；而且信息爆炸也会导致信息堵塞。一方面，人力、技术和时间等资源的有限性为信息公开设置了不可避免的制约条件；另一方面，无分巨细和不加选择的信息公开也会造成公众对信息的熟视无睹和资源浪费。即便是奉行判例法的美国，也有大量联邦上诉法院的案件没有作为判例公布在正式的判例汇编之中。虽然这些"未公布的判决"的大多数也可以在判例汇编补充卷或发达的网络上找到，但因人力和技术等资源限制，其质量常常被人诟病。① 那些常见一般案件的初审判决因为不构成判例，也往往没有系统的公布渠道，因为这些信息反映的是司法机制常规运行的状况，除了当事人外，不会引起社会的广泛关注和争议，对于维护司法独立、司法公正和实现正义不会产生太大的影响。中国法院裁判

① 在美国联邦上诉法院 2004 年受理并判决的案件（27438 件案件）中，只有不到19%的案件被作为判例公布，而 81% 的案件是不公布或没有判例效力的判决，还有极少数没有判决理由的裁决。转引自 Patrick J. Schiltz, "Response The Citation of Unpublished Opinions in the Federal Courts of Appeals", *Fordham Law Review*, 2005, Vol. 74, p. 26。

文书网虽然已经投入运行，但其案件的数量有限、分类简单、查询功能有待提高。如果网络平台仅仅是一个大而杂乱的储藏库，其公开的作用就会受到很大局限。因此司法信息公开在坚持审判公开和向人民负责的大前提下，应当结合公开的目的、必要性、社会效果和物质条件等多方面的因素，对各地和各级的司法信息分门别类，按照不同的路径和方法，选择不同的范围进行公开。

此外，根据法律规定和对私人信息，尤其是涉及隐私、尊严或安全等个人信息依法保护的原则，还应当对公开的司法材料进行必要的处理（如遮蔽或删减）。这就需要在公众的知情权和保护个人信息之间进行权衡，制定具体的操作标准、程序和规则。① 这种"处理"工作也需要一定的工作量、技术和人力的投入，如果加上前述裁判文书、各类信息的分类和整理，各种公开程序和方法的运用，司法公开需要的人力和资金的投入也需要认真规划和落实，而非简单地把文字"贴到网上"。最高法院和各级法院还应当在前期工作的基础上，进一步推动常态化"司法公开工作机制"的建构和完善。

（五）司法公开应包括回应机制

如前所述，回应型司法是外国学者提出的理想司法状态，与我国"司法为民"和"向人民负责"的理念有内在的价值契合，值得在我国建立司法公开制度的进程中大胆尝试。具体而言，司法公

---

① 最高人民法院 2013 年颁布，2014 年 1 月 1 日开始实施的《关于人民法院在互联网公布裁判文书的规定》明确了不应当公布、经过匿名和删除信息处理的裁判文书的情况，规定了独任法官和合议庭认为裁判文书不应公布的处理程序和权限。最高人民法院 2013 年 11 月 21 日颁布的《关于推进司法公开三大平台建设的若干意见》提出了"审判流程公开平台"、"裁判文书公开平台"和"执行信息公开平台"的建设，并提出了"统筹协调"的"配套机制"建设。最高人民法院 2009 年 12 月 23 日颁布的《关于司法公开的六项规定》提出了"立案"、"庭审"、"执行"、"听证"、"文书"和"审务"公开的六项信息公开制度。上述司法解释对司法公开的内容、范围、程序和机制都作出了较为详细的制度规定。

开并非以公开为终点，而应当以其为回应型司法的一个重要环节，在公开的基础上进一步建立各种回应制度和措施，如对公众监督和批评的反馈和整改机制、对公众舆论和情绪的分析和应对机制，以及对公布的违法干预情况的抵制和消除措施。

（六）把司法公开作为深化司法体制改革的重要一环，从全局出发，进行顶层设计

司法公开虽然是司法改革整体方案中的重要环节，但并非全部。如若把司法公开作为唯一的措施，则有可能把司法公开简单地视为判决书的公开，而忽视其与其他司法改革措施的配套，从而冲淡甚至削减司法公开的深层意义，甚至会出现信息和程序公开多了，但司法公信力和司法水平并没有得到根本性提升的结果。因此，我们必须把司法公开作为司法改革的重要举措之一，将其纳入司法改革的全局中统一思考和布局，尤其要注意它与其他改革措施的配套性和协调性，注意它在司法改革全局中的地位和作用。很多具体的信息公开制度不仅对信息公开具有直接作用，而且对于进一步改革司法机关内部的管理体制和办案方式都具有间接却巨大的影响。比如司法公开必将给具体办案的法官以更大的责任和压力，从而必然冲击当前司法机关内部的行政化管理模式。如果仅仅强调信息公开，而不跟进对司法行政化管理体制进行改革，不落实合议庭和独任法官依法独立审判的权力，司法公开就会沦为只触及皮肉不触及灵魂的表面文章。再如，司法公开潜含着司法摆脱行政权不当干预的意思，司法公开的深入推进就必然涉及司法与行政体制甚至与立法体制关系的问题。十八届三中全会提出了"探索建立与行政区划适当分离的司法管辖制度"的改革规划，这一规划与司法公开的目的和价值取向完全一致，因此司法公开应当把司法管辖权与行政区划分离的改革设想纳入其制度设计之中，并把司法公开制度与更深层的改革方案自觉地联系在一起进行推进。这就意味着，司法公开制度不是孤立的改革措施，而是司法改革全局中的一个有机组成部分，因此需要考虑它与其他改革措施和步骤之间的关系，从更高的层次上着眼和布局。

司法公开作为具有强烈现实性和针对性的改革措施，是全面推进司法改革的重要突破口，其突破意义决定了它与司法改革全局的密切联系，牵一发而动全身。牵动司法公开的一发，重要的是带动司法改革的全面深化和司法体制创新。如果立意高屋建瓴，推动积极稳妥，司法公开就能够起到倒逼司法改革进一步深化，从而实现通过司法的社会正义。这应成为司法公开的历史使命和责任。

关于司法权和司法体制的
宪法修改意见

刘作翔[*]

1982 年宪法已经实施了 30 年，其间经历了 4 次修正案，但这 4 次修正案都未触及司法权问题及其司法体制问题。经过 30 年的实践，现行宪法中有关司法权及其司法体制的相关规定已经暴露出了一些问题，有一些条款已经明显不适应司法体制改革和社会发展的需求。为此，笔者想就司法权及其司法体制的相关问题提出有关宪法修改意见，供研究参考。

一 修改意见

（一）第 1 条修改意见

应该在宪法中明确规定："中华人民共和国的司法权属于国家。"

---

* 刘作翔，中国社会科学院法学研究所研究员、教授、博士生导师。《法学》2013 年第 5 期发表。《检察日报》2013 年 7 月 9 日第 3 版"法界传声"转摘观点。此文是笔者于 2013 年 1 月 26 日在中国社会科学院法学研究所召开的"深化司法体制改革理论研讨会"的发言稿以及讨论部分的内容。

1. 简要说明

增加这一条款有两个意义：一是在宪法中专门和首次提出"司法权"的概念；二是明确规定"司法权属于国家"的司法权属性。这是针对现行宪法中存在着的"司法权地方化"的有关宪政体制安排而言的。"司法权地方化"的宪法根源体现在现行宪法的第2条第2款"人民行使国家权力的机关是全国人民代表大会和地方各级人民代表大会"，以及第3条第3款"国家行政机关、审判机关、检察机关都由人民代表大会产生，对它负责，受它监督"的规定中。同时，也是为防止"司法权属于司法者个人"的倾向。这一条款体现的一个法治理念是：一切公权力、国家权力都属于国家，最终属于人民。公权力不能个人化，不能私有化。这是人民主权的民主理念的体现。

2. 理论论证

这一条规定的理论基础是"司法权属于人民（国家）"。理论问题是"司法权的属性"问题。司法权到底属于谁？是属于国家还是属于司法机关？或者属于司法者个人？这是一个至关重要的理论问题，也是我们理解司法独立、司法权国家化改革思路的理论基础。从理论上以及我们国家的性质上讲，司法权属于人民，这是一种民主理念和宪法宣示。现行宪法第2条第1款规定："中华人民共和国的一切权力属于人民。"这是"人民主权"原则在宪法中的宣示。这当中的"一切权力"自然包括司法权。当然，宪法的这一规定是从国家性质上来界定的。人民作为一个抽象性集合，不可能直接地、亲自地去行使国家权力，必须通过一定的方式来行使权力，于是，便引出了现行宪法第2条第2款和第3款的规定："人民行使国家权力的机关是全国人民代表大会和地方各级人民代表大会。""人民依照法律规定，通过各种途径和形式，管理国家事务，管理经济和文化事业，管理社会事务。"宪法在第3条第3款中，又具体而明确地规定了"国家行政机关、审判机关、检察机关都由人民代表大会产生，对它负责，受它监督"。这三个条款清楚地告

诉我们，人民行使的是国家权力，人民行使国家权力的机关是全国
人大和地方人大，人民行使国家权力还要通过各种途径和方式，具
体又划分为行政权、审判权、检察权等。这样，人民权力和国家权
力这两个概念在这里重合了、等同了。司法权属于人民，就意味着
司法权属于国家，国家权力就代表着人民权力。至少在理论上和宪
法的逻辑推导上是这样。①

　　解决了司法权属于人民，即属于国家的问题，并没有解决司法
权的行使问题。国家也是一个抽象，它也不可能去直接行使司法
权。它必须成立专门的司法机关，来代表国家专门行使司法权。在
中国，按照宪政的安排，这样的专门司法机关就是人民法院和人民
检察院。人民法院和人民检察院是代表国家行使司法权的专门机
关。这样，国家司法权就等于赋予了司法机关，国家的司法权就演
变成了司法机关的司法权，具体而言，就是人民法院的审判权和人
民检察院的检察权。这样，司法权属于国家就演变成了司法权属于
国家设立的专门司法机关。这一点，笔者想在理论上和宪法上是能
站住脚的。

　　接下来的问题是，司法机关的司法权又要通过在司法机关工作
的司法工作人员——司法者按照职权分工去具体行使。这是否意味
着司法权也属于司法者个人？或者说司法者个人也拥有司法权？这
是一个比较复杂的问题。依笔者之见，尽管我们在司法改革中强调
要扩大司法者个人的权力，但并不意味着司法者个人也拥有司法
权。司法权不属于司法者个人，而是属于司法机关，属于国家。法
官、检察官的审判权、检察权从性质上是一种职权。职权的概念表
明了它是一种来自职务的权力，或者说是一种同职务密切相联系的
权力。有了这个职务，就有这个职权；没有这个职务或者失去这个

---

①　我们知道，国家和人民的关系问题是一个非常复杂的问题。我在这里只是依
据宪法的规定作出的一个理论上的推导。这种推导反映了宪法的一种理念，或者说宪
法的一种理想。这一推导并未涉及非常复杂的现实中的"国家代表不代表人民"的
问题。

职务，也就没有或者失去这个职权。并且，职权是不可以放弃的。这两点可以说是一切职权的特点，也是职权（作为国家公权力的存在方式之一）与权利（作为公民私权利的存在方式之一）之间的重要区别。法官、检察官的权力在中国现行宪法框架下，是来自法律的授予，具体而言，是来自同级国家权力机关（同级人大）的授予。而同级国家权力机关（即同级人大）在任命某人为法官或检察官时，它总是具体地指明是某法院、检察院的法官或检察官，总是要附属于某一个具体的司法机构。设想，无论是一名法官，还是一名检察官，一旦离开他所在的法院或检察院，他还能行使司法权力吗？显然不能。法官、检察官是司法权的行使者，而不是司法权的享有者。因此，从这个视角出发，"司法主体"这个概念就需要分解，或者说需要做具体分析。"司法主体"可分解为"司法权主体"和"司法活动主体"。法院、检察院既是司法权主体，也是司法活动主体；法官、检察官则不能作为司法权主体，而是司法活动主体，具体而言，是司法权和司法活动行使主体。一切权力属于人民，而不属于任何个人。这是我们的宪政理念，是"人民主权"的国家性质所决定的权力属性。"法官独立"应该理解为法官独立地行使国家的审判权，而不是独立地拥有或享有国家的审判权。

在我们对司法活动行使主体进行分析时，理论界和司法界长期以来忽视了还存在着另一类司法活动行使主体，即陪审员。陪审员无论在美国还是在中国，都是一个不能忽视的司法活动行使主体。因为陪审员也在实实在在地行使着司法权。陪审员按照法律规定可以参与审判活动，可以对案件的判决发表意见，最关键的标志是，可以对案件的判决有一人一票的投票权（至少在理论上和法律规定上是如此）。陪审员的陪审权同法官的审判权在权力的来源上、主体资格上和权力的存续时间上等有所不同。陪审员的陪审权来自法律（陪审员法或陪审员条例）。从理论上和法律上讲，任何一个符合陪审员条件的公民，都可以做陪审员。法官的审判权也是来自法律，只不过是来自同级国家权力机关（同级人大）的授予，并且不是每一个符合法官条件的公民都能当法官，做法官都要经过法定的任命程序；陪审员的陪审权是一案一审，即他的陪审权只有在他作为陪审员身份参与陪审具体案件时才能行使和体现；而法官作为审判权的行使者，他的审判行使权则存续于他作为法官身份和法官职务的存续过程中。尽管有以上几点不同，但笔者认为两者具有一种最关键的同质性：法官的审判权行使，是在法院的审判活动过程中体现的，是法院的审判权的具体行使者；而陪审员陪审权的行使，也是在参与法院的具体案件审判活动过程中体现的，实质上是"人民审判权"的行使方式。从国际通例来讲，陪审员的物色、确定和组成，都是在法院的框架内管理和运行的。因而，陪审员的陪审权是密切地附属于审判机关的，它同审判权专属于审判机关、专属于国家是不矛盾的，是一致的。

（二）第 2 条修改意见

应该在宪法中明确规定："国家行使司法权的专门机关是人民法院和人民检察院。"

1. 简要说明

增加这一条款是为了纠正目前在我国存在的关于司法、司法权、司法体系、司法机关、司法主体等概念和问题上所存在的混乱。尤其是 1997 年刑法第 94 条关于"司法工作人员"的立法解释所产生的混乱。

2. 理论论证

关于"司法"、"司法权"、"司法主体"、"司法体系"、"司法机关"等概念，现在仍存在着很大的争议。司法到底如何界定？司法权的范围到底如何划定？中国的司法体系到底由哪几部分组成？我们经常听到的和讲的所谓"公、检、法、司"是不是司法体系的组成？从我国的宪政安排来讲，我国的司法体系是由人民法院和人民检察院两大系统构成，而公安机关和司法行政机关（包括监狱管理机关）是隶属于国务院的国家行政机关。但 1997 年修订后的刑法第94条的立法解释却产生了新的问题。刑法第94条规定："本法所称司法工作人员，是指有侦查、检察、审判、监管职责的工作人员。"此条立法解释将有侦查、监管职责的工作人员定性为司法工作人员，那么，他们所在的机关是不是就成了司法机关？如果是，那么，是否意味着要改变现有的宪政安排？如果不是，那刑法第94条的立法解释又如何理解？有的学者用"大司法"概念和"小司法"概念来做解释；有的学者则从刑事诉讼的过程所涉及的权力主体来解释。笔者认为，这些解释都不具有充分的解释力和说服力。笔者认为，1997年修订后的刑法第94条的立法解释存在着问题，它将原有的宪政安排打乱了。关键是如何理解司法的概念和司法权的概念，以及侦查权、监管权的权力属性，即侦查权、监管权是行政权的体现，还是司法权的体现。这一问题直接关系到我们对司法、司法权、司法体系以及司法主体等问题的理解。笔者认为，将侦查权、监管权定义为行政权，以及将有侦查、监管职责的工作人员定性为国家行政工作人员，并不影响他们的法律地位和法律职责的履行，还有利于宪政的统一。

（三）第3条修改意见

应该在宪法中修改第126条规定，恢复1954年宪法第78条的提法："人民法院独立进行审判，只服从法律。"

1. 简要说明

这一条是为了体现司法独立的原则，以替换现行宪法第126条"人民法院依照法律规定独立行使审判权，不受行政机关、社会团体和个人的干涉"的规定。

2. 理论论证

现行宪法第126条"人民法院依照法律规定独立行使审判权，不受行政机关、社会团体和个人的干涉"的规定采用了一种"排除干涉主体罗列法"。它罗列了三种排除干涉主体：一个是行政机关，一个是社会团体，一个是个人。这样一种罗列的方法是有缺漏的，在所罗列的排除干涉主体中，没有政党，没有国家权力机关，这样，就为政党尤其是执政党和国家权力机关对司法的干涉留下了法律上的漏洞。在近十多年关于司法体制改革的讨论中，许多学者对现行宪法第 126 条的规定提出了意见，这些意见主要集中于现行宪法第 126 条关于排除干涉主体的罗列上。这个"排除干涉主体"里面没有政党，有"社会团体"这个概念，而在国际社会中，"社会团体"是包括"政党"这个概念的。但是在中国，"社会团体"的概念不包括政党，因为如果把政党看作社会团体，好像就降低了政党的地位，尤其是中国共产党作为中国的执政党，如果把它仅仅作为一个社会团体，好像就降低了执政党的地位，所以在这个排除干涉主体里面就没有政党，这是一个很大的问题。其实，这和中国的政治体制是有密切关联的。中国是以中国共产党作为执政党的一个政治体制，这样一个政治体制认为执政党对司法应该具有一种领导权。中国共产党领导国家的各项事业，其中包括对司法的领导。如果将政党作为排除干涉主体列进去，我们执政党对司法的领导好像就受到了严重的制约，像政法委员会这样一个组织体制的合法性可能就存在问题。所以这个政党没有列进去并不是说当初没有认识到，笔者觉得这是有意识留下的一个空档。这是不是意味着执政党可以对司法进行干涉呢？如果说在 1982 年修改宪法时，还有以上一些思想顾虑，比如担心失去党对司法的领导，那么，到了今天，"服从法律，就是服从党的领导"、"法律是党领导人民制定的"等这样一些现代理念已经普及并深入人心，"人民法院独立进行审判，只服从法律"应该是顺理成章的事了。

第二个遗漏的主体是没有权力机关，即没有人大，那是不是意味着人大可以对司法进行干涉，这是大家提出的问题。笔者仔细分析过这个问题，并不是当初没有认识到这个问题，而是有很多理论背景和制度背景。为什么在排除干涉主体中没有人大呢？因为中国实行的是人民代表大会制度，司法机关、政府都是由人大产生的，人大对一府两院都有一种领导和监督的权力和职能。如果将人大作为排除干涉主体罗列进去，那司法要向人大作汇报，要接受它的监督，好像法律依据就不足了。最典型的是这些年关于人大要不要对个案进行监督和审查，经过激烈的争论，个案审查制最后还是被搁浅了。我们应该在理论上厘清的是：人大对司法可以领导和监督，但这种领导和监督不能变成对司法工作的干涉。

因此，"人民法院独立进行审判，只服从法律"应该作为中国宪法中关于司法独立的法律表述语言。

（四）第 4 条修改意见

应将现行宪法第 131 条"人民检察院依照法律规定独立行使检察权，不受行政机关、社会团体和个人的干涉"修改为"人民检察院独立行使检察权，只服从法律"。

1. 简要说明

现在大家在讨论宪法中的司法权问题时，都聚焦于现行宪法的第 126 条，即审判权问题上，而忽略了现行宪法第 131 条关于检察权的规定同样存在着类似的问题。检察权作为司法链条中间环节的一个权力，虽同审判权有些区别，但在"只服从法律"上没有区别。

2. 理论论证

理由同第 3 条，不再重复。

（五）第 5 条修改意见

应该在宪法中明确规定："人民检察院是国家的检察机关。"

1. 简要说明

这一条是为了修改现行宪法第 129 条关于人民检察院性质的规定。现行宪法第 129 条将人民检察院的性质规定为"国家的法律监督机关"，这一定性不准确也不明确，存在重合。因为人大也是国家的法律监督机关之一，监察、审计等也是国家的行政法律监督机关。同时，在实践层面，检察机关行使法律监督权也存在许多体制性的障碍和自身职能的矛盾。

2. 理论论证

我们应该注意到，在习近平总书记"12·4 讲话"中，他专门用一大段话讲述了如何通过具体的立法、司法、执法、监督等法治机制来落实宪法中所提出的任务以及对各法治机制及其所应承担的任务的具体分解。

其一，立法任务："全国人大及其常委会要加强重点领域立法，拓展人民有序参与立法途径，通过完备的法律推动宪法实施，保证宪法确立的制度和原则得到落实。国务院和有立法权的地方人大及其常委会要抓紧制定和修改与法律相配套的行政法规和地方性法规，保证宪法和法律得到有效实施。"

其二，执法和司法任务："各级国家行政机关、审判机关、检察机关要坚持依法行政、公正司法，加快推进法治政府建设，不断提高司法公信力。国务院和地方各级人民政府作为国家权力机关的执行机关，作为国家行政机关，负有严格贯彻实施宪法和法律的重要职责，要规范政府行为，切实做到严格规范公正文明执法。我们要深化司法体制改革，保证依法独立公正行使审判权、检察权。"

其三，加强对宪法和法律实施的监督任务："全国人大及其常委会和国家有关监督机关要担负起宪法和法律监督职责，加强对宪法和法律实施情况的监督检查，健全监督机制和程序，坚决纠正违宪违法行为。地方各级人大及其常委会要依法行使职权，保证宪法和法律在本行政区域内得到遵守和执行。"

在这段任务分解中，检察机关主要承担的是司法任务，并落脚在"检察权"上。而对监督任务的承担主体讲话用的是"全国人大及其常委会和国家有关监督机关"，其中的"国家有关监督机关"除了监察机关、审计机关等，是否包括检察机关，值得研究。因为对于检察机关的任务，在前面的司法任务中已经明确被提及。笔者个人认为，这其中的"国家有关监督机关"不包含检察机关，主要指的是监察机关、审计机关等。

（六）第 6 条修改意见

修改现行宪法第 2 条第 2 款 "人民行使国家权力的机关是全国人民代表大会和地方各级人民代表大会" 的规定，以及宪法第 128 条中的 "地方各级人民法院对产生它的国家权力机关负责" 等有关 "司法权地方化" 的相关条款。

1. 简要说明

这一规定在总的原则上没有问题，但缺乏对国家权力的分解，缺乏对国家权力一旦具体化后和进入运作过程后其不同性质和特点的科学界定。具体修改意见要结合对国家权力进行分解之后如何设置司法权的体制改革方案，将 "地方司法机关由地方国家权力机关产生并对其负责" 的进行条款修改。

2. 理论论证

我们为了避免 "三权分立" 之嫌，拒绝对国家权力进行分解，坚持国家权力是不可分的。但如果我们将国家权力做以分解，就会发现其中存在着问题。因为 "国家权力" 这个概念包括立法权、行政权、司法权、军事权、监督权等，这五种权力具有不同的性质和特点。其中的立法权、行政权可以有一个地方化的问题和有条件地转让的问题。立法权可以部分地转让，可以部分地授权，因而可以有地方立法，可以有授权立法，等等；行政权也可以部分地转让，可以有条件授权其他主体行使，因而可以有地方行政、行政授权，等等。而司法权、军事权这两种权力是不能地方化的，是不能转让的，是不能授予其他主体行使的，因而不能有 "地方司法"，不能有 "授权司法"，更不可能有 "地方军事"、"授权军事" 等，"地方司法"、"授权司法" 是有违司法的国家专有性和国家专属性的，是有违司法法治原则的。这就是司法权的国家专属性和专有性；作为公权力的监督权有地方化问题，但同时监督权又具有专属性，即只能由国家专门的监督机关行使监督处分权，其他主体的 "监督权" 属于广义上的，不具有处分权，如公民对政府及其工作人员的监督权等。而宪法第 2 条第 2 款的规定将"人民行使国家权力的机关"规定为"全国人民代表大会和地方各级人民代表大会"就必然地包括了司法权由地方产生也是人民行使国家权力的方式之一。并且宪法第 128 条明确规定"地方各级人民法院对产生它的国家权力机关负责"以及宪法第 133 条规定的"地方各级人民检察院对产生它的国家权力机关和上级人民检察院负责"等条款,是造成"司法权地方化"的宪法总根源,也是在理论上没有对"国家权力"进行分解所造成的。

以上关于司法权及其司法体制问题的六条宪法修改意见,是以"司法权国家化"作为司法体制改革的思路,来进行相应的宪法修改和制度设计,使司法权回归到国家所有,改变和消除司法权地方化的体制性根源。而在理论上关键取决于我们对司法权的性质、司法权的属性等重大问题进行深入的研究并取得共识和结论。我们还需要打破三个理论上的禁区:

(1)"司法权属于国家"和"司法机关独立行使司法权",并不会影响"司法权属于人民"的国家性质理念,而且可能会更好地实现这一国家性质理念。

(2)"司法权属于国家"同有些人所说的"国家主义"没有必然联系。

(3)对国家权力进行理论分解,是为了更好地认识各个具体权力的不同性质和特点,以便在宪法上对各个不同性质的权力进行合理的制度设计和安排,它同"三权分立"理论不是同一层面的问题。

二 讨论部分

主持人莫纪宏教授:我们现在是自由讨论的时间。我想先提点问题,我的问题是针对刘作翔老师的,因为我觉得四位老师发言都很好,从不同角度把我们这个题目的关键性问题都点出来了。因为我学的是宪法，和刘老师的问题比较靠近，但又和他的思路有所差异，我觉得这个问题非常重要，可能大家会比较感兴趣。刘老师讲的这个问题实际上是我们讨论司法体制改革在法理上的一个突破点。因为我们现在经常讲司法独立、司法改革、司法体制，但是如果要回到科学的原理上去看的话，我们的根据在哪儿？我们是在什么意义上讲的？那么刚才刘老师就是觉得我们现在没有根据，自主取名，是不靠谱的，刘老师说宪法里面就没有"司法"这个词，大家都没有一个共同的标准怎么去总结出来一个司法的概念呢？这个问题首先得在宪法里解决，然后我们才能在制度上解决。实际上我们现在谈的所有司法改革的前提是什么？是党的政策，因为只有我们党的历次代表大会的文件肯定了司法的概念，并且没有"司法权"的概念，在十七大的时候提出来"司法职权"的概念，十八大就没有了，我们现在用"司法"这个词扩展成了一系列概念，它只有司法政治学的意义，没有司法制度学的意义，一旦是政策的话，就离不开党的政策，离不开党对司法的领导。我觉得这个问题要想在政治上探讨的话，就要在党和司法的关系上探讨这个问题。刘老师讲的看法就是要在制度学意义上，从宪法的角度去考虑，我觉得他提出这个问题是很好的。

当然我也有和他思路不一样的地方，在哪儿呢？我们能不能用"司法权"这个词？如果用"司法权"这个词会带来什么毛病？为什么当初不用？因为上个星期我花了三天时间翻了我们所里所有的词典，把与法律有关的词典我都查了，看到底有没有关于"司法"的解释。一个都没有，只有江平老师主编的一个叫《中国司法大词典》，这么厚，但里面竟然没有"司法"这个词条，这个很有意思的，什么原因造成的？后来我查了四十本词典，外文词典就查到一个《牛津法律大辞典》，它没有"司法"这个名词，题目就是"司法的"，就是凡是与法官所做的事情有关的就叫"司法的"，它还有个反向定义，就是常常"司法"与"非司法"相对应，即司法以外的、和法官处理的事务不相关的，有这样的定义，包括《牛津法律大辞典》，有对"司法的"这个词语的解释。后来我又考察其他人的文章，这个概念在汉语中是有的，汉语中第一次出现是什么意思？在中国历史上司法是关于一种官职、职称，是一种职位，明代没有，清代法制现代化以后又引进了西方的概念，司法一词就是这样来的。我想提出什么问题呢？刘老师如果把"司法权"这个概念引出来，实际上还有一个问题就是你这个司法权和什么权相对应？立法权？行政权？我们现在宪法里也没有行政权，宪法中有国务院享有下列职权，在宪法上表述的是"国家行政机关具有行政职权"，没有行政权。立法权的表述是：全国人大及其常委会行使国家立法权，没有立法权的概念，所以引进了司法权的概念以后，你的根据在哪儿？这恐怕也是个很复杂的问题。所以就要请刘老师进一步解释一下：即便是在制度上你给它找了一个出口的话，这个制度的可能性到底有多大？

刘作翔教授：首先谢谢莫教授提出的这个问题，我想简单地回应一下。"司法"这个概念查字典也是一种办法，但是所有的字典无非是一种解释，我们自己也可以作解释，这个没有必要费那么大的工夫。我们所关心的问题是在我们的宪法和法律中有没有"司法"这个概念。关于这个问题我推荐一篇文章，就是刘松山教授在《法学》上发表的一篇一万多字的文章，那篇文章可以说是我看到的对"司法"这个概念追根溯源较全面的一个文章。其实在我们法理学教科书里面对司法的概念是有解释的，这个就不说了，这个是次要性问题。莫教授提出的问题是：如果我们现在把"司法权"这个概念放到宪法里面的根据在哪里？我想我刚才讲了那么多其实都是在讲这个理由，如果要简单地归纳一下，就是一个是要解决司法权的国家属性，因为现在司法权的国家属性被质疑被怀疑，同时还存在着司法权个人化的倾向，这样一种倾向必须要通过明确的宪法条文来解决这个问题；第二个要解决司法权的专有性问题，因为这几年司法改革，司法权的专有性也受到了一定的冲击，所以我想其实是有根据的。莫教授谈到的"行政权"的概念在宪法中也没有规定，立法权是有，但宪法中没有规定和确认"行政权"的概念并不能成为我们不规定、不确认司法权的一个理由。

田夫博士：我在我的知识范围内回应一下刘老师和莫老师关于司法权的一个争论，我的问题是给刘老师提出来的：为什么我们在有"审判权"这个概念的前提之下还要引进一个司法权？这会涉及一系列的问题。我们现在的司法概念按照我的理解大致分为两类：一类是理论意义上的司法概念或者说西方意义上的司法概念，那么在这么一个维度下，我们认为司法权就是审判权，那么在这个意义上我们认为司法权不包括检察权；第二个维度上的概念是政法意义上的司法概念，就是说在 1949 年以后，在社会主义中国的宪政逻辑下，我们的宪法文本中把审判机关和检察机关都视同一种党的专政的工具，把检察机关准审判机关化或者司法机关化，那么在这种意义上，我觉得其实不是用一个简单的"司法权"概念囊括审判权和检察权就能解决问题的，因为司法权就是审判权，检察权不是司法权。同时我们也必须承认从"五四宪法"到"八二宪法"，我们的确有把检察机关视为司法机关的一种逻辑，在检察系统内部也曾经提出一个大司法权理论，司法权包括审判权和检察权，但是我们必须看到的是从"五四宪法"到"八二宪法"，司法权包括检察权从来没有成为制宪者的意图。

莫纪宏教授：新中国成立之后的《共同纲领》有"人民司法"这个词，"五四宪法"、"七五宪法"、"七八宪法"一个"司法"都没有，"八二宪法"是两个地方，一个是关于国务院职权的，一个是关丁地方政府的，有"司法行政"的概念，其他任何正式的宪法文件中都没有"司法"这个概念。

刘作翔教授：其实田夫博士刚才等于自己回答了问题，就是按照他的观点，司法权就是审判权，说已经有了"审判权"干吗还要"司法权"呢？但是要注意到，要改变中国目前这样一个宪政体制是很困难的，所以"审判权"替代不了"司法权"的概念。检察权是不是司法权，不单纯是一个认识问题或理论问题，而是一个国家的宪政体制和制度安排问题。另外，我想强调的是：司法以及司法权等一系列概念和问题不是一个纯粹的解释学问题，而是一个制度规定和安排问题。考察许多国家的司法制度，你会发现，司法以及司法权包括哪些部分和内容，没有一个统一的模式。这就是我一个简要的回答。

汪建成教授：我非常同意刘老师的意见，我有一个基本的想法，因为我最近也在写一篇文章，我在思考一个问题，如果真正要搞民主法治化的国家当中，司法审查必不可少，法治化的国家一定要有司法审查制度，我们国家没有，谁来承担这个职能？我想来想去，我们国家只有检察院，赋予检察院这个职能。我当然有一系列的设计，比如说检察机关的侦查职能全部去掉，就搞公诉、法律监督、司法审查，这是未来的方向，所以从这个意义上讲我是支持刘老师的。

探索实行检察院司法行政事务管理权与检察权相分离

谢鹏程[*]

十八届三中全会《决定》提出，改革司法管理体制，推动省以下地方法院、检察院人财物统一管理。十八届四中全会《决定》进一步明确指出："改革司法机关人财物管理体制，探索实行法院、检察院司法行政事务管理权和审判权、检察权相分离。"检察院的司法行政事务管理权主要是指为保障检察权依法独立公正行使而供给和管理人财物的权力和责任。建设中国特色的司法行政事务管理体制、制度和机制，是深化检察改革的制度基础，是检察机关依法独立公正行使职权的体制保障。我们应当立足当前，着眼长远，创新司法行政事务管理，积极推进检察院司法行政事务管理体制改革，合理规划改革方案，保证改革达到预期目标。

一　检察院司法行政事务管理权与检察权相分离的目标和意义

检察院司法行政事务管理权与检察权相分离改革的目标是，保

---

* 谢鹏程，最高人民检察院理论研究所副所长、研究员。

障检察机关依法独立公正地行使检察权，不因人财物等资源的供给不足而妨碍检察权的正常运行，不因人财物等司法行政事务管理权的滥用而损害检察权的独立性、公正性和公信力。让检察长从司法行政事务中解放出来，不再担忧和谋划人财物的供给和保障；让每一位检察官在执法办案工作中不再受到来自人财物供给和管理方面的影响；将来对于检察机关和检察人员来说，充分而周到的人财物保障如影随形，无所不在却又似乎不存在。检验是否达到上述目标的标准有两条：一是供给充足，二是服务到位。

检察院司法行政事务管理权与检察权相分离是检察机关依法独立公正行使职权的体制保障。联合国《关于司法机关独立的基本原则》第七条规定："向司法机关提供充足的资源，以使之得以适当地履行其职责，是每一会员国的义务。"人财物是司法机关履行职责必不可少的资源，只有获得人财物的充分保障，司法权才能正常运行，司法的独立性和公正性才能得到保障，司法的公信力才能逐步建立和提升。检察院依法独立公正行使职权的首要条件就是让检察院从财政和人事等司法行政事务的束缚中解放出来，把人财物的供给和管理可能给检察权运行造成的影响从制度上加以排除。在一定意义上说，人财物供给充足和服务周到是检察机关依法独立公正行使职权的前提条件。

检察院司法行政事务管理权与检察权相分离是实现检察权运行机制"去地方化"和"去行政化"的有力措施。近几年，随着司法改革的推进，地方各级检察院的经费保障得到明显的改善，基本解决了因经费供给匮乏而不能正常开展检察工作的问题。但是，我们要看到，现行的司法行政事务管理体制特别是人财物的供给和管理不仅具有浓厚的地方色彩，而且具有明显的人治色彩，在供给上容易受到地方保护主义的影响，在管理上容易受到行政管理的干预。例如，有的地方检察院虽然获得了充分的甚至超额的编制、职数、经费支持，但是这些往往是有代价的，这个代价就是法律赋予的检察权在执法办案中打折扣，即在一定范围内存在的选择性办案现象。虽然这样的情况并不是十分普遍，甚至有的地方一年就那么一两件，但是它对检察院内的决策者和检察官的影响是恶劣的，给检察公信力造成的损害是巨大的，对人民群众反腐败信心的打击也是沉重的。经验表明，一旦人财物保障与执法办案联系起来，两个方面都容易被扭曲。

检察院司法行政事务管理权与检察权相分离是检察官办案责任制等改革的制度基础。现行人财物保障体制，在保障渠道、保障程度和保障方法等方面都有可能影响到检察权的运行，甚至扭曲了检察权的运行机制，例如，检察机关为了应对外部的干扰或者实现外部影响的内部化，就必须实行集权，否定检察官的独立地位，以检察一体削弱甚至代替检察官独立。新一轮司法改革的核心是司法责任制，司法责任制的前提条件是确立检察官的独立地位和主体资格，淡化执法办案的行政化色彩，让办案者决定，让决定者负责。如果不能让检察长从人财物供给的担忧中解脱出来，就难以把检察官从检察院内部的行政化业务管理中解放出来，检察官就不可能获得独立的地位，因而也不可能担负起相应的办案责任。

二 实行检察院司法行政事务管理权
与检察权相分离的问题与对策

实行司法行政事务管理权与检察权相分离是一项意义重大而深远的改革，也是一项涉及面广、情况复杂的改革，因而在改革探索过程中难免出现一些问题和障碍。概括起来，主要有四个方面的问题：一是思想认识问题；二是保障均等化问题；三是遵循司法规律问题；四是风险防控问题。

首先，要统一认识，积极推行司法行政管理权与检察权相分离的改革。十八届三中全会以来，人们特别是检察院的一些领导同志对这项改革存在着不同的认识，例如，有的认为这种分离是要把原来地方党委的检察人事权和政府的检察财政权转移到省级检察院，上级检察院将获得更大的对下级院的资源支配权。这种把"人财物省级统管"理解成省以下检察院的垂直管理的设想是没有可行性的。有的认为这种分离将使行政、社会等方面的因素介入检察院的人财物管理，将会增加或者加强外部力量对检察权运行的干扰。这种排斥外部介入、搞封闭的小王国的设想也是不可能的。上述两种认识或者倾向实质上都有部门主义和本位主义因素的作用，与改革的宗旨是背道而驰的。我们应当清醒地认识到，实行司法行政事务管理权与检察权相分离，不仅是要排除原来存在的各种干扰，而且要防止各种新的干扰，包括上级检察机关的干扰。

其次，要以增量改革为原则，逐步实现人财物保障均等化。目前，经济发达地区的检察人员担心，司法行政事务管理权与检察权分离后，"要人要钱"（增加编制、职数和经费）可能都不如以前便利和灵活了；经济落后地区的检察人员则期待着大幅度提高待遇和改善办公条件。人财物保障水平有提高和改善是肯定的，但是未必有一些人期待的那么多。当然，有些担心和期待在一定程度上会变成现实，但是都会有一个过程，不可能一步到位。从长远目标来看，人财物的供给必须适应执法办案工作的需要，逐步实现公共保障均等化，消除人财物供给的"贫富不均"，使检察人员在全省范围内流动成为可能。这既是实现队伍和管理的专业化、职业化的需要，也是打破封闭僵化的人事选任机制、实现全省人员合理流动、解决编制与工作量不平衡等问题的有效途径。

再次，要遵循司法规律，发挥好省级检察院了解下级检察院的优势，加强本级院政治部和计划财务装备部门的日常管理职能。实行司法行政事务管理权与检察权相分离后，在财政制度安排上，地方各级检察院将在省政府财政厅设立一级账户，独立编报预算，大要案办案经费和特殊专项经费须经省级院审查；在人事制度安排上，检察长和检察官的人选由遴选委员会和省级检察院把关，任免由省委决定。省级检察院的人财物管理部门（主要是政治部和计划财务装备部门）的权力和责任加大了，但都不是决定性或者终极性的权力，只是检察院司法行政事务管理的一个环节和一个部门，既不能不管，也不宜多管，应当发挥好了解下级院情况和检察工作的优势，为党委和政府当好司法行政事务管理的参谋和助手，保证司法行政事务管理权的运行遵循司法规律。

最后，要实行分权制衡，切实防治司法行政事务管理权的滥用和腐败。全省检察机关的人财物管理权相对集中于省委、省政府、省级检察院，这在排除了市、县两级党政机关干扰司法的风险的同时，也可能加剧检察院系统内部的行政化风险，增加省级机关人财物管理权滥用和腐败的风险。而这两种风险都是这一轮司法改革高度重视并着力解决的问题。检察系统的"去行政化"与"去地方化"一样重要，不能顾此失彼。权力集中到哪里，权力寻租就会追随到哪里。简单地收回人财物管理权是不够的，必须有配套的制度和分权制衡的机制。人财物管理权集中到省级后，省委是领导者、掌控者，省政府、省级检察院具有一定的人财物管理权，同时，在人事制度中引入了由社会各方面代表参加的遴选委员会和惩戒委员会，这三个方面的机构各有不同的职责，既要各负其责，又要相互制衡，防止一家独大而发生专权和滥权的现象。除了运用分权制衡机制以外，还要运用和发挥公开透明、人大监督、社会监督等防控机制的作用，保证司法行政事务管理权正确行使。

三　立足中国实际，借鉴国外境外经验

坚持从中国实际出发是全面推进依法治国的基本原则。司法改革包括实行检察院司法行政事务管理权与检察权相分离，必须从我国基本国情出发，同改革开放不断深化相适应，同时，要"借鉴国外法治有益经验，但绝不照搬外国法治理念和模式"。从国外境外司法行政事务管理的经验来看，主要有三项制度：一是实行司法行政与司法业务相分离；二是司法机关人财物管理的标准化、系统化和透明化；三是司法机关人财物管理的社会化。

　　司法行政与司法业务相分离是现代司法行政管理的基本原则，也是西方国家通行的体制安排。党的十六大报告曾经提出："改革司法机关的工作机制和人财物管理体制，逐步实现司法审判和检察同司法行政事务相分离。"由于对如何实行一直存在认识分歧，才拖延至今。主要问题是外国落实这一原则的制度模式有两种，我们该如何选择，值得研究。一种是大陆法系国家的外部分离模式，即主要由政府的司法行政机关（司法部）来承担司法机关人财物的管理，司法业务与司法行政事务完全分离。另一种是英美法系国家的内部分离模式，即由司法机关内部的司法行政管理部门来承担司法行政事务的管理。美国的联邦和多数州实行这一模式。在那些制度健全、环境良好、文明程度较高的法治国家，实行哪种模式可能无关紧要，但是对于不具备上述条件的国家（如我国）来说，实行内部分离还是外部分离则事关重大，需要慎重选择。

　　司法行政事务管理的标准化、系统化和透明化是保证司法行政事务管理为司法业务服务而不干扰司法业务的根本途径。美国的有些州实行"只有财政支出标准而没有预算限额"的司法经费保障制度，这虽然曾经给一些州的财政造成困难，但是通过司法程序的完善（主要是辩诉交易制度的实行）摆脱了这一困境。保证司法不受财政的牵制是保障司法独立的需要。为此，必须建立健全严格系统的司法行政事务保障标准和保障程序，并使之公开化、透明化，引入社会监督，压缩和规制司法行政事务管理机关的自由裁量权，防止其干预司法业务。

　　司法行政事务的决策权与日常管理权应当分离，决策权要外部外、社会化，以防止其干预司法业务；管理权要内部化、专业化，以防止其加剧司法业务管理的行政化。司法行政事务的管理具有较强的专业性，容易形成封闭的体系，从而增加权力滥用和腐败的风险，解决问题的办法就是将其决策权与日常管理权分离。国外的经验是打破部门封锁，引入社会力量，形成由司法行政机关组织协调、社会贤达集体决定的司法行政事务管理决策机制，这就是司法

行政事务的集体决策与日常管理相分离的体制。司法行政事务管理
机关主要负责日常事务的管理（照章办事，几无裁量权），并为由
社会贤达组成的专业委员会的集体决策提供服务和支持。这就把关
键性的司法人员选拔和经费分配的权力分离出来，由不特定的社会
贤达组成的专业委员会来行使。这不仅有效地防止了部门偏见和局
限，而且很好地防范了司法行政事务管理权的腐败和滥用。再加上
有新闻自由和分权制衡的政体，在西方发达国家，司法行政事务管
理权滥用和腐败的情况极为少见。

　　我国司法行政事务管理体制改革是渐进的、分阶段实施的。司
法机关人财物省级统管是逐步实现全国统管的一个过渡阶段，在这
个过渡阶段还要分试点阶段和全面实行两步走。这就决定了这项改
革具有过渡性、基础性和探索性。在试点阶段，各试点省都应当着
眼司法的文明和进步，服从司法改革的大局，全面谋划和科学规划
司法行政事务管理体制机制改革方案。一要摸清司法机关人财物保
障的底数，保证省级及其以下各级司法机关在改革过程中正常运
行；二要同步推进人财物保障的标准化和规范化，注重制度建设，
防止权力腐败和滥用；三要自觉地为实现全国统管做准备，积累经
验，预留空间。

三元共和主义和程序公正原则

季卫东[*]

　　十八届四中全会决定的最大亮点在于"依宪执政"、"依宪治国"这一重大理论命题的提出。这意味着全面深化改革的顶层设计需要以社会的基本共识为基础，这种共识集中体现在宪法之中。四中全会指出，"宪法是党和人民意志的集中体现，是通过科学民主程序形成的根本法"。在这里，共同性与合理性实际上被视为宪法秩序的本质。唯其如此，宪法方可具有包容性，成为国家的整体框架；唯其如此，宪法方可具有正当性，成为社会的最大公约数；唯其如此，宪法方可具有操作性，成为全民的行动纲领。

　　作为宪法基石的共同性与合理性，要求所有法律法规都全面反映客观规律和人民意愿。如果达不到这样的标准，就不是"良法"，就不能实现"善治"。四中全会决定实际上是把宪法作为判断良法还是恶法、善治还是苛政的主要尺度。为此，决定强调要提高立法质量，"使每一项立法都符合宪法精神"，并且要求"把所有规范性文件纳入备案审查范围，依法撤销和纠正违宪违法的规范性文件，禁止地方制发带有立法性质的文件"。这意味着通过宪法实施监督体系来保障依法治国的落实。实际上，社会主义核心价值观以及党的领导、人民当家做主、依法治国的有机统一是基于同样的考虑。

---

* 季卫东，上海交通大学凯原法学院院长、教授、博士生导师。

因此，我们要夯实宪法作为基本共识和根本规范的实质内容，不得不进一步开展价值观讨论，形成新的法律意识形态。也就是说，在全面深化改革和制度顶层设计背景下，"问题"的研究仍然很重要，但"主义"的探讨也无从回避。因为解决"问题"的技术化操作无法形成价值体系上的基本共识。没有这种基本共识，顶层设计无法做，宪法实施也无法得到可靠的保障。为此，有必要提倡一种共和主义精神。它可以与中国传统价值体系中"和而不同"的原则相对接，可以与国家治理体系现代化过程中的理性设计和可继承的共同性相对接，可以与历史唯物论相对接，同时也能凸显程序本位的现代法治原理。

这种共和主义必须包括市场法理、指令法理、共同法理三种最基本的价值元素。实际上，在全球性的国家治理体系现代化过程中，法治秩序的形成和发展以及正当化根据，其实包含两个不同的维度：一是从零开始的理性设计，也就是社会契约型的国家观；二是尊崇事实、利益以及传统的继承原理，也就是历史传承型的国家观。因此，现代化的价值体系并非通常理解的那样单纯，其内部存在张力。以此来反观中国现代化过程，价值体系也并非像苏维埃诠释者所断言的那样一元绝对化。马克思主义法学其实包括丰富的内涵，一些思想宝藏有待发掘和重新认识。

按照历史唯物论的基本原理，经济基础决定上层建筑。既然当今中国经济基础已经发生质变，那么上层建筑随之调整就是题中应有之义。调整的方向很清楚，就是让市场法理发挥决定性作用。实际上，恩格斯关于"无数合力的平行四边形"的著名论述，展示的是无数个人意志互相博弈合成公共选择的机制，与市场机制是相洽的。认真研读《资本论》可以发现，马克思主义法学在本质上是一种在经济视野中的权利论，并且始终把法律理解为社会关系的中介物，强调法律的中立性。

马克思指出，"法律应该是社会共同的、由一定的物质生产方式所产生的利益和需要的表现"。意大利马克思主义奠基人对这些命题的诠释是，国家是一个现实的有效能的机构，它保障社会制度以及物质生产的稳定性，这种保障的实质是采取各种方法来保持各阶级的均衡。将国家、市场以及社群这三种基本的价值取向统一到法律意识形态之中，形成三元结构的共和主义，有利于凝聚社会的基本共识。在凝聚共识的过程中，不同价值取向之间的沟通和融合是必不可少的。因此，理性对话和论证以及相应的程序公正原则的重要性就会进一步凸显出来。在法律意识形态的解释性转换实现之后，具体制度的设计和技术操作就可以顺利进行。

论我国公众有序参与立法的模式
与实现路径

宋方青　　宋尧玺[*]

立法需要公众的出场和表达，是立法获得正当性、社会公共生活迈向民主化的要求。公众参与立法是立法这一特定领域中公民政治参与的行为，是民主权的实践表达。作为一种制度化的民主立法形式，公众参与立法指向的是享有立法权的机关与公众之间的双向沟通、协商和对话，公开、互动、包容、尊重民意是其应有之义。公众参与立法的核心在于其有效性，即公众通过民主参与能够对立法产生实际影响。在当代中国，这种有效性在相当程度上取决于公众参与立法的有序性。这种有序性是指公众在立法机关的理性引导下，在遵守法律和程序规范、维护社会秩序的基础上，自觉、自愿、自律地参与立法活动。中国正处于深刻的社会转型期，单一的、同质化的社会结构和利益格局已被打破。多元文化差异、社会阶层分化与多元利益诉求引发了公众参与主体和参与诉求日益多元化。当这些参与主体及其诉求无法在制度内寻求正当表达渠道或得到有效回应时，就会导致参与的失序和无效，甚至引发社会矛盾和

　＊　宋方青，厦门大学法学院教授、博士生导师、法学博士；宋尧玺，厦门大学法学院法学理论专业博士生。

社会冲突。因此，公众参与立法应当是一种有序进而有效的参与立法的形式，已不单纯是法律问题，它的实质在于民主立法与社会秩序的关系问题，这就使其具有了政治意义。法律问题的政治性是中国法治转型的特殊性所在，在社会转型过程中如何通过法治的进步来回应政治体制发展中面临的挑战是我们必须面对的问题。随着党中央十五届五中全会、十六大、十七大等会议上渐次提出从各层次各领域扩大公民有序政治参与的有序民主导向，探讨公众有序参与立法的模式和实现路径就成为处理立法过程中民主参与和秩序控制之间张力的因应之道。

一　公众参与立法存在的主要问题及其原因分析

现代立法的权威来源于民主，而民主的实质是参与。在民主立法实践中，各级立法机关逐步实行开门立法广集民意。公众也通过听证会、论证会、座谈会、法律草案的公共评论、网络听证、立法调研等形式参与到立法过程中并取得了诸多成就。以近年来备受公众关注的法律草案的公共评论为例，2011 年 4 月，《个人所得税法修正案（草案）》面向社会公开征求意见，共收到意见 23 万余条，创全国人大立法史上单项立法征求意见数之最。在这些意见中，83% 的公众希望提高个税起征点，改革原有税率结构，以降低中低收入者税收负担，促进收入分配公平和社会公正。同年 6 月 30 日，全国人大常委会表决通过该修正案，个税起征点由现行的 2000 元提高至 3500 元；税率结构由 9 级调整为 7 级，取消了 15% 和 40% 两档税率，将最低的一档税率由 5% 降为 3%。① 在该例子中，一方面，立法机关在事前公开立法草案，并提供网络征集和信件邮寄两

---

① 参见人民网中国人大新闻：《个税起征点为何要提高到 3500 元》，http：//npc. people. com. cn/GB/15044448. html，2011 年 7 月 1 日访问。

种公众参与立法的渠道，在立法过程中倾听、尊重民意；另一方面，公众通过参与立法表达了自己的利益诉求，而从表决通过的法律文本观察，公众参与对立法确实产生了有效影响。这一互动过程反映出当下中国对公众参与立法强调的是公众的有序参与，其目的是通过公众的有序参与使立法机关和公众在制度框架内共同有序地推动社会治理向民主和善治转型。在肯定成就的同时也应看到公众参与立法还存在着若干问题。我们认为，公众参与立法的主体虽然是公众，但立法活动本身却是双向的，即立法机关和公众之间理性且有序的协作。然而，在公众参与立法的过程中却存在这样的现象：一方面，部分立法机关权威有余、理性不足，垄断了立法话语权，未能给公众提供充足的参与表达渠道，并且在多元利益间产生冲突时缺乏有序的利益协调机制；另一方面，部分公众的法律意识、秩序意识、公民意识和参与能力不足，在参与的有序性方面未能达到维护社会秩序、遵守法律和程序规则进行自觉、自愿、自律参与的要求。如此种种导致了公众在立法实践中或处于淡漠的被动参与，或陷于非理性的过度参与。这些问题并非孤立产生的，需要将其置于传统观念和制度的关联脉络中予以考察。

在我国，虽然封建等级制度和宗法传统随着近代革命的结束而遭到瓦解，但是传统观念却仍在相当程度上制约着公众参与立法的有序展开。第一，部分立法机关工作人员在立法活动中仍然存在着国家主义、官僚主义、形式主义的观念，致使公众参与渠道流于形式。他们或者主张国家全能和公权独大，将"国家"与"社会"对立起来，侵入并屏蔽社会领域中的公共表达；或者缺乏民主观念，把公众参与和立法机关引导对立起来，对民意置若罔闻，未能提供充足的参与渠道；或者把公众参与立法和社会秩序稳定对立起来，把正常的公众利益表达视为不稳定因素而进行压制，怯于进行有序引导；或者将公众参与立法与行政权威管理相混淆，以行政权的管理逻辑代替立法权的民主原理，将公众视为行政活动中命令的绝对服从者，而非公共治理的民主参与者，致使公众只能被动接受命令。第二，在部分公众的观念中或者存在对官本位观念、宗法观念、等级观念的默认与忌惮而无力参与或不敢参与；或者对权威抱持依赖和崇拜心理，渴望清官治政而无心参与；或者对立法机关的公信力产生怀疑，突破法律与程序规则而过度参与；或者安于现状无所欲求，导致不愿参与或经过动员而被迫参与。

　　传统观念是制度形成的重要渊源，同时也是制度实践的重负。在当代立法制度中仍然部分地存在着国家主义的迷思与羁绊。主要表现为：第一，在制度设计方面，立法机关与公众角色的定位以及权力（权利）配置存在不当之处。以地方立法为例，从现行的法律规定和立法实践来看，我国地方立法的体制从本质上讲是由地方人大常委会和政府主导的体制，公众处于该体制的边缘地带。其中，地方立法听证制度被视为公众参与立法中最为重要的形式之一，但从是否采取听证、如何听证，到听证的议题与内容、听证的主持人、听证参与人的确定等都是由地方人大常委会或人民政府决定，基本上没有给公众提供主动、自愿参与的制度渠道。这实际上是通过控制立法过程进而"预定"了立法结果。在这种情境中，公众参与的程度十分有限，何谈参与的有序性要求。第二，在制度实践方面，除了因制度设计原因导致公众参与立法流于形式的现象外，部门利益法制化问题也是制约公众有序参与立法的主要障碍之一。现代立法本应是公众与享有立法权的机关之间、公众之间就公共（多元）利益进行平等、有序博弈的结果，但是在实践中却时常转化为部分享有立法权的机关（例如某些行政机关）垄断立法权，为本部门利益披上法律的"合法"外衣，与其他部门争利，与公众争利。公共利益被部分享有立法权的机关劫持，并通过立法的制度化形式进一步固化既有利益格局，而公众作为公共利益的承担者却被排斥在这一利益格局之外，无法获得有序参与利益表达，进而参与利益分配的机会和渠道。

　　当然，我们同样认为不能简单地将中国传统法制和现代法治对立起来，脱离自身历史传统而盲目重构制度；也不能只看到陈旧观念对社会进步的阻碍，而忽视观念自身的演进及其在推动历史和社会发展中的作用；更不能全盘否定现有的公众参与立法制度，而贸然推行制度的激进变革。在公众有序参与立法问题上，我们需要的并不是破旧立新的巨大翻转，而是推陈出新的理性渐进。也就是说，要寻求一种能够平衡转型中国立法民主与社会秩序之间张力的有序参与模式。

二　公众有序参与立法的基本模式

中国社会转型问题的总体性和复杂性决定了由公权力推进社会转型的必要性，由此而来的问题是如何使公权力受到规制，以避免其与市场或私人利益结盟走向权力异化的危机。这就需要建立法治框架内的民主制度作为制约机制。中国传统社会虽然无法直接开放出民主制度与观念，但却蕴藏着"民为邦本"、"民贵君轻"的民本思想资源。中国社会要完成现代转型就必须实现从民本到民主的治道变革，即从"以民为本"的统治策略转变为"由民做主"的治理方式。这就要求建立一种共享性权力结构，将公众的话语和权利要求嵌入国家公共治理的框架中，形成合作共治的格局。"共享性权力结构的基础是政府的公共性……在共享性权力结构下，公民和政府不是谁大谁小，或者统治与被统治的关系，而是均以公共利益为依据，统一到公共准则上来。"这种权力结构使公众和政府处于平等地位，并在寻求公共利益上获得一致，为二者的有序协作奠定了基础。该结构的意义在于一方面充实了公众话语权，通过公众对公共决策的形成施加实质影响而制约了公权力；另一方面，该结构并不排斥国家进行公共决策和公共管理，而是通过国家对公众民主参与的认同和包容，增强了自身的合法性和公共性。因此，它在本质上是一种民主的双向互动进程，它可以有效避免传统国家主义对社会公共领域的侵袭，通过公众民主参与和平等共治打破官民对立的格局，化解社会秩序危机。具体到公众参与立法制度层面，如果要达至有序进而有效参与的要求，立法机关与公众均须以公共利益为指向，进行双向、平等的有序合作。进一步说，中国公众有序参与立法应当采取立法机关理性引导和公众自觉、自愿、自律参与相结合的有序协作模式。该模式可以分解为两方面问题：一是（国家）立法机关应当如何进行引导，以利于公众在公共事务中充分表达自身的利益诉求和价值偏好；二是（社会）公众自身应当如何行为，以达到有序参与国家立法活动的目标。

我们认为，首先，立法机关在立法过程中应主要承担制度供给、保障参与秩序和做出理性回应的公共职能，理性引导公众有序参与立法。立法机关理性引导公民有序参与立法并不是要对参与加以管控，而是要求立法机关限定自身的权责边界，通过履行公共职能来为公民参与提供制度支持和公共服务，将公民参与纳入制度化框架，使多元利益之间的冲突得到制度化解决。而这些公共职能必须以民主、秩序和限权为价值取向，主要包括：①在制度供给方面，立法机关应当科学制定公众参与立法的程序和决策规则，保障多元利益格局中的每一利益相关者都能够拥有平等的利益表达机会和改善机会。②在保障参与秩序方面，立法机关要通过立法程序的设置引导公众依法有序参与立法过程。③在做出理性回应方面，立法机关应当以公共利益为依据，对公众提出的问题做出真实、合理的说明和反馈，不能敷衍、漠视公众的合理诉求，或者为维护部门利益顾左右而言他。其次，公众应当自觉、自愿、自律参与立法。自觉参与是相对于被动参与而言的，它一方面指向公众对自身作为治理参与者的角色，以及对参与的民主宪政价值有着充分的自我觉醒和自我认知；另一方面指向公众对公共议题拥有敏锐性和责任感，能够自发地、主动地将公共议题"问题化"，而非一味依赖立法机关发现公共议题。自愿参与是相对于被迫参与而言的，它强调参与者面对公共议题时应当具有参与的热情和意愿，而非政治淡漠。正如科恩指出的，"从长远来说，民主的安全与稳定，归根结蒂要依靠公民们自己有参与的内在愿望，而不能依靠任何外在的要求"。自律参与一方面是相对于自利参与而言的，它强调公众在参与过程中要保持自律的心态，从自利、偏私的个人利益中抽身出来，在与立法机关或其他公民进行理性论辩中开放出公共立场，寻求主体间的公共利益；另一方面自律参与是相对于过度参与而言，它强调公众应当在制度框架内依法寻求参与渠道，在参与过程中应当避免情感卷入，达致理性、客观、包容他者、尊重秩序的适度参与。公众自觉、自愿、自律参与既是公民权利的实践也是公民责任的承担。立法机关理性引导和公众自觉、自愿、自律参与相结合的模式明确了立法机关与公众的各自角色及其权力（权利）配置，有利于在互动中进一步发挥各自的功能。因此，这一模式可以有效平衡转型中国立法民主与社会秩序之间的张力。

三　公众有序参与立法的实现路径

在确定了公众有序参与立法的模式之后，还需要通过一系列实现路径将这一模式内化到立法实践中。我们认为，根本路径是要在公众参与立法中引入协商民主理论的视角，并在此理论框架下通过若干具体路径充实公众在公共生活中的话语表达权利，以实现公民有序参与立法。

（一）根本路径：协商民主理论的引入

协商民主又称审议民主、商谈民主、慎议民主①，是对现代宪

---

① 这此称谓的由来与差异参见谈火生主编《审议民主》，江苏人民出版社2007年版，编选说明第6—7页；陈家刚主编《协商民主与政治发展》，社会科学文献出版社2011年版，第5—8页。本文在行文中对这此称谓不作具体区分，使用"协商民主"这一通称。

政民主（聚合民主）的补充。该理论认为在现代多元社会中，政府与公民之间、公民相互之间应当依据程序进行平等、有序的理性沟通论辩，寻求公共利益，最终达成共识或妥协，赋予立法和决策合法性。协商民主通过型构立法过程中公共权力与公民权利之间的权力配置和平等对话关系，为公众参与立法创设了规范的程序框架和公共论坛，为多元社会中公众的不同利益诉求开辟了制度化的表达渠道。因此，该理论能够有效落实立法机关理性引导和公众自觉、自愿、自律参与相结合的有序参与模式。

首先，协商民主理论的引入有利于规制立法机关的权力，理性引导公众有序参与立法。在我国立法实践中，拥有立法权的机关往往存在着权威有余、理性不足的问题。协商民主理论可以为这一问题的解决指引方向。艾丽斯·M. 杨指出："协商民主模式的一个主要优势在于，它致力于使理性在政治中凌驾于权力之上。政策之所以应该被采纳，并不是由于最具影响力的利益取得了胜利，而应该是因为公民或其代表在倾听和评判了相关的理由后，共同确认该政策的正当性……协商民主和以利益为基础的民主相比，潜在地具有更大的包容性和平等性。"在协商民主中，立法的合法性不再来源于公权力独断的决定权，而要接受公共理性和正当程序基础上的公共协商的制约。这种理性对于权力的优先性有利于矫正立法上的国家主义和官僚体制，使立法机关能够承认公民的参与身份，并倾听、尊重其诉求，促进公众利益表达的充分性和有序化。

其次，协商民主理论的引入有利于养成公众的公民精神和参与能力，为有序参与立法奠定基础。在我国立法实践中，公众在参与立法时，往往表现出被动、被迫、自利、过度的缺陷。协商民主理论认为，在立法过程中，公众要展开有序的公共协商，就必须从私领域中抽身出来，以公民的身份积极主动地进入公共事务的理性论辩之中。哈贝马斯指出："立法过程在法律系统当中构成了社会整合的首要场所。于是对立法过程的参与者就产生了这样的期望，即要求他们走出私的法权主体的角色，以公民的身份采取一个自由地联合起来的法律共同体成员的视角……只要政治的参与权和交往权对于合法的立法程序来说是构成性的，这些主观的权利就不应该仅仅是按照单个私法主体的方式来行使的，而相反必须按照趋向于理解的行动主体之间的理解过程的参与者的态度来行使。"这种"主体之间的理解过程"要求参与主体以公民身份出场，并在公共协商过程中履行相互倾听、尊重和理解的道德责任，超越个人的私利而开放出公共立场。这实际上是立法中公共协商得以有序进行的条件。因为只有诞生公共立场，理性、有序的公共协商才是可能的，否则公共协商就会沦为无序状态，从而有效论域和公共利益很难凝聚起来。在公共协商中，公民可以主动阐明自己的观点，同时倾听和理解他人的理由，在尊重程序的基础上展开理性说服和论辩，最终共同提出具有可接受性的建议。

再次，协商民主理论的引入有利于通过程序达致有序参与，促进有效立法。在我国立法实践中，立法机关和公众都存在着突破或者轻视立法程序而导致参与失序的现象。协商民主理论主张协商必须由程序来规制以保证有序进行，并由此获得决策的合法性。约翰·费尔约翰指出："协商需要一种体制来规范讨论以保证讨论的有序和规范。协商制度的目的在于规范协商能够成功进行的条件。这些规制（regulation）要保证决策议程能够获得广泛的信息，决定谁在何种事务上有发言权，确定每个问题的可能性决策，说明怎样修改建议，以及保证协商过程足够透明以促进理性说服。同时，这些规制可以安排讨论以及修正议程的结构，如果必要的话；防止拖延战术，确定提出根据的背景。规制能保证限制暴力威胁、武力或贿赂。"这些程序上的规制对公民和政府之间及公民相互之间在公共协商中的关系进行了规范和引导。第一，它要求作为协商组织者的立法机关公布公共议题的立法信息，并且引导参与者有序发言。第二，协商程序必须具有透明性、公开性和开放性，以保证政府和公民之间、公民相互之间可以进行平等、公开、理性的论辩，并且在论辩中深思熟虑，不断地修正自身偏好，最终在相互理解中以民主投票的形式做出决定，① 同时使协商中的少数和弱者的权利在未来仍然拥有获得改善的机会。第三，这种规制可以防止非法的、对社会秩序造成危害的非理性化、非制度化参与的发生，从而保证了参与的有序性和有效性。第四，这种程序合法性能够成为立法合法性的正当来源。正如哈贝马斯所言，民主程序在协商、自我理解的话语以及公正话语之间建立起了一种有机的联系并证明了这样一种假设，即在这些前提下，合理乃至公正的结果是可以取得的。在这里，程序的正当性通过保障协商论辩和话语交往，即立法论证过程的有序进行，增强了公众参与的有效性，赋予立法以合法性。

　　最后，协商民主理论的引入有利于整合多元利益、建设良序社会。转型中国的多元利益并存与冲突是一种正常的社会现象，问题在于要为这一冲突提供制度化的解决途径。协商民主理论兴起于现代社会的多元论事实，"多元论充斥着我们的生活……作为一种社会事实的多元论，以种种不同的而且冲突的信仰、价值和生活方式呈现于我们"。这种差异多样的多元社会既是协商民主实践的场域，又是协商民主面临的劫难。因为在多元社会中，"每一类群体都提出了它自身的独特问题，而且必须按照其本身的实质来加以考察"。也就是说，这些独特的问题从其自身来看都具有独立的合理性和正当性，而且它们之间往往存在着不可通

---

　　① 实际上，协商民主并不排斥民主的多数决定机制，而是对它的规范和补充。乔舒亚·科恩（Joshua Cohen）认为在公共协商无法达成共识的情况下，协商就需要服从于多数决定规则。参见 Joshua Cohen, "Deliberation and Democratic Legitimacy", in James Bohman and William Rehg (ed.), *Deliberative Democracy*: *Essays on Reasons and Politics*, MIT Press, 1997, p. 75。

约的深层次冲突。① 具体到立法层面，是如何对公众多元的道德分歧及其相应的利益表达进行正当性论证，以将其整合为具有融贯性的公共法律规范。这在本质上是立法面临的现代性难题。实际上，协商民主处理的就是多元社会中存在的由于深层次的冲突所引发的立法正当性论证问题。瓦拉德兹认为："作为一种拥有巨大潜能的民主治理形式，协商民主能够有效回应文化间对话和多元文化社会认知的某些核心问题。它尤其强调对于公共利益的责任、促进政治话语的相互理解、辨别所有政治呼求，以及认同那些重视所有人需求与利益的具有集体约束力的决策。"也就是说，协商民主作为实现从多元社会到良序社会转换的一种理性决策方式和民主治理形式，有助于在立法过程中通过有序论辩缩减分歧、凝聚共识或达成妥协。

（二）具体路径

第一，完善立法信息公开制度。信息公开是公众有序参与立法和进行协商的基础。杰里米·沃尔德伦认为："有序讨论要求聚焦于确定性文本以作为讨论的动议：无此，则讨论者不能确信他们的谈话彼此不相冲突……彼此不同的人们之间的协商仅仅只有在正式议事规则的基础上才有可能；一个同意的文本作为讨论的焦点，是正式议事规则的核心。"立法文本的公开有利于打破立法机关对立法知识的秘密垄断，将特权知识变为共享知识，使参与者的有序协商成为可能。我国在立法信息公开方面存在着规范化、制度化及合

---

① 这种冲突令多元主义与民主政治之间陷入了紧张关系，即一方面个体价值差异在很多时候存在着不可通约性，另一方面民主政治又要求达成共识以解决公共治理和共同生存问题。罗尔斯从政治自由主义的角度提出了相似的问题。他指出："政治自由主义的问题在于：一个因各种尽管互不相容但却合乎理性的宗教学说、哲学学说和道德学说而产生深刻分化的自由平等公民之稳定而公正的社会如何可能长期存在？易言之，尽管合乎理性但却相互对峙的诸完备性学说，怎样才可能共同生存并一致认可立宪政体的政治观念。"［美］约翰·罗尔斯：《政治自由主义》，万俊人译，译林出版社 2000 年版，导论第 5 页。

理化程度不足的问题。在设计立法信息公开程序时，对效率和成本的关注往往超过对透明度和公众参与在决策中所起的作用的关注。完善立法信息公开制度促进公众有序参与，要求在程序的设置与运作中注意以下问题：首先，立法过程的每个阶段所产生的问题、争议都应充分利用媒体和网络等公共论坛传达给公众，使公众能及时、准确地了解立法动态；其次，公开规范性法律文件的草案、说明、背景资料和立法过程中的会议记录，确保公众全面获取信息；再次，提前公布立法机关的会议时间、地点，使公众能够直接了解立法状况；最后，建立专门的工作机构，受理并反馈公众所提出的各种意见，对民意表示充分的理解和尊重，使公众能够合理预期他们对立法产生的影响。

第二，强化立法听证制度。听证是公众参与立法最为重要的形式之一。在立法听证中，公众参与的有效性不足是立法实践中面临的主要困境之一。我们认为，要通过强化立法听证过程中的有序性来促进有效性。首先，应当扩大听证的范围，并将听证范围具体化，避免随意性。其次，应当确保立法利害关系人成为听证会参与人员，并能够平等、充分表达其意见。立法机关应当对这些意见予以认真、合理的回应，并体现在最终的决策中。也就是说，立法听证会不仅要"倾听"利益相关者的意见，而且要对这些意见进行充分的"论证"，因为"论证是合法化过程的一部分"，协商民主实际上就是倾听和说理论证的过程，将"倾听"和"论证"统一起来才是听证会的应有之义。再次，应保证立法听证笔录的实际效力，这是立法听证制度能否真正发挥作用的关键，相应的，应当建立听证意见听取与选择的表决机制。最后，需要从决策结构和权力配置上充实公众的参与权。王锡锌指出："公众参与的有效性，不仅依赖程序规则的优化和公平，而且依赖于公共决策的体制结构，特别是该体制结构中决策权的配置。"在我国立法听证实践中，公众的"话语权力"十分有限，这就需要按照协商民主的要求承认并尊重公众与立法机关处于平等地位，建立立法机关与公众的有序合作，使公共理性能够制约立法权力，进而对立法产生实质影响。

第三，建立以协商为导向的立法民意测验制度。传统的民意测验通过抽样调查的方式往往只能获得公众对于公共问题只言片语的表层想法，并不是经过对正反两方面观点深思熟虑后所提出的有价值的建议，因而并不利于公众参与的有序展开。所以，在建立立法民意测验制度过程中，有必要引入协商观念。协商民意测验的具体方法是"使随机样本获得均衡的信息，鼓励他们在与不同类型对话者讨论中权衡对立的观点，然后收获他们那些更令人尊重的见解。至少在小范围内，它是服务于协商与平等目标的一种途径。协商在于学习、思考和讨论"。随机抽样有利于获取多元的意见，协商观念则促使被测验者在对这些多元意见进行慎重思考和权衡的基础上展开对话和讨论。这种方式对于公众而言，使其更加了解自身的利益诉求，有利于在立法过程中展开有序论辩；对于立法机关而言，则可获得有价值的公众舆论信息，为公众有序参与提供更有针对性的公共服务。

第四，完善立法后评估制度。立法后评估也称为立法效果评估，是指"在法律施行一段时间后，在有关部门的主持下，通过对立法机构、执法机构及社会公众、专家学者等对象的调查，采用定量分析、成本收益计算等多种方式，对法律的实施绩效进行分析评价，对法律中所设计的制度和措施的可行性进行评判，并针对法律自身的缺陷提出修改和完善意见的活动"。立法后评估制度实际上是对法律实效的分析和评价制度，是立法过程的后续和延伸，是立法结果保持动态和开放的体现。因此，公众有序参与立法理应包括对立法后评估过程的有序参与。立法机关在组织立法后评估时应当保持评估程序的公开透明，应当认真听取相关公众对法律实施效果的意见和评价。公众也应该自觉、有序地向立法机关反馈信息，通过双方的理性合作促进法律的修改和完善。

第五，加强社会组织的参与权。公众参与立法不仅包括公民个人的参与，而且包括社会组织的参与。学者认为："协商性民主需要公众的积极参与，而有效的公众参与有赖于代表各种利益集团的社团组织的存在和兴盛。"这是因为多元社会的重要特征之一便是社会组织的多元性，多元的社会组织可以将具有不同利益诉求的碎片化的个人整合成为不同的利益团体，并参与到公共协商之中。这种做法的优势在于：首先，公众通过参与社会组织的活动可以培养自身的民主能力和理性精神，为有序参与立法塑造公民基础；其次，凭借组织化的力量可以提高资源动员能力和整合能力，使参与更加有序，同时增强公众与立法机关协商对话的影响力，达致有效参与；最后，公民通过社会组织有序、有效的参与立法，实际上降低了国家的公共管理成本，通过社会自治维护社会秩序，有利于公民社会的养成。当然，法律和公序良俗是社会组织运行的界限。

第六，实现公民教育与社会保障的有机结合为参与立法造就好适格公民。协商民主对参与公共协商的公民提出了近乎苛刻的要求，例如要求公民至少要拥有一定的物质基础和空余时间，在协商中要放下私利保持理性和公共立场，寻求公共利益承担公共责任，保持与立法机关和其他公民在法律秩序内进行有序论辩，在无法达成共识的情况下要接受道德妥协，在立法后还要保持对法律的关注，参与立法后评估，等等。这些要求也是学者们批判协商民主过于理想化的主要原因。实际上，这些困难并不是无法解决的，对于转型中国而言，解决这些问题需要将公民教育与社会保障有机结合起来，为公众有序参与提供精神条件和物质基础。在公民教育方面，德里克·希特认为适格公民的基本构成因素主要包括：对共同体的忠诚、对公共事务的参与责任、对政治和社会程序价值的尊重、对法律和秩序的认同、对其他公民的宽容立场。实际上公民教育就是培养好公民的教育，这种教育是通过学校教育以及社会民主实践来完成的。在社会保障方面需要为公众有序参与提供制度支持和物质基础。也就是说，为了保证公众能够顺利参与立法，要对参与立法的公众予以必要的经济扶助和制度保障，免除其后顾之忧，激励其积极主动地参与立法。

"中国特色社会主义法治理论、法治体系与法治道路"学术研究会综述

姚　天　连雪晴[*]

　　为了全面贯彻落实《中共中央关于全面推进依法治国若干重大问题的决定》，中国法理学研究会于 2014 年 11 月 22 日在北京主办了"中国特色社会主义法治理论、法治体系与法治道路"学术研讨会，山东大学法学院承办了此次会议。

　　来自中国法学会、中共中央党校、中国社科院、清华大学、中国人民大学、中国政法大学、国家行政学院、吉林大学、武汉大学、山东大学、浙江大学、上海交通大学、厦门大学、西南政法大学、南京师范大学等高校科研院所 40 余人参加了此次会议。会议一致认为十八届四中全会的决定对中国特色社会主义法治建设有着深刻和长远的影响。会议主要围绕"中国特色社会主义法治理论"、"中国特色社会主义法治体系"、"中国特色社会主义法治道路"三个主题展开。

　　中央社会管理综合治理委员会办公室专职副主任、中国法理学研究会会长徐显明教授作了题为《中国特色社会主义法治道路》的

　　* 姚天，中国政法大学人权研究院博士研究生；连雪晴，山东大学法学院本科生。

主题报告。徐显明教授首先引用了习近平总书记的讲话"道路决定命运，道路决定前途"来强调法治道路问题的重要性。他认为，中国的道路是中国特色社会主义发展道路这一命题本身就回答了中国法治和西方法治的不同。十八届四中全会决定强调中国道路有以下三个最根本的核心内容：第一，坚持党的领导。这是我们这条道路的方向、灵魂以及这条道路能不能走得通的关键。第二，坚持社会主义制度。社会主义制度是我们的法治道路的路基。第三，贯彻中国特色社会主义法治理论。中国特色社会主义法治第一次在党的文献中出现，它是中国特色社会主义理论体系的组成部分，并为中国特色社会主义法治发展道路提供了指引、灵魂、方向以及学理支撑。在此基础上，徐显明教授认为十八届四中全会决定中的中国特色社会主义法治道路必须坚持以下五大原则：第一，坚持党的领导；第二，坚持人民的主体地位；第三，坚持在法律面前人人平等；第四，坚持依法治国与以德治国相结合；第五，坚持从中国实际出发。这五大原则实际上是中国特色的社会主义法治道路的核心。

中国法学会副会长、学术委员会主任、吉林大学资深教授张文显教授作了题为《建设中国特色社会主义法治体系》的主题报告。张文显教授认为法治体系的形成是一个国家法治现代化和国家治理现代化的重要标志，建设中国特色社会主义法治体系，就是要大力推进中国法治现代化和国家治理现代化。十八届四中全会决定提出建设中国特色社会主义法治体系，具有以下几个方面的重大而深远的意义：一是明确了我国法治的社会主义性质和方向；二是明确了全面推进依法治国的总抓手、总纲领；三是推动了中国法治建设的战略升级；四是为推进国家治理体系和治理能力现代化拓展了实践路径；五是推进法治理论创新和中国特色社会主义法治理论体系的完善和发展。建设中国特色社会主义法治体系，就是要形成完备的法律规范体系、高效的法治实施体系、严密的法治监督体系、有力的法治保障体系、完善的党内法规体系这"五个体系"和促成科学立法、严格执法、公正司法、全民守法、人才强法，依法治国、依法执政、依法行政共同推进，法治国家、法治政府、法治社会一体建设，国家法治主导下的政府法制体系、地方法制体系、社会软法体系协调发展，党的领导、人民当家做主、依法治国有机统一这"五种局面"。

中国法学会副会长、中国社会科学院学部委员、法学所所长李林教授作了题为《坚持和发展中国特色社会主义法治理论》的主题报告。李林教授认为，在十八届四中全会决定中，中国特色社会主义法治理论、中国特色社会主义法治道路、中国特色社会主义法治体系"三位一体"，它们共同构成了全面推进依法治国、加快建设社会主义法治国家的理论支撑、道路指引和制度保障。这充分体现了中国特色社会主义法治的理论自信、道路自信和制度自信。他认为中国特色社会主义法治的价值理论思想体系、中国特色社会主义法治的制度规范理论体系、中国特色社会主义法治的实践运行操作理论和中国特色社会主义法治的相关关系理论是中国特色社会主义法治理论的主要构成部分。而坚持和发展中国特色社会主义法治理论，有利于深刻回答我国法治建设和全面推进依法治国的性质和方向的重大问题；有利于深刻回答我国法治建设和全面推进依法治国走什么道路的重大问题；有利于深刻回答和解释我国法治建设和全面推进依法治国的总目标、指导思想、基本原则、主要任务等重大理论和实践问题。

江苏省第十二届人大常委会副主任、中国法理学研究会副会长公丕祥教授作了题为《中国特色社会主义法治道路的主要特征》的发言。他认为十八届四中全会是具有里程碑意义的一次会议，对于推进我国马克思主义法学发展以及社会主义法学发展研究有深远的意义。第一，中国特色社会主义法治道路是中国特色社会主义道路的有机组成部分，法治道路应当是中国特色社会主义道路之中的政治发展道路的主要内容。第二，中国特色社会主义法治道路是中国共产党人把马克思主义基本原理和中国具体法治实践相结合的产物。换句话说它是马克思主义法治思想中国化的历史产物。第三，中国特色社会主义法治道路是我们党在建设社会主义法治实践中艰辛探索的实践总结。第四，中国特色社会主义法治道路是在全球化的时代大背景下推进中国法治发展的时代精神的启迪。第五，中国特色社会主义法治道路是符合中国法治个性条件的自主型的法治发展道路。

中央党校政法教研部主任张恒山教授在其《党的领导与依法治国》的发言中认为，党章和党的历代文件以及宪法都可以很好地回答这个问题。首先，"法在党上，党在法下"这个观念一定不能偏离。宪法和法律是至上的，党要在宪法和法律范围内进行活动。从历史来看，1981 年《关于建国以来党的若干历史问题的决议》首次提出党要在宪法和法律范围内进行活动。1982 年宪法规定各政党都要在宪法和法律范围内进行活动。从十二大党章到十八大党章虽多次修改，但是"党要在宪法和法律范围内进行活动"这句话没有动过。从十五大以来的党的历次代表大会的报告，都确认党要在宪法和法律范围内进行活动。2012 年 12 月 4 日习总书记讲话高度评价宪法，强调了党要在宪法和法律范围内进行活动。因此宪法至高无上党不能超越宪法这个命题是毫无疑义的。

原上海交通大学党委副校长、中国法理学研究会副会长郑成良教授认为，党的各级组织、书记不等于党，"他们的意见和法律冲突的时候到底谁说了算"是个现实的问题，法学家应该引导公众关注这个问题并逐渐将问题解决。重视道德的作用不等于依法治国。如果说重视道德的作用就是以德治国，那么全世界都在以德治国。重不重视道德是一回事，以德治国要看道德到底构不构成治国标准。

西南政法大学校长、中国法理学研究会副会长付子堂教授作了题为《全面推进依法治国必须全面保障人权》的发言。他认为，从十八届三中全会通过的《中共中央关于全面深化改革若干重大问题的决定》到十八届四中全会通过的《中共中央关于全面推进依法治国若干重大问题的决定》，可以看到，在不同的大主题之下，对人权的法治保障措施却越来越具体、越来越细化。在付子堂教授看来，十八届四中全会的《决定》既是一份法治宣言书，也是一份人权宣言书。这也同时预示着，中国全面推进法治的时代，必然是全面保障人权的时代。

最高人民检察院理论研究所副所长、中国法理学研究会常务理事谢鹏程教授认为，改革开放以来，党的领导方式改革一直在探索和发展。邓小平同志提出了"党要管党、党政分开"；江泽民同志提出了"党的领导、人民当家做主和依法治国的有机统一"。这种由分而合的逻辑与历史发展的脉络是一致的，问题是当前和今后党的领导方式的改革该如何向前发展。这不仅是党的建设理论的重大课题，也是中国特色社会主义法治理论的重大课题。党的领导方式的专门化和多样化是国家治理体系和治理能力现代化的必然要求，是实现党"总揽全局、协调各方"的需要，也是各项国家职能和社会职能回归本位并依自身规律运行的需要。

南京师范大学江苏法治发展研究院院长、中国法理学研究会常务理事龚廷泰教授作了题为《中国特色社会主义法治理论的意涵》的发言。他认为，中国特色社会主义法治理论植根于中国特色社会主义法治实践，同时也是中国法治建设的理论指引。从理论渊源来看，中国特色社会主义法治理论是马克思主义法学理论体系的重要组成部分；从学科归属来看，中国特色社会主义法治理论是中国特色社会主义理论体系的一部分，属于马克思主义法学学科体系的一部分；从法治内涵来看，中国特色社会主义法治理论是中国国情的特殊性与世界法治文明发展的一般性相结合的理论；从理论功能的角度来看，中国特色社会主义法治理论是法治实践的先导。这些是中国特色社会主义法治理论的意涵。

浙江大学光华法学院教授、中国法理学研究会副会长葛洪义作了题为《法治建设的中国道路》的发言。他认为，虽然人们对于十八届四中全会决定有不同的解读，但该决定重点强调了党的建设这一问题，因此，在实质上应该是一个全面推进依法执政的决定。中共中央形成中国特色社会主义法治道路实际上经历了以下三个阶段：一是拨乱反正解决政治问题；二是十五大使依法治国成为基本方略，成为全局性问题；三是十八大以来开始探索执政方式的转变，即由人治转变到法治。因而十八届四中全会最大的亮点就是依法执政，党要以规矩（宪法法律、党章党规）办事。

上海交通大学原法学院院长季卫东教授作了题为《三元共和主义和程序公正原则》的发言。他认为十八届四中全会决定的最大亮点在于"依宪执政"、"依宪治国"这一重大理论命题的提出。这意味着全面深化改革的顶层设计需要以社会的基本共识为基础，这种共识集中体现在宪法之中。我们要夯实宪法作为基本共识和根本规范的实质内容，不得不进一步开展价值观讨论，形成新的法律意识形态。也就是说，在全面深化改革和制度顶层设计背景下，"问题"的研究仍然很重要，但"主义"的探讨也无从回避。因为解决"问题"的技术化操作无法形成价值体系上的基本共识。没有这种基本共识，顶层设计无法做，宪法实施也无法得到可靠的保障。为此，有必要提倡一种共和主义精神。它可以与中国传统价值体系中"和而不同"的原则相对接，可以与国家治理体系现代化过程中的理性设计和可继承的共同性相对接，可以与历史唯物论相对接，同时也能凸显程序本位的现代法治原理。

中国人民大学法学院冯玉军教授作了题为《法治中国的发展阶段和模式特征》的发言。他认为中国的法治是共产党领导下各机关部门分工负责的协商型法治，是自上而下推进的权力主导型法治，是中国传统法律文化、苏联法律文化和西方法律文化相结合的混合型法治，是"一国两制三法系四法域"的开放型法治，是强调理性主义目标规划的建构型法治，是先易后难小步快跑的渐进型法治，是注重试验总结经验的学习型法治，是追求公平正义与社会和谐的社会主义法治。

清华大学法学院教授、中国法理学研究会常务理事高其才作了题为《当代中国法治建设之思》的发言。当代中国全面推进依法治国、建设社会主义法治国家，已经成为不争的事实。不过，我们应当看到当代中国进行法治建设的具体背景，要注意理解科学技术的发展、市场经济制度的建立和完善、国际交往的需要、国家管理的变化等因素与当代中国全面推进依法治国建设的关系。他还认为当代中国全面推进依法治国应坚持国家法治、社会法治的共同推进，强调多元治理、共同治理，形成社会共识，实现社会互动和共同参与。全面推进依法治国必须坚持民众的主体地位，尊重民众的创造性，发挥民众的积极性、主动性。

中国政法大学法学院教授、中国法理学研究会常务理事舒国滢认为，十八届四中全会的决定给了法学界一个契机。如何看待本次大会的这样一个时机，对中国法学界是一个考验。中国法理学界能否抓住此次机会非常重要。就当下中国而言，我们还没有建设起法律解释的话语体系，我们不能仅从决定本身来解读中国特色社会主义法治道路这一问题，还应当从自己的理论上做出解读。

华东政法大学法律学院教授、中国法理学研究会常务理事马长山认为，从十八大之后，我们党中央一直在凝聚关于改革和法治建设的共识，但还是有多元的认识。具体来讲，主要有以下几个方面的问题：一是中国话语的自主权和自主发展道路的问题；二是建设法治国家要坚持什么原则和尺度；三是四中全会中可能被误解的问题。因此，我们应当用马克思主义法学理论占领高校阵地和法学理论研究，确保司法执法队伍的政治素质和觉悟。

厦门大学法学院教授、中国法理学研究会常务理事宋方青认为，十八届四中全会《决定》开篇提到，立法先行，抓住提高立法的关键。一个非常重要的决定是要提高立法质量，我们立法的成果是非常丰硕的，但我们立法的数量和质量是不成正比的。因此，我们应当深入推进科学立法，完善科学立法、民主立法，并提出了相应的基本要求和具体措施，在立法过程中应当始终坚持党的领导，通过各个途径充分领导，完善党对立法工作中的重大问题的决策程序。我们也应当强化人大在立法中的主导作用。

华东政法大学科学研究院院长、中国法理学研究会常务理事陈金钊教授作了题为《全面推进依法治国所展现的战略定力》的发言。他认为，我们在讲法治的时候，也需要有以下几个方面的战略定力：一是全面推进法治的气魄；二是在法治中国建设过程中应当显示出道路自信、理论自信、制度自信三个方面的自信；三是要用中国特色的政治意识形态武装全党，通过意识形态先行，推动法治建设。

国家行政学院法学部教授、中国法理学研究会常务理事魏宏的发言题目是《我国人民民主宪政与西方自由民主宪政的区别》。他认为，我们人民民主宪政和西方自由民主宪政主要有以下几个区别：第一，我们是人民代表大会制度，西方是议会制；第二，我们是多党合作制，西方是多党竞争制；第三，我们有比较完善的违宪追责机制，我们是人民代表大会制度的违宪追责。

上海社科联党组书记、中国法理学研究会副会长沈国明教授在发言中认为，十八届四中全会的文件对我们法治建设有巨大的推动作用。党中央清楚认识到，利用法律进行一些推动，是非常明智的。利用法治推动现代化进程是非常长远的，但也是必须且不能拖延的。我们需要辩证地看待依法改革这个问题，改革就是要谋求新的路径。改革就是对现有规则的冲击。我们国家改革是通过试点的方式，而现在的情况不同，要通过立法改革。这与20世纪80年代的历史背景不同，现代法律体制已经形成，如果突破规则，会冲击法律体制。

山东大学法学院院长、中国法理学研究会秘书长齐延平教授在发言中提出了社会发展的驱动力到底是什么这一问题。在他看来，党的依法治国决定是顶层设计，中国的学者们也一贯重视顶层设计，但法治国家的实现需要的不仅是顶层设计，更需要细微处的规则设计，细微处的每一个人的践行。在法治的顶层设计和下层驱动之间，我们应将目光转向下层。

　　清华大学法学院教授、中国法理学研究会副会长王晨光在会议总结中强调我们需要认真领会十八届四中全会精神，并需要深入探讨中国特色社会主义法治发展道路。人权只有进行时，没有完成时，文件只是阶段性的和蓝本性的，一定需要和实践相结合。

　　中国社会科学院《环球法律评论》主编、中国法理学研究会副会长刘作翔教授在会议总结中指出，十八届四中全会的决定已经整整通过一个月，媒体的口号式宣传是必要的，但是作为法理学的研究者，我们绝不能停留在重复喊口号的阶段。其实，十八届四中全会的决定是一个宝库，有许多可以挖掘的亮点。例如，法治道路究竟如何描述，学界应当继续破解。法治建设总目标应该如何分解值得我们分析。党内法规本身的提法，需要再讨论。以德治国如何解读是一个重要问题。如何理解法治与改革的关系值得我们继续研究。因此，中国法理学界应当以更加务实的态度来学习、贯彻和落实十八届四中全会的决定。